KB148520

알아두면 쓸데 있는
유쾌한 상식사전

— 과학 · 경제 편 —

알아두면 쓸데 있는
유쾌한 상식사전 - 과학·경제 편 -

초판 1쇄 발행일 2018년 9월 21일
2판 1쇄 발행일 2024년 9월 27일

지은이 조홍석
펴낸이 박희연
대표 박창흠

펴낸곳 트로이목마
출판신고 2015년 6월 29일 제315-2015-000044호
주소 서울시 강서구 화곡로 68길 82, 강서 IT 밸리 1106-2호
전화번호 070-8724-0701
팩스번호 02-6005-9488
이메일 trojanhorsebook@gmail.com
페이스북 https://www.facebook.com/trojanhorsebook
네이버포스트 http://post.naver.com/spacy24
인쇄·제작 ㈜미래상상

개별 ISBN 979-11-92959-40-5 (04030)
세트 ISBN 979-11-87440-35-2 (04030)

가리지날 시리즈 ②

알아두면 쓸데 있는 유쾌한 상식사전

― 과학·경제 편 ―

조홍석 지음

트로이목마

들어가며

2018년 6월 발간한 《알아두면 쓸데 있는 유쾌한 상식사전》, '일상생활 편'에 이어 제2권, '과학·경제 편'을 발간하게 되었습니다.

지난 8년간 여러 지인들과 나누었던 흥미 있는 지식 중 천문, 지리, 교통, 경제 관련 내용을 추려보았습니다.

지나치게 전문화된 세상이어서 각자 전문분야는 잘 알지만 전체를 통찰하는 거대 담론이 사라지다 보니 자기의 입장에서 이야기할 뿐 타인의 시각이나 입장을 이해하기까지 오랜 시간이 걸리기도 합니다. 결국 이 세상 학문은 서로 연관되어 있고 의외의 곳에서 서로 만나기도 하는데 말이죠.

제2권에서도 여러분과 지식의 원천을 함께 찾아 떠나보고자 합니다.

1장은 천문·시간에 대한 이야기입니다.

제1권에서 소개한 의, 식, 주가 일상생활 속 필수항목이었다면 천문은, 고대에는 생활을 영위하기 위한 필수 지식이었습니다. 따라서 천문과 시간이 인간 삶의 많은 부분에서 어떤 영향을 끼쳐 왔는지 이야기했습니다.

2장은 지리·공간에 대한 이야기입니다.

천문과 함께 지리, 공간이 오랜 세월 각 민족과 종교관에 어떤 영향을 미쳤는지 이야기를 모아봤습니다.

3장은 교통입니다.

인류는 천문, 지리 지식을 이용해 땅과 바다에서 활동 범위를 넓혀왔으며 문명이 발달함에 따라 이제는 하늘과 우주로의 이동이 가능한 시대가 되었습니다. 이 같은 교통 발달의 뒷이야기를 모았습니다.

4장은 경제입니다.

교통이 발전함에 따라 각 지역간 사람과 물건이 상호 교류하면서 자연스럽게 경제활동이 전개되었는데, 이에 대한 뒷이야기를 하고자 합니다.

저는 해당 분야의 전문가가 아닙니다. 그래서 아마도 오랜 기간의 숱한 독서와 고민, 실제 사회생활에서 얻은 흥미 있는 지식의 융합 정보를 더 과감하게 많은 지인들과 공유할 수 있었고, '이런 좋은 내용을 왜 책으로 내지 않느냐'는 격려에 힘입어 '지식 큐레이터'로서 이제 더 많은 분들과 이야기를 나누고자 마음 먹을 수 있었습니다.

모쪼록 이 책이 누군가에게 발상의 전환을 이루는 계기가 되거나 서로가 상대의 입장을 이해할 수 있는 작은 인사이트가 되기를 기원합니다.

마지막으로 수많은 분들에게 지면을 빌어 감사의 인사를 전하고 싶습니다.

흔쾌히 책자 발간을 승인해주신 삼성서울병원 권오정 원장님과 구홍회 실장님, 여러 보직자분들, 매번 인트라넷 칼럼에 댓글 남기고 응원해주신 삼성서울병원 가족 여러분, 책자 발간을 처음 권해주신 삼성경제연구소 유석진 전무님, 늘 든든한 제 인생의 멘토, 삼성전자 서동면 전무님, 우리 커뮤니케이션 팀 모두 감사합니다.

실제 책자 제작의 첫 단추를 꿰어주신 이베이코리아 홍윤희 이사님, 여러 의견을 주셨으나 끝내 연을 맺지 못해 아쉬운 윤혜자 실장님, 저를 전폭적으로 믿고 책자 발간을 진행해주신 트로이목마 대표님, 부산 남성초등학교 17기 동기 및 선후배님, 연세대학교 천문기상학과 선후배동기님들, 연세대학교 아마추어천문회(YAAA) 선후배동기님, 성균관대학교 경영대학원 교수님들과 EMBA 94기 2조 원우님들, 마피아(마케팅-PR 담당자 아침 모임) 회원님들, 우리나라 병원 홍보 발전을 위해 고생하시는 한국병원홍보협회 회원님들, 콘텐츠 구성에 많은 의견을 제공해준 오랜 벗 연세대학교 지명국 교수, MBC 김승환 부장, 극지연구소 최태진 박사, 안혜준 회계사, 그외에도 응원해주신 많은 지인분들께 거듭 감사드리며 오늘의 제가 있게 해준 우리 가족과 친척분들에게도 고마움을 전합니다.

마지막으로 책 준비 소식에 격려해주시고 기다리시다가 미처 보지 못하고 이제는 밤하늘의 별이 되신 장인어른께 이 책을 바칩니다.

이제 독자분과 함께 그동안 무심코 지나쳤던 수많은 가리지날을 찾아보고자 합니다.

자~, 색다른 지식의 고리를 찾으러 함께 떠나보시죠!

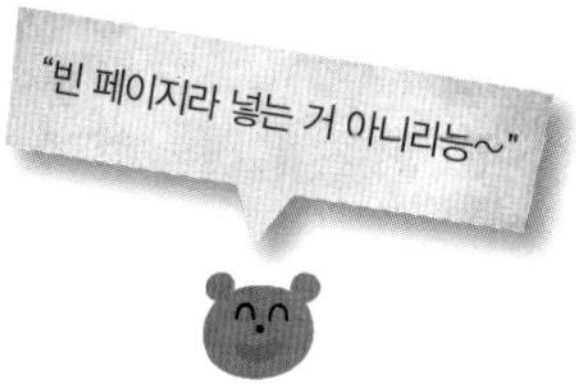
"빈 페이지라 넣는 거 아니리능~"

차례

|3부| 교통

| 4부 | 경제

제1권, 일상생활 편에서 우리 일상생활의 기본이 되는 의, 식, 주 이야기를 해보았는데, 이와 더불어 인류 생존에 중요한 기준인 시간과 공간, 천문과 지리 이야기를 해볼까 합니다.

과거 유목민들에겐 시간이 그다지 중요하지 않았지만, 빙하기 이후 1만 2,000년 전 농업혁명을 통해 경작 생활이 시작되면서 땅에 매이게 된 인류는 시간과 계절, 날씨를 아는 것이 생존을 위한 필수조건이 됩니다.

이에 하늘을 처다보며 하루는 어떻게 결정할지, 계절이 언제 바뀌며 1년은 어떻게 계산해야 할지 고민하게 되고, 해와 달, 행성의 변화를 보면서 이것이 하늘이 내린 계시라 여기고 분석하면서 드디어 인류의 지식 축적이 시작되고 역사시대가 출발하게 됩니다.

20세기 초 아인슈타인이 '상대성이론'을 발표하면서 시간과 공간은 서로 분리할 수 없음을 입증했지만, 일상적인 관점에서 천문·시간 이야기부터 해보겠습니다.

1부
천문·시간

01
해님달님, 달력의 역사

우리가 어린 시절 들었던 전래동화 중 '해님달님' 이야기가 있습니다.

설마, 줄거리는 아시죠? 🐻

간단히 풀면 이런 이야기지요.

홀로 남매를 키우던 어머니가 옆 마을 잔칫집에서 일을 하고 떡을 얻어 돌아오다가 그만 고갯길에서 호랑이를 만납니다. "떡 하나 주면 안 잡아먹지~!" 하는 호랑이에게 떡을 하나 주지만 다음 고개에서도 호랑이는 계속 나타나고, 결국 엄마도 먹히지요. 🐻

엄마를 잡아먹은 호랑이가 엄마 옷으로 갈아입고 집에 와서 문을 열어 달라고 하지만, 목소리가 이상하다며 손을 문틈으로 보여 달라고

해 호랑이임을 알아챈 남매가 나무 위로 도망을 가지만 결국 호랑이에게 잡힐 지경이 됩니다.

이에 하늘에 소원을 빌었더니 동아줄이 내려와 두 남매는 살았지만 썩은 동아줄을 잡은 호랑이는 올라가다가 떨어져 죽고 하늘로 올라간 남매는 해와 달이 됩니다. 원래는 오빠가 해, 여동생이 달이었지만 여동생이 밤이 무섭다고 해서 결국 오빠가 달이 되고 동생은 해가 되었고, 여동생이 너무 부끄럼이 많아 얼굴을 못 보게 하려고 햇살을 쏘고 있답니다.

그런데 사실 이 이야기가 전래동화라는 건 '가리지날'입니다. 오리지날은 우리 민족을 포함한 동아시아 민족들의 천지창조 신화 이야기입니다. 🐻

많은 전래동화책에선 결론으로 이때 떨어진 호랑이의 피 때문에 수수에 빨간 선이 생겼다는 건데, 이게 중요한 게 아닙니다. 🐻 이 전설에서 가장 중요한 부분은 따로 있습니다. 뭘까요?

네? 역시 조직에서 출세하려면 튼튼한 라인을 잡아야 한다는 게 진짜 핵심이라고요? 그렇죠, 뭐, 회사 생활에선 그것도 중요하긴 한데……. 🐻 이 동화에서 가장 중요한 결론은 '오빠가 달이 되었다'는 겁니다.

고구려의 초기 수도이던 국내성 터에 있는 '오회분 4호묘' 내 벽화에 이 오빠 달님과 동생 해님 그림이 있답니다.

즉, 우리 조상들은 해와 달의 탄생에 대해 이런 신화를 만들어냈

고, 해보다는 달이 더 중요한 존재라 여겼다는 겁니다. 그런데 이 해님달님 이야기는 근원적으로 보면 우리 인류의 인식 체계와도 밀접한 관련이 있습니다.

흔히 우리는 나와 직접 관련이 없는 이슈에 대한 이야기를 들으면 깊게 생각하기보다는 '누가 좋고 누가 나쁜가?' 라고 선과 악, 두가지로 구분해 판단하고 넘어가게 됩니다.

로마제국의 문을 연 카이사르가 젊은 시절 첫 변호를 맡았을 때 연설한 내용이 아직 남아 있습니다.

> 카이사르 : "사람은 누구나 모든 현실을 볼 수 있는 것은 아니다. 대부분의 사람은 자기가 보고 싶은 현실만 본다."

당시 20세 후반이었다는 카이사르의 명철한 현실 인식이 놀랍기만 합니다.

그런데 이런 이분법적 사고는 어쩌면 우리가 살고 있는 지구라는 환경이 만든 유산일 가능성이 큽니다.

원시시대 수백만 년간 우리 조상들은 야생동물의 습격을 피해 동굴이나 나무 위, 움막 등 피신처를 마련하고 생존을 모색해야 했습니다. 하루하루 생존이 절박한 상황에서 낮에 활동하는 육식동물과 밤에 활동하는 육식동물이 잠시 활동을 멈추는 새벽이나 저녁 무렵이 인류가 활동할 수 있는 시기였기에 늘 하늘을 보면서 해와 달의 움직임을 좇았습니다.

게다가, 정말 신기하게도 해와 달은 눈으로 보기에 거의 똑같은 크기였기 때문에 이 세상 모든 것은 밝음과 어둠이 대등한 위치로 존재한다고 각인된 것이죠.

이처럼 인류는 항상 밝음과 어둠이라는 이분법적 환경에 노출되면서 선과 악이라는 상반된 두 가치관이 공존하는 세상이 절대적인 진리라고 각인해 이후 종교와 철학, 도덕적 가치에도 이런 진리를 적용하게 됩니다.

그런데……, 실제로는 우주에 항성이 2개인 쌍성계가 60퍼센트에 이르러서 우리 태양계처럼 항성이 1개인 경우는 오히려 드문 경우랍니다. 즉, 영화 '스타워즈'에 나오는 타투인 행성처럼 하늘에 2개의 태양이 떠 있는 광경이 흔한 풍경이라는 거죠. (단, 영화에서와

는 달리 보통 하나는 크고 하나는 작습니다.)

만약 우리가 우주에서 가장 흔한 스타일인 태양이 두 개인 행성에 살았다면, 이 세상에 진리는 하나가 아니라 두 개인 '선-선-악'이라는 다양한 개념을 가진 문명으로 발전했을 겁니다. 그랬다면 이쪽과 저쪽 의견이 둘 다 참일 수도 있다는 좀 더 너그러운 세상을 살지 않았을까요? 🐻

양력과 음력

하지만 우리가 사는 지구는 특이하게도 항성인 태양과 지구를 도는 위성인 달이 눈으로 보기엔 똑같은 크기로 보이다 보니, 아직 태양계 구조를 알지 못했던 우리 조상들이 해와 달 중 어느 쪽을 더 중시하느냐에 따라 해를 중시한 '아폴로' 문화권과 달을 중시한 '다이아나' 문화권으로 갈라집니다. 이에 앞서 소개한 해님달님 신화처럼 동아시아 등 다이아나 문명권에서는 달을 매우 친근하고 가까운 존재로 여겼고, 우리 조상님들은 정월대보름을 보며 한 해의 안녕을 빌고, 추석 보름달을 보며 풍년을 다 함께 기뻐했지요.

하지만 달보다 해를 숭상했던 아폴로 문화권인 서구문명권에서는 달을 음침한 존재로 여겨 보름달이 뜨면 사람을 늑대로 만들거나 미치광이로 만든다고 생각해 두려워했습니다.

이에 달을 숭상한 문화권은 음력을 만들었고, 해를 숭상한 문화권은 양력을 사용하게 됩니다.

고대 4대문명으로 나눠보면, 이집트는 해를 중시한 반면, 메소포타미아와 황하 문명권은 달을 더 중시했다고 합니다. (인더스 문명은 유적만 있지 기록 자체가 거의 없어서 아직도 의견이 분분.)

그래서 한자 단어에서도 천지(天地), 산수(山水) 등 자연을 표현하는 단어 중 유독 '음양(陰陽)'이라 하여 어두움을 먼저 앞세우게 되는 것은 달이 해보다 더 중요했기 때문입니다.

마찬가지로 이슬람 문명권에서 초승달을 상징처럼 쓰는 이유 역시, 저녁을 하루의 시작으로 여기고 달을 중시했던 다이아나 문명권의 영향을 받았기 때문이라고 보시면 됩니다.

양력이 더 익숙한 현대의 우리 입장에선 실제 절기와 날짜 간 간극이 큰 음력이 비과학적으로 보이지만, 달은 매달 형태가 변해 날

짜를 헤아리기 쉽고, 보름과 그믐에는 밀물
- 썰물의 차가 커지기 때문에 일반인들이
농사 및 어업에 활용하기가 매우 유
용했습니다.

(터키 국기, 알제리 국기,
우즈베키스탄 국기)

특히 달에 의한 인력 변화는 우
리가 체감하는 것보다 훨씬 강력해
밀물과 썰물 등 조수간만의 차이뿐
아니라, 인간을 비롯한 고등 포유
류에게는 생리 현상이 28~30일 간
격으로 나타나게 해 '월경(月經)'이
란 단어로 표현하게 했습니다.

그래서 음력이 사용된 한, 중,
일, 베트남 등 동아시아권에서는
원래 음력 정월 보름달이 뜨는 순
간이 새해 첫날이었습니다. 그래서
정월대보름이 아주 중요한 명절이
었던 겁니다.

그러다가 중국이 한(漢)나라 시절에 서역으로 진출한 이후, 새로
운 문물이 쏟아져 들어오면서 인식에 변화가 생기게 됩니다. 당시
가장 큰 문화 충격은 불교의 전래였지만 431년 에페소스 공의회에
서 이단으로 판결 받고 쫓겨난 네스토리우스파 기독교(Nestorianism,
경교, 景教)가 중국까지 선교하러 오면서 로마제국 태양력도 알려지

게 됩니다.

이에 자극 받은 중국은 19년마다 7번의 윤달을 포함한 역법을 확정해 기존 음력에서 계절이 불일치하던 것을 개선한 태양태음력(太陽太陰曆) 체계로 변환했고, 6세기에는 태양력의 장점을 더한 24절기를 만들게 됩니다. 7세기 초 작성된 중국 《형초세시기(荊楚歲時記)》가 최초로 24절기를 설명하고 있고, 2016년에는 유네스코 '인류무형문화유산'으로 등록되지요.

즉, 입춘, 춘분 등 24절기는 음력 기준이 아니라 365일을 보름씩 쪼개어 표시한 양력 절기입니다. 달도 초승달에서 보름달까지 15일 단위로 변하니 당시 체계로선 최적의 기법이었을 겁니다.

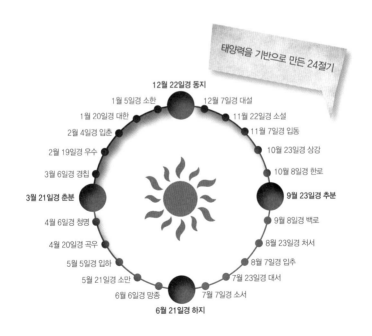

태양력을 기반으로 만든 24절기

12월 22일경 동지
1월 5일경 소한　　　　12월 7일경 대설
1월 20일경 대한　　　　11월 22일경 소설
2월 4일경 입춘　　　　11월 7일경 입동
2월 19일경 우수　　　　10월 23일경 상강
3월 6일경 경칩　　　　10월 8일경 한로
3월 21일경 춘분　　　　9월 23일경 추분
4월 6일경 청명　　　　9월 8일경 백로
4월 20일경 곡우　　　　8월 23일경 처서
5월 5일경 입하　　　　8월 7일경 입추
5월 21일경 소만　　　　7월 23일경 대서
6월 6일경 망종　　　7월 7일경 소서
6월 21일경 하지

(달의 변화, ©spacetimes)

그러면서 기준점이 초승달로 바뀜에 따라 애초 정월대보름을 새
해의 첫날로 하던 풍속에서 그 직전 초승달이 뜨는 날로 새해 첫날
이 바뀌게 됩니다.

또한 로마인들이 이집트에서 전래된 태양력을 쓰면서 하루를 12
시간으로 나누고, 생활의 편의를 위해 머리 정중앙 위에 태양이 오
는 시각의 정 반대 지점인 밤 12시(자정)를 하루의 기점으로 삼은 것
을 참고하여, 밤 11시~새벽 1시를 기준 시인 자(子)시로 삼아 12시
간으로 나누게 됩니다. 이에 따라 밤 12시는 '자시의 정중앙'이니
'자정(子正)'이라 부르게 되고, 낮 12시는 '오(午)시의 정중앙'이라
'정오(正午)'라 부르게 됩니다.

중국은 이처럼 한나라 때 유입된 새로운 지식을 융합해 당(唐)나

라에 이르러 이 같은 시간 체계로 구성된 선명력(宣明曆) 달력을 완성하나 오차가 많아 이후에도 계속 역대 왕조별로 역법 개량에 나서게 됩니다. 최종적으로 지금 우리가 사용하는 태음태양력 역법 체계는 유라시아를 평정한 원(元)나라 때 수시력(授時曆)으로 완성되고, 이후 명(明), 청(淸) 시대에서도 지속적으로 보완됩니다.

아~, 우리나라는 어땠느냐고요? 삼국시대만 해도 우리나라도 나름의 역법을 사용했으나, 통일신라시대에 당나라의 문물을 적극 수용하면서 오랫동안 중국 역법을 가져다 썼지만 오차가 많았습니다. 실제로 조선 세종 당시 일식 시간 예측이 빗나가자 세종이 우리나라 실정에 맞게 역법을 개선하라고 명하여 '조선 최고 천문학자' 이순지와 김담이 원나라 수시력과 이를 고친 명나라 대통력(大統曆)을 참고해 우리 실정에 맞는 '칠정산내편(七政算內篇)'을 만들고, 내친김에 오리지날 판인 아라비아역법 회회력(回回曆)을 참고한 '칠정산외편(七政算外篇)'까지 만들면서 우리 고유의 역법을 완성하게 됩니다. 오~! 대단하죠? 🐻

다들 세종시대 과학자 하면 장영실만 생각하시지만, 장영실은 '공돌이', 이순지와 김담은 '이과돌이' 되겠습니다. 이들 이과돌이 신하들이 아이디어를 내면 세종이 장영실을 24시간 달달 볶아서 새로운 과학기기들을 완성케 하셨지요. 세종대왕 본인 역시 자다가도 새로운 아이디어가 떠오르면 바로 장영실을 불러 그 즉시 작업시켰다고 합니다. 아아! 백성은 사랑하셨으나 신하들은 가루가 되도록 일을 시키신 성군이십니다. 🐻

하지만……, 감히 제후국 주제에 명나라에서 하사한 역법이 아닌 고유의 역법을 쓰는 게 들킬까 봐 전전긍긍했고, '찌질함의 아이콘' 선조는 임진왜란 이후 명나라 눈치 보느라 한동안 사용을 금지시키기까지 했답니다. 🐻

재미있는 사실은 원래 그리스 - 로마 문명으로 대표되는 고대 유럽도 애초에는 티그리스와 유프라테스 강 유역 메소포타미아 문명의 영향을 받아 음력을 사용했단 겁니다. 언어적으로도 인도 - 중동 - 유럽의 조상 언어가 같아서 인도 - 유럽어족이라고 부르죠. 따라서 과거에는 메소포타미아 지역에선 해가 지는 저녁 여명 시간을 하루의 시작으로 간주했고, 달의 변화에 기준이 되어 줄 별자리를 중요시하게 되었습니다.

별자리와 달력

원래 별자리는 5000여 년 전, 메소포타미아 바빌로니아 지역에 살던 유목민인 칼데아인들이 양떼를 지키면서 밤하늘 별의 모양에 의미를 부여하면서 시작되는데, 처음엔 태양이 지나가는 위치에 해당하는 12개 별자리, 즉 '황도 12궁'부터 만들었다고 하죠.

이후 그리스에서 이 바빌로니아 별자리 인물들을 자기네 신화에 맞춰 변형한 그리스 별자리가, 1928년 국제천문연맹(IAU)이 결정해 사용하고 있는 지금의 국제표준 88개 별자리의 기초가 됩니다. 실제

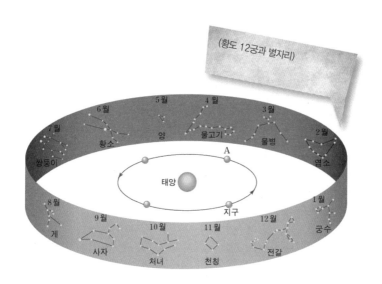

(황도 12궁과 별자리)

6월
5월
4월
3월
2월
7월
황소   양   물고기   물병   염소
쌍둥이
A
태양
지구
8월   1월
9월   10월   11월   12월   궁수
게
사자   처녀   천칭   전갈

♒ Aquarius	♓ Pisces	♈ Aries	♉ Thaurus
♊ Gemini	♋ Cancer	♌ Leo	♍ Virgo
♎ Libra	♏ Scorpius	♐ Sagittarius	♑ Capricornus

(백조자리, 십자성, 그리고 열십(十)자)

로 그리스에선 BC433년에 천문학자 메톤(Meton)이 윤달을 삽입하는 동양식 태양태음력과 거의 동일한 '메톤주기법'을 완성했지요.

크리스마스 전날 저녁인 크리스마스 이브가 그토록 떠들썩하게 된 것도 사실은 크리스마스의 시작이 바로 12월 24일 저녁부터라 여겼던 중동과 유럽 지역의 오랜 전통 때문이지요. 그래서 이후 유럽이 기독교 사회로 변한 중세시대 이후에는 별자리를 이교도의 상징으로 여겨 철저히 무시했었기에 대부분의 중세인들은 다양한 별자리 이름은 알지 못한 채 그저 몇 가지 눈에 띄는 형태에 주목하게 되었고, 백조자리는 십자성이라 불리게 되었습니다.

그랬기에 대항해 시대를 거치면서 남쪽 하늘 북극성과 대치되는 부분에 위치한 별자리를 이 북쪽 하늘 십자성에 대비해 남십자성이라 부르게 된 것이죠. 월남전 당시 파병했던 우리 국군장병들도 편지에 남십자성을 많이 언급했다고 하지요. 🐻

(오스트레일리아와 뉴질랜드 국기 오른쪽에 있는 별자리가 남십자성입니다.)

그러다가 르네상스시대 이후 비로소 고대 그리스 별자리가 재인식되기에 이르렀고, 이 전통을 지켜온 이슬람권에서 다시 수입해오면서 별자리 이름은 그리스식으로 복원했지만 베가(거문고자리 α별), 알타이르(독수리자리 α별), 라스

알하게(뱀주인자리 α별) 등 별 자체의 이름은 아랍식 이름이 여전히 남아 있게 됩니다.

반면, 양력은 태양의 움직임을 항성과 비교해 계산해야 하기 때문에 오랜 시간과 고도의 정밀한 측정이 필요합니다. 그래서 일반인들이 실생활에서 바로 알아내기란 거의 불가능해 고대 세계에선 이집트 지역 이외에는 거의 사용하지 못했습니다.

그러던 유럽 문명이 양력을 받아들이게 된 건 로마 집정관 카이사르의 결정 때문이었습니다.

로마 공화정 말기, 카이사르(Caesar)가 이집트를 정복한 후, 고대 이집트 최후의 여왕 클레오파트라(Cleopatra)와 즐거운 한때를 보내면서 틈틈이 이집트 문명을 관찰하게 되는데 특히 천문학에 충격을

(세상을 바꾼 남자, 율리우스 카이사르)

받습니다.

당시 로마 달력도 음력 체계여서 공화정 초기에 제정한 후 600여 년이 지나면서 오차가 너무 많아져 달력 날짜와 실제 계절이 3달 가까이 차이가 나고 있었다고 하네요. 원래 로마인의 첫 달은 군대 행군이 가능해지는 따뜻한 봄철 3월이었습니다. 영어 'March'가 3월과 행진이란 두 의미가 공존하는 게 다 이런 이유 때문이지요.

그래서 3월부터 시작해 1년을 354일로 지내왔던 것이 누적되어서 더 이상 실제 계절과 달력이 맞지 않는 상황을 개선할 필요성을 카이사르가 절실히 느끼고 있었는데, 이집트를 정복하고 보니 이들은 1년을 365일이라고 계산해 계절과 날짜가 일치하고 있던 겁니다. 그래서 카이사르는 이렇게 묻게 됩니다.

카이사르 : "어떻게 이집트는 1년이 365일이란 걸 알게 됐나로마?"

이집트 학자 : "흥흥, 그거는 1년에 단 하루만 시리우스와 태양이 동시에 지평선에서 떠오르기 때문에 그 간격을 계산하면 나오게 되집트. 매년 7월 시리우스와 태양이 만나면 홍수가 터집클레오파트라. 우리는 이미 수천 년 전부터 이 태양력을 써왔람세스.(이 무식한 로마 촌

놈들아~.) 홍홍홍."

카이사르 : "오. 그래가이우스? 박수 한번 쳐드리지율리우스.(어딜 까

불고 있어. 짜샤!)"

실제 이집트 달력은 이미 BC4200년경 시작되어 카이사르 시절

때까지 4000여 년간 유용하게 사용되고 있었지요. 태양과 밤하늘에

서 가장 밝은 별인 시리우스(Sirius)와의 간격을 관측해 1년이 365일

이란 사실을 알아낸 것이라 '시리우스력'이라고 불러야 한다는 주장

도 있어요.

하지만 이집트 태양력이 실생활에 더 유용하다는 것을 알게 된

(큰개자리 알파별, 시리우스)

카이사르가 BC46년 로마의 달력 체계를 바꾼 것이 우리가 현재 쓰고 있는 양력의 시초인지라 '율리우스력'으로 부르게 됩니다. 그래서 동짓날을 기준으로 새해 첫 달을 정하긴 했으나 3월부터 계산하던 전통에 따라 365일을 배치하다 보니 2월이 28일로 가장 짧은 달이 된 것이죠.

그러면서 각각 두 달씩 기존 명칭이 밀리게 되어 라틴어에서 8을 의미하던 옥토버(October)가 10월, 9를 의미하던 노벰버(November)가 11월, 10을 의미하던 디셈버(December)가 12월을 의미하게 됩니다.

카이사르 당시엔 7, 8월의 이름이 따로 있었지만 로마제국 2대 황제가 된 티베리우스(Tiberius)가 카이사르와 초대 황제 아우구스투스(Augustus)를 신격화하면서 카이사르의 탄생월인 7월은 그의 이름인 율리우스(Julius), 아우구스투스 탄생월인 8월은 아우구스투스(Augustus)로 부르게 하고 기존의 마지막 달인 2월에서 하루를 빼내어 8월도 31일로 만들어 7월과 동일한 위엄을 갖추게 하지요. 🐻

이후 이 전통은 로마제국의 영향을 받은 유럽에 퍼져 언어마다 약간씩 변형이 생기면서 영어에선 7월을 줄라이(July), 8월은 어거스트(August)로 부르는 겁니다.

재미난 건 이렇게 7, 8월 이름을 변경한 장본인인 티베리우스 황제의 탄생월이 마침 9월인지라 신하들이 9월도 '티베리우스'라 바꾸자고 했지만 티베리우스가 "나는 그렇게 추앙받을 인물이 아니다."라고 극구 사양해 그냥 놔뒀다고 하지요. 그러지 않았다면 그 후로 줄줄이 황제 탄생월에 따라 이름을 바꿔서 서양인들은 12달 내내 고대 로마황제 이름을 부를 뻔했습니다.

후대 서구 역사가들에겐 여러 이슈로 인해 가루가 되도록 까이는 티베리우스 황제이지만, 이것만은 잘한 일이네요. 🐻

이때 제정한 율리우스력은 당시로선 완벽에 가까운 달력 체계여서 중세시대에도 계속 쓰이게 되고, 이후 관측 기술의 발달로 1582년 그레고리우스13세(Gregorius XIII) 교황에 의해 1년당 11분 14초의 오차를 수정한 '그레고리력'으로 부분 수정된 채 현재까지 이슬람 국가를 제외한 전 세계에서 유용하게 사용되고 있습니다.

2000년 전 카이사르의 결정이 전 세계의 시간 개념에도 큰 영향을 끼쳤네요.

그런데, 재밌는 건 양력을 최초로 개발해 로마에 한 수 가르쳐준 이집트는 오히려 이슬람에 정복된 후 음력을 쓰고 있어요. 그것도 1년이 354일인 오리지날 음력을요. 🐻

현재 우리가 쓰는 음력은 19년마다 7번의 윤달을 집어넣어 오차

를 보정하는 태양태음력이라 이슬람 음력과는 다릅니다. 이슬람인
들이 이렇게 오차가 심한 음력을 쓰는 것은 무함마드(Muhammad)가
이슬람을 창시하던 당시 유대인들이 윤달을 삽입한 태양태음력을
사용하고 있었기 때문에 이에 반발해 아예 윤달을 사용하지 못하게
했기 때문이라지요. 따라서 무슬림들은 1년이 11일씩 짧아 30세쯤
되면 우리보다 나이를 한 살 더 빨리 먹는답니다. 🐻

　내용이 좀 어려웠지요?

　현재 사용되는 달력 체계를 정리해보면 이렇습니다.

- 태양력 – 그레고리력 : 우리나라 등 다수의 나라에서 사용하는 사실
  상 세계 표준 달력.(1582년 교황 그레고리우스13세가 개량)
- 태양력 – 율리우스력 : 동방정교회 교회력.(로마식 양력, 가톨릭 교황
  이 고치거나 말거나 우리야말로 '원조 기독교'라며 율리우스력으로 버티고
  있어 크리스마스가 그레고리력으론 1월 7일.)
- 태음태양력 : 동양권에서 쓰는 음력. 6세기경 태양력을 받아들여 19
  년마다 7번 윤달을 두어 오차를 최소화함. (중국은 이걸 차이니즈 캘
  린더(Chinese Calendar)라고 자뻑 PR중.)
- 순태음력 : 이슬람권에서 사용 중인 달력(1년이 354일이에요.) 서양
  력 기준 622년 7월 16일이 원년 1월 1일.

　어려운 이야기 끝까지 보시느라 수고 많으셨습니다.

　제가 수 년 전부터 관심을 가지고 보고 있는 게 각국 신화나 전래

동화가 가진 연관성입니다. 이들 신화와 전래동화에는 그 민족이 갖고 있던 철학과 시공간에 대한 개념이 들어있습니다.

이 해님달님 이야기도 전 세계에 유사한 이야기가 있는데, 일본에선 도깨비에 쫓긴 아이들이 별이 되었다고 하고, 중국에선 늑대에 쫓기다가 떨어져 죽은 늑대에게서 배추가 나와 아이들이 그 배추를 팔아 부자가 되었다고 합니다. (역시 중국인들은 예전부터 돈이 최고 ~! 🐻)

유럽에서도 늑대에 잡아먹힌 아기 염소, 빨간 망토 소녀 이야기 등이 있는데, 유럽 동화에 늑대가 많은 이유는 유럽엔 호랑이나 사자가 없어 늑대가 가장 최상위 포식자였기에 가장 나쁜 악의 상징으로 활용된 겁니다.

그리스 신화 전문가였던 이윤기 선생도 이런 점에 주목해 우리 신화와 그리스 신화의 유사성에 대한 글을 준비 중이었다고 하죠. 갑자기 심장마비로 돌아가셔서 정말 안타까울 뿐입니다. 🐻

그런데, 단군 신화도 그렇고, 해님달님 신화에서도 그렇고, 아기와 곶감 이야기에서도 그렇고, 원래 우리 조상들은 호랑이를 싫어했어요. 전래동화나 전설 중 호랑이가 착하게 나온 걸 기억하시는 분 있으시나요? 🐻

실제로도 1905년까지도 인왕산에서 호랑이가 내려와 아이를 잡아먹은 기록이 서울 지역 최후의 호랑이 출몰 기록으로 남아 있을 정도로 우리 조상님들에겐 공포의 대상이었는데요. 일제시대에 전국의 호랑이가 다 토벌되어 멸종하자 호랑이가 일제에 대항하는 강

인한 상징으로 부각되면서, 한반도의 모양이 일제가 묘사한 연약한 토끼 모양이 아니라 원래 호랑이 모양이라고까지 칭송되었고 민족의 아이콘으로 격상됩니다.

이후 88 서울올림픽 호돌이에 이어 축구협회 상징도 호랑이로 낙점됐죠. 이번 2018 동계올림픽 마스코트 역시 '수호랑'~.

또 최근엔 고구려의 기상을 칭송하며 삼족오(三足烏)가 민족의 아이콘으로 부상하고 있는데……, 일부 드라마, 영화에선 아예 고조선이나 고구려 국기로 묘사하기도 했죠.

그런데 말입니다……, 삼족오 마크는 이미 일본축구협회에서 찜했어요. 🐻

왜 일본 애들이 이 마크를 쓰냐고 분개하시면 안 돼요. 삼족오 전설은 우리만이 아니라 북방 아시아 민족들에게 널리 퍼졌고 중국의 고대 신화에도 해를 삼족오로 묘사한 '10개의 태양과 12개의 달' 이야기가 전해져 오지요. 이것을 우리 민족만의 고유 상징이라고 우기면 한국식 동북공정이 되어버려요.

(일본 축구협회 엠블렘,
다리가 두 개라는 분이
있던데, 공 잡은 다리가
하나 더 있어요.)

　그나저나 일본에선 까마귀가 길조지만, 우리나라에선 오랫동안
흉조라 여겼으니……, 거 참, 뭐라고 해야 할지…….

　얘기가 길어지니 이쯤에서 다음 이야기로 넘어갈게요.

02
숫자 3의 비밀

그런데 앞서 소개한 해님달님 이야기에 실은 빠진 내용이 하나 있습니다. 🐻

원래 이야기에는 오누이가 아니라 삼남매가 있었어요. 엄마로 변장한 호랑이가 집으로 찾아와 아이들을 속이려 들 때 마침 막내는 부엌에 있었다지요.

처음에 엄마로 변장한 호랑이의 목소리를 듣고 의심한 첫째가 손을 집어넣게 한 후 문을 열지 않자, 호랑이가 부엌문으로 들어가려고 돌아갔다가 셋째를 발견하곤 그만 잡아먹고 맙니다. 🐻

그래서 그 장면을 문틈으로 본 오빠와 여동생은 급히 방문을 열고 나무로 피신했다가 동아줄을 타고 하늘로 올라가 달과 해가 되었지요. 이 내용이 너무 잔인해 대부분 어린이 동화에선 그 이야긴 빼놓지요. 그런데 이 이야기에는 중요한 핵심 의미가 하나 숨어 있습니다.

바로 왜 세 번째 아이가 희생되었나 하는 겁니다.

앞서 달을 중시한 문명에선 밤에 보이는 별자리를 매우 중시했는데, 동양이건 서양이건 거의 동일하게 묘사한 별자리가 두 개 있습니다. 그건 바로 북두칠성과 오리온자리이지요. 비록 지금 서양 별자리에선 북두칠성이 큰곰자리의 일부이긴 하지만, 이집트 및 유럽 여러 설화에서 이 일곱별이 주요한 테마인 이야기가 여럿 존재합니다.

원래 우리 민족도 사용하던 별자리이지만 이미 우리에게 너무 낯설어진 동양 별자리는 유교적 천하관이 반영된 종교적 성격을 띠고 있습니다.

삼태성

(이십팔수 형상도)

(동양 별자리, 동방 청
룡, 서방 백호, 남방
주작, 북방 현무자리에
각각 7수 배치)

북극성을 중심으로 별들이 돌고 있는 것을 보고,
하늘의 아들이라는 중국 황제 '천자(天子)'를 의미하는
북극성(주극성)을 중심으로 하는 영역인 3원(垣)(자미원, 태미원, 천시
원)이 추가되고, 동서남북 4방향에 4계절을 의미하는 현무, 주작, 청
룡, 백호 네 수호신(四宮) 영역에 각각 7개 별자리를 분배해 달의 운
행주기인 28일에 맞춘 28수(宿, 별자리)를 만들어냅니다.

즉, 달의 순환주기가 28.5일이므로 하늘에서 달이 매일 머무르는
(宿) 위치마다 하나의 별자리를 만든 거죠. (동 - 북 - 서 - 남궁 순입니

40

다.) 여기서도 서양의 해 중심, 동양의 달 중심 사상이 보이네요. 이렇게 만들어진 별자리는 중국 황제를 중심으로 주변 국가가 순종하는 중국식 천하관이 하늘의 뜻임을 알리는 수단이 됩니다.(쏠쏠합니다만⋯⋯.)

저 동양 별자리 그림 중 오른쪽 위 서방 백호자리 앞부분에 보면 많이들 익숙한 별자리가 보입니다.

네, 서양 별자리에선 오리온자리이지요.

그런데 그 별자리의 동양식 명칭은 삼수(參宿) 즉, '3'이었고 별자리 중간의 '삼태성'이 주목 받는 대상이었습니다. 왜 그 삼태성이 주목 받게 되었느냐면, 세 별이 하늘의 적도선상에 나란히 위치해 있었기 때문입니다.

서양 문화권에선 태양이 지나는 12개 별

(오리온자리 허리 부분 삼태성)

(편집장님~! 아~, 이 사진
이 아닌데……. 🐻)

자리 즉, 황도 12궁에 주목했어요. 즉, 태양을 노란색으로 여겨 태양이 가는 길은 황도(黃道), 달은 흰색으로 치환해 달이 지나 가는 길은 백도(白道)라 부른 것이죠.

반면 동양에선 주극성을 중심으로 보이지 않는 남쪽 극을 연결해 하늘을 구조화한 천구라는 가상의 구에 중심축, 자오선을 만든 후 그 중간 가로선을 그어 하늘의 적도(赤道)라 불렀습니다. 당시 사람들은 밤하늘의 별은 그냥 존재하는 것이 아니라 하늘에서 무언가 계시를 내리는 것이라 여겼기에 적도 위에 걸쳐진 이 삼태성에서 '3'이란 숫자를 신성시하게 됩니다.

많은 자료에서 우리 전통을 소개하면서 3을 참 좋아하는 민족이라고 설명하는데, 사실 3을 싫어하는 문명은 거의 없어요. 🐻 그러니, 분명 하늘에서 3이란 메시지를 보여주고 있는데 왜 하늘에는 달과 해만 있는지, 대체 나머지 하나는 어디로 갔는지 의문을 가지게 된 겁니다. 🐻

그래서 삼태성의 모습을 자세히 보던 고대인들은 오른쪽 별 하나는 약간 작고 위쪽으로 살짝 비켜나 있는 것에서 착안해, 해님달님 이야기 앞부분에 원래 세 아이가 있었지만 막내는 호랑이에 잡아 먹혀 이 세상에는 달과 해만 천구를 돌면서 지구를 비춰주고 있다고 나름 합리적인 이야기 구조를 만들어낸 것입니다.

그런 영향으로 인해 중국이건 우리나라건 새로운 왕조가 들어서면 다리가 세 개 달린 솥, 정(鼎)을 만들어 궁궐 전각에 세워 왕조의 정통성을 선포하게 됩니다. 실제로 궁궐에 가면 정전 기단(正殿基壇) 모서리에 다리가 셋인 솥을 볼 수 있어요. 민간에선 삼신할머니가 아이를 점지해주신다는 등 3과 관련된 상징들이 나오게 됩니다.

그런데……, 이 삼신할머니는 '가리지날'입니다. 이것은 그리스 신화의 '운명의 세 여신'이 아마도 오리지날일 겁니다. 아직 이에 대한 정설이 없긴 합니다만…….

하늘에 새겨진 3이란 숫자에 집착하기는 밤하늘에 별자리를 만들던 고대 그리스인들도 마찬가지. 그들은 반드시 죽을 수밖에 없는 인간에게 운명의 질과 시간을 결정해주는 세 여신이 있다고 믿었다는데, 이 세 여신 이야기 역시 메소포타미아 지역에서 유래해 세계 각지로 전파되었을 겁니다.

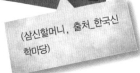

(삼신할머니, 출처_한국신학마당)

실제로 중앙아시아 지역에서 인도로 침입한 아리아민족이 만든 힌두교에서도 브라흐마(Brahmā, 창조의 신),

비슈누(Vishnu, Viṣṇu,유지의 신), 시바(Shiva, śiva, 파괴의 신)란 세 신이 이 우주를 지배한다고 믿고 있지요. 그러나 이들 신은 남성인 반면, 그리스 신화 속 운명의 세 여신은 태어난 순간부터 할머니였다는데, 클로소(Clotho)는 운명의 실을 뽑아내고, 라케시스(Lachesis)는 운명의 실을 감거나 짜며 배당했으며, 아트로포스(Atropos)는 운명의 실을 가위로 잘라 삶을 거두는 역할을 했다고 하죠. 이들이 바로……, 우리가 말하는 삼신할머니의 원형입니다.

이 세 여신의 이름이 친숙하다고 느껴지는 분들이 있을 텐데요. 맞습니다. 일본 만화계의 문제작《파이브스타 스토리》의 세 파티마가 바로 이 신화를 모티브로 일본 건국신화 등을 짜깁기한 겁니다. 원래는 엄청 무서운 할머니인데 원작자 '나가노 마모루'가 미소녀로 만들었지만요. 🐻

문제는 이 만화가 1986년부터 연재되어 어언 30여 년이 지났는데도, 아직 전체 스토리의 9분의 1밖에 진행이 안 되었다는 거죠. 🐻 게다가 2013년에는 몇몇 디자인에 대한 표절 시비가 불거지자 처음부터 다시 그리기 시작합니다. 그래서 팬들의 소원은 "이 작가보다 더 오래 살아 대체 어디까지 진도가 나가는지 보고 죽는 것"이라고 할 정도라고 합니다. 🐻

그래서 모 잡지사 기자가 이 작가와 인터뷰하면서 "살아생전에 다 못 그리면 어찌할 거냐?"고 묻자 "안 되면 내 아들이 대를 이어서 그리게 하겠다."고 답변했습니다.

'아~, 아직 일본의 투철한 장인정신은 살아 있구나!'하고 감탄하려던 순간, 깨달았습니다.

"어이 이봐, 나가노 상, 당신 아직 애가 없잖앗!"

갑자기 이야기가 잠시 샜습니다.

중국 도교에서도 모든 인연은 붉은 실로 연결되어 있다고 믿었는데 이 역시 하늘의 적도에 나란히 배치된 세 별에서 기원했을 겁니다. 그리고 현재의 올림픽 경기에서도 금, 은, 동메달 3위까지만 시상을 하지요. 왜 3위까지만 상을 주는지에 대해 공식적인 답은 없지만, 예전부터 쭈~욱 내려온 '3'에 대한 동서양 문명의 경외감이 강하게 작용하지 않았나 싶습니다.

그 외에도 여러 종교에서의 삼위일체(三位一體), 동양 정치제도에서의 3정승 제도, 다양한 삼형제 이야기 등 수많은 문화권에서 '3'과 관련된 요소가 많은 것도 밤하늘에 우연히 나란히 보이는 저 세별 때문에 비롯된 것이 아닐까 하는 의견들이 존재합니다.

그런데 이 같은 오리온 별자리 삼태성의 원형은 이집트에서 찾을 수 있습니다. 앞서 이집트가 유일하게 태양력을 사용하던 문명이라고 말씀드리긴 했는데, 그건 파라오가 태양의 아들이라고 여기게 되는 중왕조 이후 이야기이고, 초기 고왕조 시대엔 이들 역시 고유의 별자리를 만들고 별들의 메시지를 읽었습니다.

고대 이집트를 고왕국, 중왕국, 신왕국으로 흔히 나누는데, 무려 그 기간이 약 4000년, 32개 왕조가 흥망성쇠를 이루었습니다. 피라미드 건립 시기가 단군 할배가 고조선을 세우기도 전입니다. 그래서

그들도 오리온자리 삼태성을 주목하게 되는데……

지금껏 애기한 오리온자리라는 이름은 사실 '가리지날'입니다. 오리온자리라고 알려진 역사는 2500여 년에 불과합니다. 더 오랜 기간 동안 그 별자리는 이집트 신화에서 최고봉에 위치한 오시리스자리였어요. 🐻

그리스 학자 : "저기 저 하늘에 찬란히 빛나는 저 삼태성 있는 별자리를 뭐라고 부르시그리스?"

이집트 학자 : "저 별자리는 삼태성 허리띠를 두른 오시리스자리이집트. 그것도 모르나기자?"

그리스 학자 : "오, 역시 가장 멋진 별자리에 최고의 신 이름을 붙였군헬라~."

이집트 학자 : "그래서 우리 위대하신 파라오께서는 저 하늘의 별자리를 지상에도 건설하라 하셨지멤피스. 먼 훗날 후대까지 백년대계로 삼아 공사하라 하셨카이로~."

그리스 학자 : "오, 훌륭하고나이테네~. 박수 한번 쳐드리지파르타~."

이처럼 피라미드가 오시리스자리 삼태성의 위치와 크기에 맞춰 건설된 것이라는 가설이 있죠. 실제로 쿠푸왕의 대피라미드에 이은 후대 왕의 피라미드는 기술이 퇴보하지 않았음에도 더 작게 만들어 실제 삼태성의 배열과 크기에 맞춘 것처럼 보입니다.

보통 이집트에만 피라미드가 있는 줄 아시지만, 중남미, 중국 내륙 등에도 피라미드형 유적이 많고, 고구려 장군총 역시 일종의 피라미드 형태의 건축이랍니다.

피라미드가 신비한 에너지를 낸다거나 외계인이 만든 거라는 등 가설이 많지만, 고대 세계에 피라미드형 건축물이 많은 이유는, 현대와 같이 철근이나 시멘트 등 다양한 재료가 없었기에 높게 만들기 가장 편한 구조가 피라미드 형태였던 겁니다.

이처럼 하늘에서 3이란 존재의 이유를 찾던 사람들은 이후 점차 사람을 중시하게 되면서 천지인(天地人), 즉 하늘과 땅과 함께 사람

(이집트 피라미드)

을 중요한 존재로 여기며 의미를 확장되게 됩니다.

그 같은 생각에서 나오게 된 건국신화가 바로 '선녀와 나무꾼'입니다. 응? 전래동화 '선녀와 나무꾼'이 건국신화라고요? 네. '선녀와 나무꾼'은 원래는 만주족의 건국신화입니다. 🐻

스토리는 아시죠?

간단히 요약해보면,

착한 나무꾼이 나무를 하러 갔다가 사냥꾼에 쫓기던 사슴을 구해줍니다. 그러자 이 사슴이 보답한답시고 선녀가 목욕하는 연못을 알려주고, 나무꾼은 선녀들을 훔쳐 보다 제일 예쁜 선녀의 날개옷을 훔칩니다. (어이, 이봐! 착한 나무꾼이었다매! 그런데 절도를……. 🐻)

그래서 하늘나라로 못 올라간 에이스 선녀가 울며 겨자먹기로 나무꾼과 살게 되었는데 아이를 셋 이상 낳을 때까진 이야기하지 말라고 한 사슴의 충고를 어기고, 아이가 둘일 때 선녀의 꼬드김에 넘어가 옷을 훔쳐 보관 중이라는 사실을 실토하는 바람에 그만 선녀가 아이 둘을 옆구리에 끼고 승천했다.

라는 스토리인데요. 🐻

이 이야기 역시 콩쥐팥쥐처럼 우리가 잘 모르던 시즌 2 스토리가 있어요. 🐻

- 선녀와 나무꾼 시즌 2 -

선녀가 아이 둘을 데리고 하늘로 가출하자 나무꾼은 사슴을 다시 찾아가고 사슴은 하늘로 올라갈 수 있는 방법을 알려줍니다. (거 입으로 한 번 도와주고 난 뒤 톡톡히 부려 먹네. 정말~.)

그건 선녀가 목욕하던 연못에 가면 하늘에서 물을 퍼가기 위해 한밤중에 두레박이 내려온다는 거였어요. 그래서 며칠을 기다려 두레박을 타고 하늘나라로 올라간 나무꾼은 다시 선녀와 자녀들을 만나 행복하게 살게 됩니다. (아니, 사슴도 아는 걸 그 선녀가 몰랐다는 건가? 이건 뭐, 선녀는 맹순이고 나무꾼은 스토커인……, 호러물인가?)

그러던 어느 날. 나무꾼은 갑자기 지상에 남겨두고 온 어머니가 그리워졌대요. (그렇지! 시어머니가 존재했구먼. 역시 선녀는 고부 갈등으로 가출한겨. 암~ 어쩐지!) 그래서 하늘을 나는 말을 타고 어머니를 만나러 지상으로 내려왔는데 말에서 내리면 못 돌아온다고 선녀가 당부했대요. (연못에 가면 천국행 두레박이 있는데? 🐻)

그래서 아들이 말에서 안 내리자 어머니는 (마누라가 그리 좋으냐고 타박하며) 팥죽이라도 먹고 가라며 뜨거운 팥죽을 주었고, (스물스물 의혹의 냄새가 납니다.) 이 팥죽이 말 등에 떨어져 말이 놀라 뛰는 바람에 땅으로 떨어진 나무꾼은 더 이상 하늘나라로 가지 못하게 되어 홀로 살다가 죽었는데, 이후 수탉으로 환생해 새벽이면 두고 온 마눌님 생각에 하늘을 보며 울게 되었대요.

The End.

아~, 어릴 적엔 몰랐는데 다시 보니 '선녀와 나무꾼'은 고부 갈등으로 인해 국제결혼에 실패하고 인생을 망친 마마보이 이야기를 다룬 고전판 유니버설 '사랑과 전쟁' 스토리였네요.

그런데, 원래 오리지날 이야기 속 선녀는 세 자매였고, 3명의 나무꾼 형제가 이들의 옷을 숨겨 각각 결혼해서 살았다고 합니다. 🐻 그러다가 가장 예쁜 막내 선녀와 결혼한 막내 나무꾼이 아이 셋을 낳은 후 안심하고 실토했더니만 선녀가 첫째와 둘째아이만 데리고 올라가버렸다고 하네요. 🐻

> 형들 : "막내야. 니 나 좀 보자. 형이 선녀 옷 숨긴 거 말해도 된다고 가르쳤니말갈?"
> 막내 : "아입니여진······." 🐻
> 형들 : "우리 삼형제 아내 셋 다 하늘로 꺼졌는데 어이할 꺼이니만주?" 🐻

그래서 홀로 남은 셋째 나무꾼의 셋째 아이가 선녀의 신성한 핏줄로 능력을 발휘해 만주족의 조상이 되었다는 게 원래 스토리입니다. 🐻

실은 이 만주족 시조신화도 역사를 거슬러 올라가면 5호16국 시대 북위(北魏) 건국신화가 더 원조라고 합니다만, 우리 민족과 만주족(말갈, 여진족)은 오랫동안 서로 교류하고 살았기에 아마도 이 이야기가 구전되면서 우리나라 전래동화로 변형되었나 봅니다.(콩쥐 팥쥐도 그렇고 어째 후반부 이야기들은 다들 막장으로······.)

그런데, 이 신화에서 보면 계속 막내이자 셋째가 중심인 것을 알 수 있습니다. '일상생활 편'에서 설명한 대로 유목민은 막내가 집안을 이어가는 전통이 있지요. 즉, 나무꾼 삼형제 중 막내가 낳은 막내아들이 민족의 시조. 그리고 아버지보다 어머니 쪽이 더 고귀한 출신이란 게 특징이죠. 또한 이 이야기에 등장하는 동물이 사슴과 말인데, 유라시아 북방 유목민들은 사슴의 뿔을 신성시 여겼고 말이 하늘과 사람을 잇는 메신저라고 여겼습니다.

(신라 금관)

그래서 '일상생활 편' 아마조네스 부족 이야기 때 설명 드린 것처럼, 우리 신라 금관도 사슴 뿔 모양으로 만들었고, 천마총에 구름 위를 날아가는 말 그림이 함께 부장되었을 만큼 7세기에 중국화되기 전까지 우리 민족과 북방 유목민 간의 인적·물적 교류와 문화적 유대가 얼마나 컸는지 상징적으로 보여주고 있습니다.

(천마도, ©국립중앙박물관)

이번 이야기는 우리 민족의 창조신화 '해님달님'의 숨겨진 뒷이야기에서 시작해 별자리와 이집트, 그리스, 만주를 종횡무진 달렸군요. (아이쿠! 스케일도 커라. 🐻)

03
숫자 7의 비밀

앞서 동양 별자리를 소개하며 삼태성 이야기를 해드렸는데, 동양이 건 서양이건 모두에게 잘 각인된 별자리가 또 하나 있습니다. 그건 바로 북두칠성이지요.

다시 한 번 오른쪽 동양 별자리 그림을 보시죠.

저 그림 중 오른쪽 아래 주작 모서리를 보면 두(斗)자리가 보일 겁니다. 즉, '북'쪽 검은 거북, 현무의 머리 '두' 자리의 일곱별 '칠성' 이기에 북두칠성이라 불리게 되며, 뚜렷한 형체와 함께 주극성인 북 극성을 호위하며 돌고 있기에 주목 받게 됩니다.

당시 동양인들은 북두칠성은 죽음을 관장하는 영역으로 여긴 반 면, 서양 별자리의 사수(궁수)자리는 남두육성이라 하여 생명의 탄 생을 관장하는 곳이라 여겼다지요. 놀랍게도 현재 우리 은하계의 중

(동양 별자리)

북두칠성

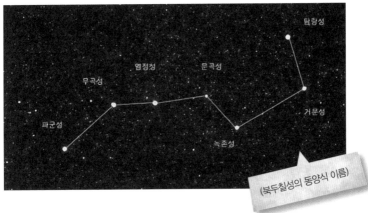

(북두칠성의 동양식 이름)

심부가 바로 이 사수자리 영역이니 우연히도

상징성이 맞아 떨어지긴 합니다.

　이처럼 주목 받은 북두칠성의 숫자 '7'은 아주 중요한 의미로 받

아들여집니다. 고대인들은 별들의 크기와 위치에서 의미를 찾으려

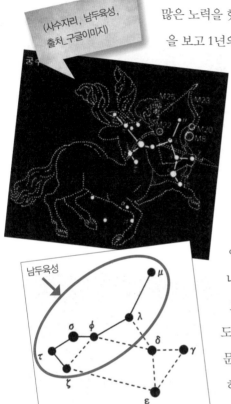

남두육성

많은 노력을 했는데요. 해와 달의 움직임을 보고 1년의 길이를 정하고 낮과 밤의 길이 변화에 따른 계절의 변화를 측정하는 지식을 가진 집단이 경작 활동에 유리했기에 천문 지식을 보유한 자가 제사장 겸 통치자가 됩니다. 즉, 무력뿐 아니라 천문 지식을 지녀야 통치자가 될 수 있었습니다.

그러면서, 이들 통치자를 도와 별자리를 관측하던 전문 지식인들은 관측을 거듭하다가 해와 달 외에도 5개의 떠돌이별이 있다는 것을 알게 됩니다. 즉, 수성, 금성, 화성, 목성, 토성이라는 5개의 행성(行星, planet) 또한 위치를 바꾼다는 사실을 거의 모든 문명권에서 발견한 것이죠. 당시엔 아직 태양계 개념이 없어 '움직이는 별'이라 불렀는데, 우리나라에선 '행성(行星)'이라고 표기하는 반면, 일본에선 '떠돌이별', '혹성(惑星)'이라고 쓰죠.

그래서 예전에 1960년대 말 미쿡 영화 'Planet of the Apes'가 일본을 거쳐 한국에 들어오면서, '혹성탈출'이라고 번역되어 상영된 뒤, 국문학계와 천문학계가 잘못된 표현이라 지적했고, 이후 TV 주말 영화 방영 시엔 '행성탈출'로 바꿔 방영했었죠. 그런데 어찌 된 셈인지 리메이크 작품이 들어오면서 다시 '혹성탈출'이라고 번역되어 시리즈가 나오고 있지요. 💣

다시 이야기로 돌아가서, 이 발견은 또다시 고대인들에게 수수께끼를 부여합니다. 이 움직이는 다섯별은 하늘이 어떤 계시를 하는 것일까?

그러면서 자신의 손을 보니 손가락도 5개, '오~, 럴수럴수 이럴 수가~!' 하늘의 계시로구나. 그랬기에 서양인들은 별을 5개의 꼭짓점이 있는 아이콘으로 묘사하게 되지요. 반면 동양에선 별을 원으로 표시했으니 이 점에선 동양이 더 정확한 셈이네요. 🐻

(5각형 별)

그런 인식이 확장되면서 하늘에서 계속 움직이는 천체에 의미를 부여해 음양오행설(陰陽伍行說)이 나오게 되고, 더불어 '7'이란 숫자에 신성한 의미를 부여하게 됩니다.

즉, 음(달) + 양(태양) + 5개 행성 = 7이 되는 거죠. 그래서 북두칠성 역시 이 같은 하늘의 큰 뜻을 보여주는 표식이라고 여겼겠지요.

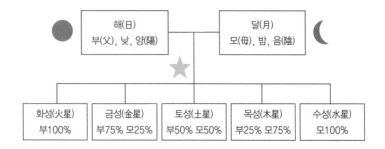

| 화성(火星)
부100% | 금성(金星)
부75% 모25% | 토성(土星)
부50% 모50% | 목성(木星)
부25% 모75% | 수성(水星)
모100% |

이 같은 인식은 여러 유물에서도 드러납니다. 우리나라 조선시대 임금님이 앉는 옥좌 뒤편에 그린 '일월오봉도(日月五峯圖, 일월오악도(日月五嶽圖)라고도 불린다.)' 등이 다 그런 상징을 의미하지요.

이 신성한 숫자 7은 이후 다양한 변주를 낳게 됩니다.

우선, 서양에서는 날짜를 세는 단위로 일주일, 즉 7일을 기본단위로 정하게 됩니다. 그래서 해를 달보다 중시한 만큼 '해의 날', '달의 날' 순으로 일주일이 정해집니다. 그게 지금도 영어로 일주일의 첫

(1만 원권 지폐 속 가운데에 빨간 원이 보이는 일월오봉도. 해, 흰 원이 달입니다. 임금님 옥좌 뒤에 그려 두었지요.)

날이 Sunday, 둘째 날이 Monday (Moon+day)가 되는 겁니다.

이 같은 일주일 제도는 비록 동양에는 19세기 말 서구 문물이 도입되면서 적용되기 시작했지만, 그 이전 동양에서도 관료들은 7일 단위로 쉬는 현상이 나타납니다. 이러한 하늘의 계시인 '7' 개념이 발전하면서 신이 이 세상을 만드는 데 7일이 걸렸다는 믿음이 생기게 되지요. 따라서 《성경》에서 창조주 하나님이 6일간 이 세상을 만들고 마지막날 쉬셨다는 것은 바로 하늘이 알려준 7개의 움직이는 천체로부터 유추된 것입니다.

휴~, 당시에 천왕성, 해왕성, 명왕성을 발견 못 했기에 망정이지, 그 3개 행성도 예전부터 알았다면 1주일은 10일 단위일 겁니다. 그랬으면 하나님도 9일간 세상을 만드시고 하루 쉬셨겠지요. 🐻

(달력을 보면 일요일이 한 주의 첫 요일인 걸 알 수 있지요.)

이에 야훼 하나님을 믿는 종교권에서는 일주일의 마지막날을 휴일로 쉬게 되는데, 유대교에선 창조주가 쉬셨다는 마지막 요일인 토요일을 휴일로 정하게 되고, 음력을 채용한 이슬람교에선 옛 전통 그대로 전날 저녁이 하루의 시작이니 금요일 저녁부터 알라(야훼)가 쉬셨다고 여겨 금요일을 휴일로 정하게 된 것입니다.

그럼, 어쩌다가 기독교에선 한 주의 시작인 일요일이 휴일이 되었을까요?

이는 로마제국의 수도를 콘스탄티노폴리스(현재의 이스탄불)로 옮겨 유명해진 콘스탄티누스1세 황제(274~337)가 313년 기독교를 공인한 밀라노 칙령을 발표한 후, 321년, 태양을 신으로 숭배하던 미트라교(Mithraism) 신도들을 기독교로 포용하기 위해 태양신의 날이라고 놀던 '선 데이(Sun Day)', 즉, 일요일로 휴일을 바꾼 겁니다. 당시 로마제국 말기에 이르러 수많은 외래종교들이 유행했는데 기독교와 미트라교가 가장 크게 번창하고 있던 상황이었습니다.

콘스탄티누스1세 : "여봐라~ 천문담당 대신 들라하카이사르."

천문담당 대신 : "부르셨나이로마? 어인 일이신지로마?"

(콘스탄티누스 황제 두상),
(미트라 신이자 미륵부처님)

콘스탄티누스1세 : "이제부터 태양의 날을 휴일로 정하겠다사르! 널리 알려라우구스투스~"

천문담당 대신 : "아니 왜 갑자기 휴일을 주말에서 주 첫째일로 바꾸시려고 하시려로마?"

콘스탄티누스1세 : "태양신을 믿는 미트라교 신도들에게 '야훼랑 미트라랑 알고 보니 같은 신'이니 이제부턴 모두 태양신의 날을 쉬는 대신 기독교로 대로마단결하라 하겠사르! 이런 게 바로 '기브 앤 테이크'라고 브리타니아 야만족이 얘기하더라카이사르~. 저 겁나 먼 차이나에선 '조삼모사'란 사자성어가 있다고 들었다구스투스. 일주일 첫날부터 쌈박하게 쉬고 그 다음부터 일하는 게 더 낫지 않겠카이사르?"

천문담당 대신 : "역시 황제님은 글로벌하면서도 그로테스크하면서도 유니크한 분이시지로마. 하시는 김에 신도시도 건설해 불경기 내수경제도 살리시면 다들 좋아하리로마~."

콘스탄티누스1세 : "오호 이런 기특한 자를 보았나? 당장 도나우강남 노른자 땅에 신도시를 만들고 내 이름을 붙이라임페라토르~. 기분째진다콘스탄티노폴리스~!"

당초 콘스탄티누스1세 황제 본인이 미트라교 신도였지만, 황제의 신성한 권위를 드러내기엔 기독교가 더 낫다고 판단하면서 타 종교인들을 기독교로 포용하기 위해 일요일을 휴일로 바꾸었는데 정작 본인은 임종 시에야 세례를 받았다나요.

하지만 기독교 교리를 바탕으로 본인 가문이 영원히 지상 천년

제국을 누리리라 소망한 그의 염원과 달리 콘스탄티누스 가문의 상속은 아들 대에 끝장이 났고, 심지어 그의 조카인 율리아누스 황제는 다시 기독교를 박해하다가 기독교도인 군인이 던진 창에 맞아 살해당하지요. 🐻

하지만 그가 정한 원칙은 그 후로 현재까지 이어지고 있고 기독교를 승인한 덕분에 '대제'라고 불리고 있네요. 🐻

그렇다면……, 이후 미트라교는 어찌 되었을까요? 로마제국이 국교를 기독교로 선포한 후 갈 곳이 없어진 미트라교는 동쪽으로 포교에 나섭니다. 그러다가 인도에서 번성하던 불교와 만난 미트라신은 56억 7,000만 년 후 나타나 중생을 구원하실 미륵불로 거듭나시게 됩니다 🐻

그리고 왜 1년의 시작은 천문학적으로는 아무 의미가 없는 1월 1일에 시작할까요?

원래 '태양의 아들' 파라오가 다스리던 이집트 신왕국 시절에는 낮이 가장 짧아지는 동지가 기준점이었고, 이 날을 새해 첫날이자 태양절로 기념했다네요. 묵은 해가 죽고 새 해로 다시 부활한다는 의미이니 딱 맞았지만, 애초 이집트 태양력에선 윤일(4년마다 1일씩 더하는 날로 현대에선 2월 29일이 윤일에 해당한다) 없이 365일을 사용해 오차가 있었기에 로마가 새 달력을 받아들일 당시 이미 3일 오차가 발생해 동지보다 3일 늦게 새해가 시작되던 상황이었습니다. 그 날이 바로 12월 25일. 두둥!!

콘스탄티누스1세 황제는 미트라교 신도를 끌어들이기 위해 이들의 명절인 태양절과 예수 탄생일이 동일하다고 선전하며 통합을 시도해 이 날이 크리스마스가 된 것이에요. 이후에도 초기 기독교 종파 간 부활절 날짜를 로마 기준인 태양력으로 할지, 이스라엘식 음력(유대력)으로 할지 논쟁이 끊이지 않았고, 그 외에도 예수의 신성 문제에 대한 논란이 커지자 결국 325년 콘스탄티누스1세 황제가 직접 '1차 니케아 공의회'를 소집해요. 여기서 예수의 신성을 부정한 아리우스파를 이단으로 단죄하고, 삼위일체설을 정립함과 동시에 "부활절은 로마 태양력을 기준으로 춘분 이후 첫 보름달 후 첫 번째 일요일로 정한다."로 결론 내렸어요. 이에 따라 당시 천문학의 중심지인 알렉산드리아 달력 기준으로 춘분이 3월 21일에 해당됨에 따라 역순으로 동지는 12월 22일, 크리스마스는 12월 25일, 이보다 1주일 뒤인 1월 1일이 양력 새해로 굳어지게 됩니다.

즉, 애초 낮의 길이가 가장 짧아지는 동지가 아니라 10일 늦은 1월 1일이 양력 첫 날이 된 건, 당시 오차를 보정하지 않고 그냥 가자고 퉁친, 콘스탄티누스1세 황제의 결정 때문이었습니다.

기독교를 공인한 로마제국 말기 시절엔 교황은 로마 시 대주교로서 5대 교구(로마, 콘스탄티노폴리스, 안티오키아, 예루살렘, 알렉산드리아) 대주교 중 한 명일 뿐, '신의 대리인'은 로마 황제였기에 이 결정은 신성화되어 현재까지 지속되는 것입니다.

또한 우리가 현재 주로 쓰는 서양력은, 로마 교황이 동로마 황제의 간섭을 더이상 받지 않기 위해 기존 로마력 대신 새로운 달력을 만들면서 시작됩니다.

그 역사적 배경을 보면, 476년 오도아케르가 서로마제국을 멸망시키고 동로마 황제의 제후를 자처하며 왕(Rex)이 되지만, 493년 동고트족이 이탈리아로 진격해 그를 멸망시키고 동고트왕국이 성립됩니다.

하지만 정복자 테오도릭대왕은 야만족답지 않게 관대히 로마에 자치권과 통화권을 허용함으로써 로마 주교인 교황이 서유럽의 종교 주도권을 쥐게 됩니다. 이후 저 멀리 콘스탄티노폴리스에서 로마 해방구원군은 안 보내고 세금징수원만 보내며 사사건건 간섭하는 동로마 황제와 마찰을 빚게 되자 드디어 525년 교황 요하네스1세가 디오니시우스 대수도원장에게 지시합니다.

(테오도릭대왕), (동고트왕국의 영토, AD493~555)

교황 요하네스1세 : "여봐라, 대수도원장 들라하베드로~."

디오니시우스 대수도원장 : "부르셨나이로마? 파파?"

교황 요하네스1세 : "더 이상은 동로마 황제의 꼴값을 못참겠다리아

~. 이집트 알렉산드리아 교구 달력 올 때까지 기다리지 말고 이제 예

수님 생일 기점으로 새 달력을 만들할렐루야."

디오니시우스 대수도원장 : "그러다가 동로마 황제가 화내면 어쩌려

고 그러십니겟세마네?

교황 요하네스1세 : "흥, 동고트 테오도릭대왕을 이미 구워삶았다로

마~. 야만족이 더 쎄다리아."

디오니시우스 대수도원장 : "알겠사루살렘. 5대 교구의 핵심는 바로

여기! 로마 교구이지로마!"

이에 알렉산드리아 교구에 더이상 의존하지 말고 로마교회 고유의 연대표를 만들기로 하고 기존의 로마력(로마 건국 해로부터 추산하는 방식) 대신 예수의 출생연도를 기점으로 삼으면서 로마력 753년 12월 25일을 예수 탄생일로 정하고, 그다음 해를 AD(Anno Domini mostri Jesu Christi, 우리 주 예수 그리스도의 해) 1년으로 정하면서 시작된 것입니다.

그런데, 아뿔싸……! 이 셈법엔 하나 치명적인 것이 있으니 바로 0년이 없다는 겁니다. 즉 AD1년 바로 앞의 해는 0년이 아니라 BC1년이 되는 거죠. 🐻 그건 당시엔 아직 유럽인들에게 '0'이란 개념이 없었기 때문입니다. 0이란 숫자의 개념이 인도에서 출발해 아라비아를 거쳐 유럽에 전해진 것이 9세기경이었다고 하니까요.

그래서 한 세기를 나눌 때 매번 헷갈리게 됩니다.

즉, 1세기는 AD 1~100년

2세기는 AD 101~200년

…

19세기는 AD 1801~1900년

20세기는 AD 1901~2000년이니,

밀레니엄 새 천년은 2001년 1월 1일이 맞는데, 심리상으로는 1999년 다음에 2000년으로 단위 자체가 바뀌니 새로운 천년이 열린 것으로 생각해 밀레니엄 행사를 다들 거창하게 한 거지요. 따라서 2000년에 펼쳐진 전 세계의 밀레니엄 행사는 사실상 '가리지날'이었던 겁니다. 🐻

당시를 떠올리면 어처구니없던 기억이 하나 있는데, TV 뉴스에서 외국의 밀레니엄 행사를 소개하던 중 중동에 나가 있는 특파원에게 "왜 거긴 밀레니엄 축제를 안 하고 조용하냐?"고 묻는 대목에서 실소가 나왔습니다.

우리가 현재 사용하는 서력 달력은 기독교 세계 기준이지, 이슬람권에선 서력 기준 AD622년 7월 16일이 기점이므로 이슬람력으로는 아직 1421년. 새 밀레니엄이 아니라는 사실을 몰랐던 거지요. 🐻 이슬람력으로는 2016년은 10월 2일, 2017년은 9월 21일이 새해 첫날이었어요. 우리는 우리도 모르는 사이에 기독교 문명권에 푹 파묻혀 있는 겁니다.

동양 최고(最古)의 천문대, 첨성대

그나저나 이 자리를 빌어 꼭 설명하고 싶은 것이 하나 있습니다. 바로 신라 경주의 국보 31호, '첨성대' 이야기입니다.

(아름다운 첨성대의 야경)

동양에 현존하는 가장 오래된 천문대인 경주 첨성대는 천체의 운행을 관찰하는 장소일 뿐 아니라, 농사로 살아가는 백성의 생존을 담보하는 신성한 권력을 상징하는 건축물입니다.

《삼국유사(三國遺事)》,《동국여지승람(東國輿地勝覽)》등 후대 역사 기록에도 첨성대 건립연대 및 별을 관측한 곳이라는 용도가 정확히 쓰여 있음에도 일부 학자들이 첨성대가 별을 관측한 장소가 아니라 '불교의 진리를 나타내는 수미산이다', '마야부인 몸매를 의미한다'는 등 종교 상징물이라고 설명하며, 신라시대 천문 관측 기술이 보잘 것 없었기에 기껏 점성술 용도라고 주장한 바 있지요. 🐻

이는 현재 인문학이 문학, 역사, 철학 등으로 한정되어 있다 보니 사학계가 고대에 자연과학 지식이 어떤 위상이었는지, 얼마나 상세히 천문 관측 기록을 남겼는지 잘 이해하지 못 하는 것이 아닌가 생각합니다.

서양에선 중세까지도 혜성은 그저 대기 중의 현상으로 오해한 반면, 동양에선 점으로 보이는 혜성, 꼬리가 하나인 혜성, 꼬리가 두개인 혜성까지 다 세분화해서 기원전부터 기록해왔고, 그런 고대 천문 기록이 가장 풍부한 곳이 중국과 한국뿐입니다. 즉, 과거엔 과학 지식 자체가 바로 '힘'이었고 신성한 종교였기에 그 지식을 아는 자가 제사장이자 왕으로서 권력을 쥘 수 있었던 것입니다.

옛날 한자 공부 시 입문 책자로 널리 사용된 것이 《천자문(千字文)》인데 1000개의 글자로 세상의 이치와 인간의 도리를 가르친 이 책자의 앞부분은 천문에 대한 이야기로 시작합니다.

天地玄黃 천지현황 (하늘은 어둡고 땅은 누렇다)

宇宙洪荒 우주홍황 (공간은 방대하며 시간은 가늠할 수 없다)

日月盈昃 일월영측 (해는 차 있으되 달은 이지러진다)

辰宿列張 진수열장 (별은 늘어서 있으며 별자리는 퍼져 있다)

즉, 동양 문화에선 천문을 아는 것이 모든 지식의 근원이었기에 왕권 강화를 위해 천문대를 짓는 것은 종교 시설보다 우선시되었던 것입니다.

따라서 첨성대 이야기로 다시 돌아오면, 실제로 신라시대 천문 기록은 첨성대 설치 이전 704년 동안의 관측 기록보다 647년 건립 후 288년간 관측 기록이 더 많다고 하죠. 그러니 첨성대가 천체관측소란 것은 자명한 것입니다.

이후 고려 서운관, 조선 관상감 등 천문과 기후를 관측하는 기관은 계속 유지되었고, 왕궁 근처엔 반드시 별을 관측하는 장소가 존재했습니다.

실제 조선시대 천문관측대는 창경궁 내에, 그리고 창덕궁 옆 현대빌딩 앞 관상감 터에 남아 있는데 형태가 첨성대와

(관상감 터 관천대, 출처 http://library.ioneis.com))

(창경궁 내 관천대, 출처 문화재청)

67

유사합니다.

그리고 조선 초기 만들어진 해시계 '앙부일구(仰釜日晷)', 물시계 '자격루(自擊漏)'는 현재 시각 기준으로 오차율이 1분 이내인 정밀한 기기로 제작되었습니다.

시리즈 1권 '일상생활 편'에서 소개한 우리나라 삼국시대 초기 묘소에서 발굴된 아마존 여전사, 인도인 유골처럼 유전체 분석, 역사기록과 천문 기록 대조 등 과학 지식과 역사와의 융합을 통해 최근 새로운 정보가 계속 쏟아지고 있습니다.

앞으로 인문학이 모든 타 분야 전문가들과 서로 협력하여 인간을 널리 이롭게 하는 통섭과 융합의 학문으로 더더욱 발전하길 기대합니다.

04
설날과 추석 누가누가 더 세나?

새해가 되면 "올해는 며칠이나 쉴 수 있나?" 하며 달력을 넘겨보는 것은 월급쟁이들의 소소한 즐거움이죠. 사장님들은 정반대이시겠지만요. 🐻

　우리나라에서는 앞뒤로 하루씩 더해 3일을 쉬기에 잘만 엮으면 긴 휴가기간이 보장되는 명절은 설날과 추석 두 가지가 있습니다.

　추석은 쭈~욱 계속 음력 8월 15일을 유지해온 반면, 설날은 한 때 양력, 음력 두 번씩 지내는 것을 개선하겠다고 구정은 평일로 만들고 신정에만 3일 쉬게 했어요. 그렇지만 오랜 관습을 바꾸지 못해 1985년부터 1988년까지 '민속의 날'이란 이름으로 구정을 하루 휴일로 부활시켰었죠. 이후 1988년 서울 올림픽의 성공적 개최로 민족 자긍심이 한껏 올라가자 1989년 다시 구정이 설날로 부활되면서 설날과 추석이 모두 3일 연휴로 확장되었습니다.

그런데, TV를 보면 명절 특집 프로그램을 예고하면서 설이건 추석이건 그때마다 '민족 최대의 명절'이라 하는데요.

어릴 적 부르던 동요 '나무를 심자' 중에 이런 가사가 있죠?

"산하고 하늘하고 누가누가 더 푸른가?

산하고 바다하고 누가누가 더 푸른가?

내기 해봐라~ 내기 해봐라~

나무를 심어줄게~ 나무를 심어줄게~

산아 산아 이겨라

좀 더 파래라"

(쓰고 보니, 어린이에게 도박을 권하는……, 반윤리적 가사 🐻)

저 노래처럼 저는 예전부터 '설'과 '추석' 중 어느 명절이 더 민족 최대의 명절인지 궁금했답니다. 여러분은 그러지 않았나요? 전혀, 네버, 안 궁금하셨다고요? 나만 궁금한 거였군요? 🐻

우선 추석이 민족 최대의 명절 '2 TOP'이 된 건 '가리지날'입니다. 추석이 이렇게 큰 명절이 된 건 100년이 채 되지 않습니다. 🐻

예전 조선시대에도 관청에선 휴일 규정이 있었습니다. 조선 조정의 관료들은 음력 1, 8, 15, 23일이 쉬는 날로 정해져 있었다죠. 당시 동양엔 요일 개념이 없었는데도 7일 간격으로 놀았습니다.

앞서 설명 드린 대로 하늘에서 붙박이로 있는 별(항성)을 제외하고 태양 – 달, 5개 행성(화성 – 수성 – 목성 – 금성 – 토성) 등 7개 천체만 움직이기 때문에 7을 신성시 여겨 날짜 간격 단위를 7로 했기에 서양과 동일한 현상이 나타난 겁니다. 그러던 것이 1894년 갑오개혁 때 서양식 요일 개념이 적용되면서 기독교 세계처럼 일요일을 휴일로 정하게 되었지요.

당시 조선이 일본을 통해 서구식 요일 제도를 받아들임에 따라 일본이 번역한 대로 일 – 월 – 화 – 수 – 목 – 금 – 토 순으로 해와 달, 다섯 행성이름으로 요일명을 정했는데요. 중국은 이와 달리 평일 5일을 1 – 2 – 3 – 4 – 5 요일로 달리 명명해 부르고 있습니다.

이렇게만 보면 조선시대 휴일이 현재보다 적어 보이지만, 항상 예외가 있는 법. 🐻 춘분, 동지 등 24절기에 해당하는 날도 놀았습니다. (한 달에 두 번) 그 외에도 임금님 생일, 선대왕 기일 등 별도의 임시공휴일도 있었기에 한 달에 최소 6~7일 이상 휴일이 있었던 건데요. 그래서 연간 100일 정도 휴일이 있었다고 하니……, 주 5일제 시행 전 대한민국 직장인보다 더 많이 쉬셨습니다.

대신 노는 날과 절기일이 겹치면 그냥 하루 손해 보는 거였지요. 🐻 대체휴일 제도가 생기기 전엔 일요일과 명절이 겹치면 그냥 하루 손해 보던 것과 동일하지요. 특히 세종 당시엔 당직 개념이 있어서 궁인들이 휴일에 근무하면 평일 대체 휴무가 가능했고, 아이 출산 시 관노이더라도 출산 여성에겐 90일, 남편도 15일 의무 휴일을 주었다는 겁니다.

다만, 당시 조선의 국립대학인 성균관 유생은 매달 8, 23일 이틀만

휴일이었다네요.(예나 지금이나 학생들은 공부하느라 고생이네요. 🐻)

그 외에 조선시대 당시 휴일로 지정된 명절은 네 가지가 있었습니다. 설(1월 1일), 정월대보름(1월 15일), 단오(5월 5일), 추석(8월 15일). 흔히 정월대보름 대신 한식이라고 알지만, 그래서 그런지 요새 5대 명절 운운하는 경우도 있더군요. 그나마도 고려시대 9대 명절에 비해 대폭 줄어든 것이라고 하죠.

그런데 이들 명절마다 쉬는 기간이 달랐으니, 설날은 7일 연휴(오~. 스케일 크신 조상님들. 🐻), 정월대보름과 단오는 각 3일간 쉬었지만, 추석은 딱 하루만 쉬었다고 합니다. 따라서⋯⋯, 설 〉 정월대보름 = 단오 〉 추석 순으로 그 비중이 달랐던 겁니다.

이는 당시 상황상 설, 정월대보름, 단오 등의 시기는 겨울이거나 여름이어서 날도 궂으니 집에서 쉬라는 따뜻한 배려인 반면(특히 1월의 경우엔 거의 절반 가까이 휴일이었어요.) 한창 수확을 하는 가을철인 추석은 열심히 일해야 했기 때문에 그리 했을 겁니다. 실제로 일부 영남지역에선 음력 8월 15일엔 아직 벼가 여물지 않아 음력 9월 9일인 중구(重九)에 차례를 올리기도 했습니다.

그런데⋯⋯, 지금에 와선 정월대보름, 한식, 단오 등 타 명절은 그냥 넘어가는데 왜 추석은 갑자기 설과 함께 '민족 최대의 명절 2 TOP'으로 격상되었을까요?

이는 구한말 서양 문명과의 만남이 원인이었습니다.

미쿡 선교사 : "우리 미쿡엔 조상과 신에게 감사드리는 추수감사절이

있습유나이티드. 조선에도 이 같은 명절이 있습니아메리카?"

우리 조상님 : "이 양넘들이……. 우릴 뭘로 보고~. 너넨 겨우 1620년부터 그거 했냐? 우리는 1800년 전 신라 유리왕 때부터 한가위란 추수 명절이 있는 뼈대 있는 나라이니라. 에헴~!"

이러면서 추석 자랑을 한 거죠. 이처럼 서구 문명과 접한 동양 3국 모두 미국 추수감사절처럼 중국 중추절(仲秋節), 일본 오봉(お盆) 등 자기네 가을 명절을 온가족이 한자리에 모여 조상께 감사를 표시하는 민족의 대표 명절로 격상시킨 겁니다.(가끔 추석을 중추절이라 부르시는데, 그건 중국 명절 이름이에요. 중국인들은 음력 설날은 춘절(春節), 음력 8월 보름을 중추철이라고 해 두 명절 이름을 대응시키고 있습니다. 🐻)

그래서 지금에 이르러 유이하게 설날과 추석이 민족 고유의 명절로서 3일 휴일로 지정된 겁니다. 우리 고유의 명절도 글로벌 경쟁에 따라 그 위상이 바뀌었다는 거, 재밌는 현상이죠? 🐻

개천절과 단군 할아버지

앞서 민족의 대명절, 설날과 추석에 대해 알아보았는데요. 개천절에 대해서도 간략히 이야기를 할까 합니다.

잘 아시다시피 개천절은 우리 민족의 시조, 단군 할아버지가 건

(단군왕검
할아버지)

국하신 날짜인데요. 건국신화 이야기는 잘 아실 테고……. 단군이 세운 우리 민족의 첫 국가 이름은 뭘까요?

아~, 고조선이지 뭐냐고요? 아닙니다. 그건 '가리지날'입니다. 🐻

단군 할배가 세우신 나라 이름은 그냥 '조선(朝鮮)'입니다. 조선을 풀어 쓰면 아침 조(朝), 고요할 선(鮮), '조용한 아침의 나라', Land of Morning Calm 되시겠습니다.

그런데 왜 우린 고조선이라고 알고 있을까요? 흔히 이성계가 세운 조선과 헷갈리지 않기 위해서 'Old 조선'이란 의미로 썼다고 여러 책에 설명되어 있지만……, 이 역시 '가리지날'.

일연스님이 단군신화를 최초로 기록한 1287년 《삼국유사》 당시부터 이미 '고조선'이라고 썼는데, 당시 단군조선을 고조선이라고 쓴 건 이후 등장하는 '위만조선'과 구분하기 위해서였답니다. 이 책은 이성계가 조선을 건국하기 100여 년 전 책이니, 일연스님은 이후 다시 조선이란 나라가 탄생할 줄 몰랐겠지요. 🐻

그리고, 모두들 조선 건국자 이름이 이성계(李成桂)라고 알지만, 이 역시 '가리지날'입니다.

이성계는 조선 태조로 등극한 뒤, 왕의 이름에 쓰인 한자는 일상생활에서나 과거 시험 등에서 사용하지 못한다는 관례 때문에 고민에 빠집니다. 본인 이름에 쓰인 성(成), 계(桂)는 너무나 흔한 글자였기에, 백성들이 일상생활에서 쓰지 못하는 불편함을 해소하기 위해 스스로 이름을 고쳤습니다. 그래서 그의 정식 이름은 이단(李旦)이랍니다.

(조선을 건국한 태조 이성계)

잠시 이야기가 옆으로 샜네요. 다시 본론으로 돌아와서 일부에선 단군 할배는 원래 단제(檀帝, 즉 檀+皇帝)이신데 중국인들이 군(君)으로 격하했다며 '단제'란 이름으로 환원하자고 하지만, 이건 단군을 글자 그대로의 한자로 해석해서 그런 것인데요.

우리 민족이 처음 국가를 건설한 시기는 아직 중국의 영향력이 커지기 전이었고, 북방 유목민 문화와 더 밀접했기에 한자로 뜻을 풀이하면 엉뚱한 결론이 납니다.

실제 여러 역사학자들의 의견에 따르면 단군이란 단어의 어원은, 북방 유목민인 터키, 몽골 등 유사 단어에서 그 근원을 찾아야 한다고 합니다. 실제 이들 북방 유목민들은 '무당 겸 부족장'을 '탱그리', 또는 '당골'이라 불렀어요. 즉 이 발음을 중국인들이 한자로 기록하면서 '단군'이라 표기한 거지요.

그보다 더 중요한 건, 왜 우리는 조상님인 단군 할아버지를 기리는 개천절을 국경일로 정하면서, 단군의 부인이 뉘신지는 아무도 관심을 안 가지는 겁니까?

예전에 이런 의문을 제기하니, "웅녀가 부인 아니냐?"고 답을 하신 분이 있는데……. 곰에서 인간이 되신 웅녀는, 단군의 엄마 되시겠습니다. 🐻

참고로, 웅녀가 쑥과 마늘만 먹고 곰에서 사람으로 변하는 데 걸린 기간은 21일이라고 하는데, 21일은 앞서 설명한 3과 7을 곱하면 나오는 숫자입니다. 즉, 고대인들이 밤하늘에 뚜렷이 보이는 삼태성과 북두칠성을 각각 숫자 3과 7로 대입해 신성시했기에 곰이 인간으로 변하기까지 기간을 신성한 두 숫자를 곱해서 표현한 거지요. 즉, 우리 민족의 유래는 친가 쪽으로는 하느님의 자손이지만, 외가 쪽으로 올라가면 곰의 자손이라는 심각한 문제를 안고 있습니다. 🐻

여러분~, 이거 농담인 거 아시죠? 아~ 이 썰렁함은 어쩐다. 🐻

자~, '가리지날' 3연속 콤보를 날린 이번 편의 결론을 느닷없이 내겠습니다.

앞서 설날 VS. 추석 편에서 얘기한 대로, 설날은 오랜 진통 끝에 다시 음력설이 표준이 되었습니다만 이상하게도 개천절과 한글날은 아직도 양력으로 기념하고 있는데, 이를 음력으로 환원해야 한다고 생각합니다.

개천절 노래 중 이런 가사가 나오죠?

'이 날이 시월 상달에 초사흘이니~'.

네. 단군 할아버지가 이 땅에 첫 국가를 건설한 날짜가 BC2333년 10월 3일인데, 이건 1894년 갑오개혁으로 양력을 쓰기 전 음력을 쓰던 시절 날짜이니 당연히 음력으로 기념하는 것이 맞습니다.

한글날도 그 기원이 되는《훈민정음》반포일이 음력 1446년 10월 9일이니 당연히 설이나 추석처럼 음력으로 기념해야 맞지요.

그럼 이쯤에서 우리나라 국경일과 명절을 살펴볼까요?

현재 법정 기념일은 47일, 국경일은 5일이 있습니다. 그중 중요한 것만 간추려보면 (괄호로 묶은 것은 과거 휴일이던 기념일이에요.) 아래와 같아요.

1~2월 신정과 구정

3월   3.1절

4월   (식목일)

5월   어린이날, 석가탄신일

6월   현충일

7월   (제헌절)

8월   광복절

9~10월 추석, 개천절, 한글날, (국군의 날), (UN의 날)

11월   (기념일 없음)

12월   기독탄신일

과거엔 4월 5일 식목일, 7월 17일 제헌절도 휴일이었지만 공휴일이 늘면서 휴일에서 제외되었지요.

그런데 11월에는 공휴일로 지정되었던 기념일이 아예 없어요. 그리고 현실적으로 음력으로 개천절과 한글날을 기념하게 되면 10월 하순부터 11월 하순 사이에 두 휴일이 해당되니 9월 말 10월 초로 몰린 휴일이 조금 더 분산되는 효과가 있을 거 같네요.

또 하나, 일본에선 3월과 9월에 특별히 기념할 날이 없자 춘분과 추분을 각각 '과학의 날'로 제정해 적어도 1달에 한 번 이상 공휴일을 보장해주고 있답니다.

그런데 과학기술을 통해 개방형 수출 경제로 성장해왔고 앞으로 4차 산업혁명 시대에 더더욱 과학의 힘으로 생존을 도모해야 하는 우리나라는 어째서 4월 21일을 '과학의 날'이라고만 지정했을 뿐 과학과 관련한 공휴일이 없을까요? 🐻

05
두 개의 태양이 뜨는 날

그나저나 여러분, 오래 사셔야 합니다. 잘하면 살아생전에 엄청난 우주 이벤트 하나를 볼 수 있을지도 모릅니다.

그 이벤트가 뭐냐? 그것은 어느 날 갑자기 하늘에 또 하나의 태양이 나타날 수 있다는 겁니다! 영화 '스타워즈' 속 한 장면처럼요. 🐻

또 하나의 태양이 여름에 발생한다면 우리는 태양 주변에서 또 하나의 태양을 볼 수 있게 되는 것이고, 만약 겨울에 나타나면 우리는 대낮같이 밝은 밤을 보게 될 것입니다.

만약 느닷없이 이 기괴한 일이 하늘에서 벌어진다면, "말세가 왔구나. 내가 무슨 잘못을 했기에 말세를 보게 되나~." 한탄하지 마시고, '아~, 《알아두면 쓸데 있는 유쾌한 상식사전》 책이 얘기하던 그 이벤트구나~. 내가 봉 잡았구나!' 생각하시면서 약 1~2주간 이 놀

(영화 '스타워즈4'의 한 장면 캡처. 타투인 행성에 뜨는 두 개의 태양)

라운 천문 이벤트를 즐기시기 바랍니다.

또 하나의 태양이 나타나게 된 이유는 바로 오리온자리의 왼쪽 윗부분에 자리한 밝은 붉은 별, '베텔기우스'가 조만간 초신성 폭발할 예정이기 때문이랍니다.

문제는 바로 이 '조만간'인데……, 천문학은 아주 스케일이 큽니다. 138억 년에 이르는 광활한 우주의 역사에서 수백 년, 수천 년은 그저 '찰나'일 뿐. 그러니 이 조만간이라는 게 바로 내일일 수도 있고 수십만 년 후일 수 있다는 겁니다.(먼~~~산)

'베텔기우스(Betelgeuse)'란 별은 겨울을 대표하는 별자리 오리온자리 알파(α)별(가장 밝은 별)로서, 사냥꾼 오리온의 오른쪽 어깨에 해당합니다. 베텔기우스는 '거인의 어깨'라는 뜻의 아랍어 'bat aldshauzâ'에서 유래했어요.

이 별은 지구로부터 640여 광년 떨어진 곳에 있는 '초거성(超巨星, Supergiant Star)'인데요. 초거성이란 말 그대로 '엄청나게 큰 별'이란 뜻입니다. 크기가 태양의 900배 이상 큰 데다 무게도 20배 이상 무겁고 밤하늘에 보이는 별 중 10번째로 밝은 별이에요. 이 정도 크기면 우리 태양에서 지구와 화성, 목성까지 다 삼

(오리온자리, 왼쪽 위 빨간 별이 베텔기우스예요.)

킬 정도로 큰 거예요. 상상이 잘 안 될 정도네요.

별도 사람처럼 수명이 있는데, 이렇게 큰 별은 마지막에 크게 부풀어오르다 '뻥~' 터지는 초신성(supernova)이 되고, 이후 블랙홀(black hole)이 되어 주변 물질들을 마구 빨아들이게 된답니다.

현재 베텔기우스는 초거성의 마지막 단계인 초신성 직전 상태인 걸로 보여요. 실제 관측 결과 1993년부터 크기가 자꾸 줄어들어서 15퍼센트나 줄어들었다네요. 즉 부풀었던 풍선이 쭈글쭈글해지기 시작한 거죠.

그러던 어느 날 갑자기, '뻥!' 터진다면 그 별이 점점 커지기 시작해 하루만 지나면 거의 태양 크기로 커지면서 밝기는 태양만큼은 아니지만 달보다 밝게 빛날 거래요. 초신성의 밝기는 폭발 후 1일이

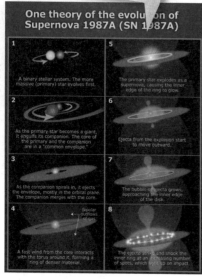

(초신성 1987A, 출처_ http://hubblesite.org)

One theory of the evolution of Supernova 1987A (SN 1987A)

1 A binary stellar system. The more massive (primary) star evolves first.

2 As the primary star becomes a giant, it engulfs its companion. The core of the primary and the companion are in a "common envelope."

3 As the companion spirals in, it ejects the envelope, mostly in the orbital plane. The companion merges with the core.

4 A fast wind from the core interacts with the torus around it, forming a ring of denser material.

5 The primary star explodes as a supernova, causing the inner edge of the ring to glow.

6 Ejecta from the explosion start to move outward.

7 The bubble of ejecta grows, approaching the inner edge of the disk.

8 The ejecta strike and shock the inner ring at an increasing number of spots, which light up on impact.

Supernova 1987A
Collision Between Explosion Ejecta and Slower Moving Gas

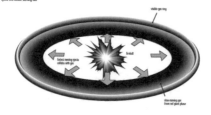

지나면 최고조에 달했다가 서서히 감소해 1~2주 정도 보이다 어느 순간 우리 눈에 더이상 안 보이게 됩니다.

이제는 다 잊어버리긴 했지만, 제 대학 졸업 논문이 〈초신성 1987A의 밝기 추이 변화〉였어요. 그때 밝기 곡선 그래프 그리던 기억이 아련히 나네요. 초신성 이름은 해당 년도 뒤에 발견한 순서대로 붙이는 거라 '1987A'는 1987년 들어 최초로 발견한 초신성이란 뜻입니다. 당시에 제법 큰 초신성이어서 천문학계에선 화제가 되었지요.

이 같은 초신성 폭발은 은하계에서 자주 일어나는데 우리 태양계가 은하계 변두리에 있는지라 대부분 워낙 멀리 떨어져 있어 확인하기 힘든데, 이렇게 가까운 거리의 초신성이 터지는 건 정말 드문 거죠. 실제 초신성이 폭발하면 엄청난 열기와 감마선, 엑스선 등이 사방팔방 쏟아져 나와 100광년 이내 주위 항성계는 붕괴할 정도로 무시무시한 대참사가 벌어집니다. 그러나 베텔기우스는 640여 광년 이상 떨어져 있어 우리 지구엔 별 영향이 없을 거라는 게 천문학계의 입장이니 안심하세요.

초신성 폭발은 분명 주위엔 재앙이지만 실제로는 장점이 더 많아요. 아시겠지만 은하계도 핵을 중심으로 회전하는데, 이 회전하는 힘을 초신성 폭발 에너지에서 얻거든요. 그래서 정기적으로 하나씩 뻥뻥 터뜨린다고 하죠. 또, 초신성이 폭발한 잔해 속에서 새로운 별들이 탄생하게 되는데, 우리 태양계 역시 50억 년 전쯤 이 근처에 있었을 조상 태양이 초신성 폭발하고 남은 잔해에서 탄생한 거예요. 또한 우리 지구는 수많은 원자들로 구성되어 있는데 이들 중원자는 초신성 핵의 핵융합 과정에서 만들어지는 거랍니다.

처음 우주가 탄생한 137억 년 전 이 우주엔 수소와 헬륨뿐이었는데, 이후 이 같은 별들의 내부에서 수십 억 년간 핵융합 과정을 거치면서 점점 무거운 원소들이 탄생한 거예요. 태양은 좀 작은 항성이라 내부 핵에서 철(Fe)까지만 만들어내요. 그래서 우리가 살고 있는 지구의 대부분의 물질은 다 아득히 먼 옛날 초신성의 뜨거운 핵 속에서 탄생한 원자들로 이루어진 것이지요.

그래서 《코스모스》를 쓴 천문학자 칼 세이건(Carl Sagan)은 이렇게 얘기했지요.

"우리 인간은 별 부스러기(stardust)의 자손이다."

(칼 세이건의 《코스모스》,
원예 관련 책 아님.)

그러니, 겸허한 마음으로 가끔씩 하늘을 우러러봅시다. 우리 모두는 50억 년 전 저기 머나먼 우주 공간 어딘가에서 출발한 존재들이니까요. 🐨

06

우리의 친구, 티코

앞서 천문 현상으로 인해 발생한 시간, 달력, 명절 이야기 등을 해드렸는데요.

오랫동안 사람들은, 지구는 우주의 중심이며 별과 해와 달, 다섯 행성은 지구를 둘러싸고 돌고 있다고 여겼습니다. 이를 '천동설(Geocentrism)'이라고 부르는데, 2세기경 프톨레마이오스(Ptolemaeus)가 완벽한 모델로 구상해낸 후 천여 년 이상 중세 유럽을 지배합니다.

하지만 폴란드의 가톨릭 신부이던 코페르니쿠스(Copernicus, 1473~1543)는 지구가 태양을 중심으로 돈다는 '지동설(Heliocentrism)'이란 혁신적인 이론을 들고 나옵니다. 사실 그가 주장한 지동설은 고대 그리스 철학자 아리스타르코스(Aristarchos of Samos)가 원조이

(프톨레마이오스),
(코페르니쿠스)

긴 하지만, 오랫동안 잊혔다가 이탈리아 유학 당시 그의 책을 발견한 코페르니쿠스에 의해 다시 세상에 빛을 보게 되었다지요?

그러나, 당시는 르네상스 운동으로 인해 위기감에 빠진 종교계가 반동하던 시기. 마녀사냥으로 무고한 사람들이 화형당하던 상황이고, 이후 실제로 브루노(Giordano Bruno)는 지동설을 지지하다가 화형에 처해지는 등 엄혹한 시절이라 코페르니쿠스는 이탈리아 유학에서 돌아온 1506년 지동설을 주장한 책을 써놓고도 출간을 망설였죠. 결국 그가 사망한 후에야 평소 그의 의견에 동조하던 지인들에 의해 지동설 내용을 담은 《천구의 회전에 관하여》가 출간됩니다.

이 새로운 학설은 종교개혁가들과 갈릴레오 갈릴레이(Galileo Galilei, 1564~1642) 등 과학자들의 지지를 받게 되지만 당시 중세의 끝자락을 잡고 있던 종교계는 이를 탄압하게 되니, 종교재판 법정에 선 갈릴레이가 본인의 잘못을 뉘우침으로써 사면을 받고 돌아서면서, "그래도 지구는 돈달레이~!"라고 중얼거렸다는 '가리지날' 이

야기도 유명하지요. 🐻

실제로는 당시 갈릴레이가 당시 교황 우르바노8세와 아주 친한 사이였는지라, 지동설을 부정하라고 다그치지 않고 "그냥 가설일 뿐이다."라고 답하게 하여 과학자의 자존심을 지키게 해줬고, 애초 금고형에서 자택연금형으로 완화해줘 결국 피렌체 본인 집에서 잘 지내게 되었지요.

(천동설 모델(위), 지동설 모델(아래))

아~, 이 이야기는 다 아신다고요?

그런데, 이 코페르니쿠스와 갈릴레이 활동기 중간에 살았던 위대한 천문학자 '티코' 이야기는 잘 모르실 겁니다. 응? 제목은 티코인데 웬 과학자 이야기냐고요? 국민차 티코(Tico)를 생각하셨나 본데…….🐻

오늘 이야기할 괴짜 과학자 이름도 한글로는 티코(혹은 튀코)라 그렇습니다. 🐻

덴마크 출신의 유명한 관측 천문학자, 티코 브라헤(Tycho Brahe, 1546~1601). 아마도 인류 역사상 가장 눈이 밝은 사람으로 기억될 듯해요. 살아생전에도 '걸어 다니는 인간 천문대'라 불린 사나이거

든요.

서양의 유명 인사는 다들 성으로 불리지만 성이 특이해서 그런지 서구에서도 다들 이름인 '티코'라고 부르지요. 심지어 그가 발견한 초신성 이름조차도 브라헤 초신성이 아니라 정식 명칭이 '티코 초신성(Tycho Supernova)'이기까지

하답니다.

관측 천문의 끝판왕, 티코는 출생 당시부터 참 특이했던 사람입니다. 그는 1546년 당시 덴마크 영토이던 크누스트루프 섬(지금은 스웨덴 영토) 귀족 집안에서 태어났어요.

문제는 티코의 큰아버지가 아들이 없었는데, 티코 아버지가 종손이 끊어질까 봐 입버릇처럼 "내가 아들 하나 더 낳으면 그 아이를 형님 아들로 하쇼덴마크."라고 약속했는데, 실제로 아들을 덜컥 낳았다는 거죠. 그런데 준다던 아기를 안 넘겨주자, 형님이 아기를 납치⋯⋯, 본인 아들로 등록해버립니다. 생부는 형에게 한 말이 있는지라 묵인. 이 무슨 한국 아침드라마에 나와도 막장이라 욕먹을 출생의 비밀이⋯⋯.

티코는 어려서부터 그 사실을 알고 있었다는데 그럼에도 내색하지 않고 생부에게 "작은 아빠, 안녕하덴마크?"라고 했다네요. 머리가 영특했던 티코는 덴마크 코펜하겐대학교에서 철학과 졸업, 신성로마제국 라이프치히대학에서 법학과 졸업, 아우구스부르크대학에서 화학을 배우는 등 무려 10년 이상 장기 대학생 생활을 하며 개깁니다. 🐻

원래부터 그의 꿈은 천문학자였는데 호적상 아버지인 큰아버지가 정치가가 되어야 한다며 법학을 배울 것을 강요했다나요. 그래서 아예 도피성 해외 유학을 하며 밤마다 하늘을 처다봤는데, 어느 날인가 한 여인을 두고 결투를 신청했다가 그만 상대방의 칼에 코 앞부분이 뭉텅 잘려 나갑니다. 그래서 금속으로 만든 코를 붙이고 다녀서 유명해졌다지요. 🐻 (앞에 초상화를 자세히 보면 코 부분이 약간 들떠 보이는 게 다 이유가…….)

그렇게 놀멘놀멘 대학생이 된 지 14년째이던 1572년 11월 6일!

카시오페이아 별자리에서 초신성을 발견하고 빛의 변화를 면밀히 관측해 이를 학술지에 발표하게 됩니다. 이는 그때까지 이 세상은 하나님이 창조한 것이어서 하늘의 천체는 영원 불멸하다던 신념을 깨는 사건이었습니다.

마침 코페르니쿠스가 1543년 지구가 태양을 돈다는 지동설을 담은 책을 발간함으로써 일대 파문을 일으킨 후라, 티코의 초신성 발견은 중세 유럽에 또 한 번 충격을 안겨주게 되고, 그는 일약 놀멘놀멘 대학생에서 과학계의 거두로 우뚝 서게 됩니다.

이에 4년 여 간 각종 과학계 모임 초청으로 유럽 각국을 돌며 견문을 넓히고 금의환향하자, 1576년 덴마크 국왕 프레데릭2세는 "먼 미래 싸이의 '강남스타일'보다 더 나라를 빛낸 위인이덴마크~."라

(우라니보르그 성,
가운데 건축물이 천문대)

며 그에게 '벤(Ven)'이란 섬을 통째로 선물로 하사……. (아따 통 크시다! 🐻) 이 섬도 지금은 스웨덴 땅, 유명 관광지래요.

이에 티코는 당시로서는 최고의 관측기기를 갖추고 본인 연구를 알릴 인쇄소까지 갖춘 '우라니보르그' 천문대를 짓고 섬의 제왕으로 군림하게 됩니다. 응? 결국 큰아버지의 소원을 이룬 건가? 지방자치 정부 수장이니…….

아직 망원경이 발명되기 전인지라 티코는 밤이면 밤마다 맨눈으로 별을 관측했는데, 그 정확도가 워낙 뛰어나 그에게 배우기 위해 많은 젊은 과학자들이 몰려옵니다. 이후 1577년 혜성 관측을 통해 혜성은 대기 현상이 아닌 천체임을 입증하고, 화성 관측을 통해 화성이 태양보다 더 지구에 가깝다는 것을 발견하게 됩니다.

참고로, 동양에선 일찍이 혜성은 천체 현상임을 알고 있었고 꼬리가 한 개, 두 개인 것까지 표시했던 것에 비하면 당시엔 서구가 뒤처진 상황이었지요.

하지만 12년 뒤 그를 지원하던 왕이 죽고 아들이 왕이 되면서 "저 돈 먹는 하마, 아니 천문학자에게 더이상 지원하지 말라!"고 하여,

결국 신성로마제국으로 피신하게 됩니다. 단단히 찍혀 천문대조차 파괴했다지요. 아아~! 돈 안 되는 기초분야 과학자는 항상 불쌍해요. 🐻

이를 딱하게 여긴 신성로마제국 황제, 오스트리아 루돌프 2세는 그에게 프라하 천문대에서 관측할 수 있게 해줍니다. 당시엔 체코는 오스트리아 식민지였어요. 그런데 프라하에 정착한 2년 뒤, 티코는 56세 나이에 급사하고 맙니다. 🐻

그 이유가 좀 황당한데, 당시 그가 거처하던 프라하 영주가 초대한 파티에 갔다가 영주랑 단둘이서 계속 2차, 3차 포도주를 퍼마셨는데……

영주 : "티코님, 나랑 딱 술 한 잔만 더 합시체코, 아니 하오스트리아~!"

티코 : "싸랑해요~ 영주님, 그럼 딱 한 잔만 더하덴마크~!"

영주 : "노노노. 한 잔 더, 한 잔 더, 술이 들어간다비엔나~. 쭉쭉 쭉쭉쭉~ 쭉쭉 쭉쭉쭉~."

티코 : "영주님을 위하여~ 그럼 한 잔 더덴마크~."

그렇게 수 시간 건배를 외치던 중 영주에게 "저 쉬 좀 하고 올게요."라고 말할 용기가 안 나 계속 버티다 그만……. 방광이 터져서 오줌이 온몸에 퍼지면서 소변 독에 의한 요독증으로 죽고 말았어요.

제가 전에 한 비뇨기과 교수에게 이 이야길 했더니 세상에 방광이 터져 죽는다는 게 말이 되냐고 하긴 했지만, 그런 일이 실제로 일어났던 겁니다.

천체물리학의 탄생

그리하여 이 좋거나 나쁘거나 이상했던 과학자는 일생을 마감했는데, 그에게 배우러 온 후배 과학자들은 그의 관측 자료를 얻으려고 무척 애를 쓰게 됩니다. 하지만 티코의 부인과 여동생은 관측 자료가 비싼 물건임을 직감하고 흥정을 붙이는 바람에 수하생들이 자료를 쪼개어 가져갈 수밖에 없었다지요.

(천체물리학의 창시자, 요하네스 케플러)

그중 요하네스 케플러(Johannes Kepler, 1571~1630)란 독일 학자가 알짜배기는 화성 관측 자료란 걸 간파해 결국 그 자료를 획득하게 되고, (화성의 역행. 저도 대학생 시절 저녁에 하숙집에 들어가면서 수 개월간 저 궤도를 관측한 적 있어요.) 이를 면밀히 분석해 드디어 행성의 운동에 대한 3개의 물리학 법칙, 즉 '케플러의 3법칙(궤도의 법칙, 면적의 법칙, 주기의 법칙)'을 발표하게 됩니다.

이후 1687년 아이작 뉴턴(Issac Newton, 1642~1727)이 이 현상을 수학적으로 입증한 것이 '만유인력의 법칙'이며, 이를 통해 중력이라는 역학이 존재함을 증명하면서 본격적인 물리학이 시작된 것입니다.

대부분의 과학사에선 코페르니쿠스 – 갈릴레이 – 케플러 – 뉴턴 순으로 과학의 발전을 소개하지만, 이 괴짜 관측자 티코가 남긴 자료가 없었다면 천문학 및 물리학 발전은 수십 년 또는 수백 년 정도 늦어졌을 것입니다.

사망한 후 티코 브라헤의 시신은 고국으로 옮겨져 묻히지만, 300년 뒤 독살설을 검증하기 위해 시신을 꺼내게 됩니다. 왜냐하면 티코가 방광이 터져 죽었다는 것은 케플러의 기록으로 인해 알려진 것인데, 사망 직후부터 덴마크인들은 황당하게 객사한 티코가 사실은 음흉한 독일 놈, 케플러가 일부러 수은을 마시게 해 죽여 놓고는 거짓말한 것 아니냐고 독살 음모론을 제기해왔었습니다.

마침 1864년 독일과의 전쟁에서 패배해 남쪽 알짜배기 홀슈타인 땅을 빼앗겨 시름에 차 있던 덴마크는 그 음모론의 진실을 알기 위해 사망한 지 딱 300년 뒤인 1901년 시신을 꺼내어 분석한 바, "수은이 발견되었덴마크~ 케플러가 죽였단마크! 저 독일 종자들은 예전부터 악질이다크!!!"라고 난

(체코 프라하엔 티코와 케플러 동상이 사이좋게 있습니다만……)

리가 나게 됩니다. 그렇게 이를 갈았지만 제2차 세계대전이 터지자 바로 1주일 만에 나치 독일군에 항복. 🐻

또 하나의 속설이 티코의 금속 코가 금으로 만들어져 반짝반짝했다는 것이었는데, 무덤에서 나온 것은 놋쇠코였단 사실 확인은 뽀나스~! 하지만 지난 2012년 다시 시신을 분석한 바, 수은 검출은 사실이 아니었던 것으로 드러나 400여 년 기나긴 두 나라 간의 앙금은 이제 해소된 상태입니다.

근대 역사 속에서 독일에도 치이고 스웨덴에게도 치이는 덴마크로서는 티코 브라헤 기념우표는 물론, 최근 쏘아 올린 자국 인공위성 이름을 '티코 브라헤'라 짓는 등 여전히 그를 자랑스럽게 기억하고 있습니다.

만약 그가 자신의 뜻을 굽히고 납치아버지의 뜻에 따라 법학자나 정치가가 되었다면, 현재 우리는 지금보다 훨씬 뒤처진 과학 문명 시대를 살고 있었을 겁니다. 본인의 장점을 살려 숨겨진 우주의 신비를 실제로 밝혀냈지만 소소한 재미도 안겨주신 괴짜 과학자, 우리의 친구, 티코 할배를 기립니다.

참고로, 브라헤 가문은 영지가 두 나라 사이에 끼었던 터라 덴마크뿐 아니라 스웨덴 쪽에도 많은 정치가를 양산했습니다. 만약 스웨덴에서 뒤늦게 티코 고향이 지금은 스웨덴 땅이니 티코는 스웨덴 위인이라고 우긴다면 제3자로선 참 볼만하겠죠? 🐻

그러니 제발, 중국은 동북공정 그만 쫌! 🗿

07
호기심 대마왕 로웰

앞서 좋거나 나쁘거나 이상하기도 한 티코에 대해 얘기해드렸는데, 뒤이어 뺑쟁이 천문학자이자, 최장수 하버드대 총장의 형님이자 동양 여행서 베스트셀러 작가이자, 조선 최초의 외국인 홍보대사였던

호기심 대마왕, 로웰을 소개하고자 합니다.

(아, 내가 그 유명한 호기심 대마왕 로웰이라네.)

　모르는 분은 전혀 모르겠지만, 천문학, 심리학, 역사 등 각 분야에 등장하는 오늘의 주인공, 퍼시벌 로웰(Percival Lowell, 발음에 주의합시다. 🐻)은 1855년 미쿡 보스턴 명문가의 장남

으로 태어나 1876년 하버드대를 졸업한 총명한 젊은이였습니다.

아~, 하지만 당시 로웰은 엄친아의 형이었을 뿐이었으니……, 그의 남동생인 애보트 로웰(Abott Lowell)은 하버드 역사상 최장수인 24년간 하버드대 총장을 지낸 수재 교육학자였으며, 여동생인 에이미 로웰(Amy Lowell)은 향후 퓰리처상을 수상하는 시인으로 명성을 날리고 있었습니다.

> 주위 사람들 : "어머, 사모님. 훌륭한 아드님과 따님을 두셔서 좋으시겠유에스. 근데……, 큰아드님은 어디 가셨스메리카?"
> 로웰 엄마 : "아 글쎄~, 미쿡이 싫다며 해외로 떠돌아다녀메리카~. 뭐 무역을 한다고는 하는데유에스에이……, 아휴, 동네 창피해서 당황스럽스테이트."

잘사는 집의 큰아들로서 한량 신세이던 로웰은 무역을 하면서 세상을 떠돌았는데, 특히 동양 문화에 심취해 일본에 오랫동안 머물면서 일본 및 동양 문화에 대한 각종 글을 쓰기 시작합니다. 동생들처럼 그 역시 언어에 대단히 능통했다고 하죠.

그러던 중 1883년 일본 주재 미국대사로부터 제안을 하나 받습니다. "조선에서 미쿡으로 가는 사절단이 일본에 도착했는데, 통역을 맡은 중국인 실력이 영 형편없어서 본토 미쿡인 통역사를 찾고 있다는데 당신이 좀 하면 어떠냐?"는 것이었습니다. 이에 "당근 콜(Call)!"을 외친 로웰은 민영익을 비롯한 조선 최초의 미국 사절단

'보빙사(報聘使)'의 공식 수행원이 되어 29세 나이에 조국으로 금의
환향하게 됩니다.

> 로웰 : "엄마, 나 조선이란 나라의 공식 통역관이 되었유나이티드~.
> 잘했쥬에스에이?"

그는 한 달여 간의 태평양 항해와 샌프란시스코에서 워싱턴까지
의 긴 여정을 함께하며 조선이란 나라에 호감을 갖게 되고, 청나라
대사의 집요한 간섭에 대항해 자기네 가문 빽을 동원하여 선진문물
견학 일정을 마련해주는 등 조선 사절단의 원활한 업무 수행에 큰
기여를 합니다.

당시 에피소드로는 조선 사절단이 백악관에서 처음 미국 대통령

(1883년 조선 사절단 보빙사. 앞줄 가운데 중간 짙은 조끼가 민병익, 앞줄 맨 왼쪽 서양인이 통역관 로웰)

을 만났을 때, 대통령이 왕관도 안 쓰고 다른 이들과 똑같은 양복 차림으로 있는 것을 보고는 미국 직원들에게 "휴식시간에 배알하게 하는 건 당신네 실무자가 큰 실수 하는 거네."라고 충고했다지요. 🐻

그러고선 대통령 집무실에 감히 발을 들여놓지 못하고 복도에서 다 같이 큰절을 해 미국 정부 인사들이 크게 놀라워했다고 합니다.

이후 로웰은 공식 임무를 마치고 수행단과 함께 일본까지 같이 되돌아왔는데, 조선에 돌아간 사절단이 입에 침이 마르도록 이 기특한 미국 청년을 칭찬하자 고종은 매우 기뻐하며 로웰을 공식 국빈으로 초청해 4개월여간 조선 곳곳을 구경시켜줍니다.

얼리어답터이기도 한 로웰은 사진기를 가져가 고종의 사진을 처음으로 찍게 됩니다. 이 팔방미인의 가치를 알아차린 고종은 로웰을 붙잡고 조선을 전 세계에 알려 달라고 청합니다. 요즘으로 치면 국가 홍보대사가 된 거죠. 🐻

이에 로웰은 고종의 지극 정성에 감복해 미국인이 쓴 최초의 우리나라 소개서인《조용한 아침의 나라(The Land of the Morning Calm,

1885)》등 여러 조선 관련 책자를 냅니다.

당시 다른 외국인들이 조선을 낙후한 미개국으로 바라본 것과 달리 그의 책 내용은 조선에 매우 호의적이었으며, 심지어 일본과 한국의 조경문화 차이까지 기술할 정도로 전문적 식견을 드러냈습니다.

하지만 당시 서양인들은 다른 이들에 비해 너무 조선을 좋게 기술했다고 "로웰이 조선 정부로부터 너무 많이 얻어먹은 거 아니냐!"는 비난을 샀을 정도였다고 합니다.

(로웰이 쓴 조선 소개 책자)

그렇게 동양에서 10년을 머문 로웰은 1894년 미국으로 되돌아갑니다. 하지만, 그는 더 이상 무역가나 동양 여행서 저술가로 살지 않고 천체 관측 천문학자로 대변신을 하게 됩니다.

천체 관측 역사의 한 페이지를 장식한 로웰

개인 재산을 털어 미국 애리조나에 건설한 로웰 천문대는 당시로선 세계 최대급 천문대였습니다. 그가 이렇게 천문대를 세우게 된 이유는 화성 탐사가 주 목적이었습니다.

(관측 중인 말년의 로웰)

19세기 말은 자연과학 분야가 엄청난 발전을 이루던 시기이고 지구에만 생명체가 존재한다는 종래의 믿음을 버리고 태양계에 지구 말고도 다른 행성이 있는 이유는, 다 신이 각 행성마다 우리와 같은 생명체를 만드셨기 때문일 것이란 믿음이 번져가던 시점이었습니다.

그런 시대적 상황에서 1877년 이탈리아 천문학자 지오반니 스키아파렐리(Giovanni Schiaparelli)가 화성 표면에서 물이 흘러 생긴 것으로 보이는 협곡을 발견했다고 발표했는데, 계곡을 뜻하는 이탈리아어 '카날리(canali)'가 영어로 번역되면서 운하를 뜻하는 '캐널(canals)'로 잘못 옮겨집니다. 즉, 협곡은 자연물이지만 운하는 인공 구조물이니 이는 필시 화성에도 외계인이 살고 있다는 의미로 받아들여지면서 일대 센세이션이 일어나 너도나도 망원경을 사서 화성을 관측하게 된 것입니다.

이미 동양에 대한 관심을 갖고 10여 년을 현장 체험한 호기심 대마왕 로웰로선 이런 엄청난 발견에 이끌리게 되었고, 대형 망원경을 직접 만들어서 자기 눈으로 그 증거를 찾고자 합니다.

그래서 결국 1885년 그는 지나친 기대와 확증편향에 근거해 화성에서 운하를 발견했다고 발표를 합니다.

원래 말빨에 글빨도 있던 로웰은《화성(Mars, 1895)》,《화성과 운하(Mars and Its Canals, 1906)》,《생명이 사는 곳 화성(Mars As the Abode of Life, 1908)》등 잇따라 책자를 출판해 화성에는 지적 생물체가 건설한 운하가 있으며, 그 운하는 화성 극지방의 얼음이 여름에 녹을 때 생긴 물을 극지로부터 끌어내어 주로 사막인 적도에 농작물 경작을 위해 만든 파이프 장치라고 그 나름의 주장을 펼쳤습니다.

하지만, 현재 우리는 화성에 운하가 없다는 것을 알고 있습니다. 그럼 왜 로웰은 그렇게 판단했을까요? 아마도 지구 대기에 의해 빛이 굴절되어 상이 흔들리면서 화성 표면에 줄무늬가 있는 것으로 착각하게 되었을 겁니다. 하지만 평온한 날에는 그런 현상이 없으니 잘 판단했으면 적절치 못한 관측으로 여겨 폐기했어야 했겠죠. 화성인과 그 운하

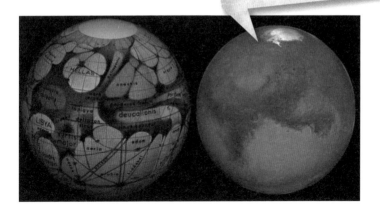

(왼쪽, 로웰의 화성 운하 지도 / 오른쪽, 실제 화성 표면 ©Tom Ruen, Eugene Antoniadi, Lowell Hess, Roy A. Gallant, HST, NASA)

에 대해 과도하게 집착했던 로웰은, 이 현상이 고등 생명체인 화성인이 가리고 있던 방해막이 잠시 해제된 사이에 보인 것으로 생각했다나요? 🐻

이 같은 확증편향에 의한 '화성 운하설'은 그러나, 당시로서는 최첨단 망원경을 이용한 관측 결과라는 권위와 하버드대 총장님 형님이시자 동양 문화 도서 베스트셀러 작가이자 조선 외교관이신 로웰님의 명성에 힘입어 널리 퍼져 나가게 됩니다.

이 같은 로웰의 화성 운하설은 당시 태동기이던 SF소설 분야에도 큰 영향을 끼쳐 1898년, 문어대가리 화성인이 지구를 침공한다는 H.G. 웰즈(H.G. Wells)의 《우주전쟁(War of the Worlds)》 소설이 나오게 된 계기를 만듭니다.

그리고 스필버그는 그 《우주전쟁》을 보고 감명받아 영화감독이 된 후 'E.T' 등을 만들다 결국 톰 크루즈 형님이 주인공인 '우주전쟁' 리바이벌 판도 만들게 되고요.

하지만 이후 많은 다른 천문학자들의 관측에도 운하가 보이지 않자 결국 그는 희대의 뻥쟁이 천문학자로 낙인 찍히게 됩니다. 지금도 많은 심리학, 경영학 도서에서 대표적인 판단오류 사례로 가루가 되도록 까이고 있지요. 🐻

로웰 엄마 : "여보. 내가 그때 큰애 낳았을 때 용한 점집 가서 이름 짓자고 했잖스테이츠. 애 이름 발음이 이상해서 그런지 계속 욕만 먹네유에스. 아휴, 계속 동네 창피해서 이사 가든지 해야지유나이티드."

로웰 아빠 : "거 원래 우리 집안은 다들 정신이 멀쩡했다글랜드. 혹시 당신네 집안 DNA가 이상한 거 아닌메이플라워?"

로웰 엄마 : "아뇨, 이 양반이 어디서 우리 집안을 건드려메리카! 울 엄마한테 이를테나이티드~."

로웰 아빠 : "암 쏘 쏘리메리카~ 제발 장모님에게는 얘기하지 말아달라유에스에이~. 당신보다 더 무섭다메리카!!!"

하지만, 국제적으로 욕을 잔뜩 먹은 로웰은 주위의 비웃음에도 아랑곳하지 않고 해왕성 너머 미지의 행성 찾기에 다시금 눈길을 돌리게 됩니다.

과거 눈으로만 관측하던 시기엔 태양계 행성이 수성, 금성, 지구, 화성, 목성, 토성 등 6개인 줄 알았습니다. 그러다 망원경의 발달로 1781년 천왕성을 찾았는데 이 행성의 궤도가 정상적이지 않자 그 너머에 다른 행성이 있을 것이라 여겨 더 찾아본 결과 해왕성까지 발견했습니다.

하지만 해왕성 역시 그 궤도가 계산에 맞지 않자 그 너머에 또 다른 행성이 있을 것이라 여겼는데, 로웰은 그 미지의 행성을 '플래닛 엑스(Planet X)'라고 칭하면서 1915년 이 미지의 행성에 대한 궤도 계산 등의 연구 결과를 정리해 발표했고, 같은 해 우연히 명왕성을 사진에 담았지만 당시엔 인지하지 못한 채 1916년 사망하고 맙니다.

그의 동생들은 장수했던 것에 비하면, 각종 이슈를 남발하며 심적 고통과 날밤 새는 과로로 환갑 나이에 일찍 생을 마친 로웰은 당

(명왕성을 발견한 클라이드 톰보)

시엔 뻥쟁이 천문학자의 사망으로 그 존재감이 사라질 뻔하지만, 살아생전 천문학자의 길을 걷고 싶지만 돈이 없어 좌절하던 젊은 학자들을 자기 천문대에서 근무하게 하면서 후원해줬답니다. 그들이 그의 의지를 받들어 로웰 사망 후에도 '플래닛 엑스'의 탐색 작업을 계속해 결국 14년 뒤인 1930년, 당시 24세 앳된 청년 클라이드 톰보(Clyde Tombaugh)가 사진 판독 작업 끝에 드디어 명왕성을 발견하게 됩니다.

그동안 천왕성과 해왕성 발견의 영광을 다 유럽인에게 내주었던 미국은 사상 최초로 미국인이 행성을 발견한 데 대해 흥분하게 됩니다.

발견자로서 새로운 행성의 이름을 정할 권리를 가진 로웰 천문대는, 이 행성의 명칭을 '명왕성(플루토Pluto, 죽음의 신)'이라 결정합니다. 행성마다 고대 그리스의 신 이름을 붙이던 관례를 따라 '천왕성(유라누스Uranus, 하늘의 신)', '해왕성(넵튠Neptune, 바다의 신)'에 이어 붙인 새 행성에 왜 하필 으스스한 죽음의 신인 플루토를 붙였느냐는 질문에 톰보는 이렇게 얘기합니다.

톰보 : "오늘날, 우리를 있게 해주신 퍼시벌(P) 로웰(L) 선생님의 첫

글자로 구성된 이름이기 때문이지유에스에이! 드디어 우리 미쿡도 유럽 못지않은 과학대국임을 입증했다메리카!!!"

아아! 그는 후학을 잘 키운 덕분에 미국을 빛낸 위대한 학자로, 그토록 찾던 미지의 행성에 본인 이니셜을 박게 된 것입니다.(감동의 눈물 🐻)

시대의 풍운아로서 우리나라와도 인연이 깊었던 로웰. 죽는 날까지 미지의 세계에 대한 호기심으로 열정을 불태운 로웰은 살아생전엔 그보다 유명했던 동생들보다 더 오랫동안 역사에 기록될 것입니다.

그러나 로웰 옹을 구원한 명왕성은 지난 2006년 국제천문연맹의 행성분류법 변경에 따라 9번째 행성이란 지위를 박탈당하게 됩니다. 이를 둘러싼 미국과 유럽 천문학계의 치열한 투표 전쟁 이야기는 다음 이야기에서 계속됩니다. 🐻

08
명왕성을 사수하라

앞서 욕만 먹다가 죽은 뒤 후배들이 명왕성을 발견하면서 미국 천문학계의 거성이자, SF문학에 영감을 불어넣은 스토리텔러이자, 조선의 홍보대사로 재조명이 된 호기심 대마왕 로웰을 소개해드렸는데요. 로웰이 그토록 찾았던 미지의 행성, 명왕성이 태양계에서 퇴출된 뒷이야기도 해드릴까 해요. 🐻

우리가 학교 다닐 때엔 과학시간에 '수금지화목토천해명'이라 외웠지만 지난 2006년 8월 24일, 국제천문연맹 총회에서 명왕성을 행성 지위에서 박탈해 '소행성 134340'으로 새롭게 명명했어요. (이름 좀 쉽게 지어주지……. 기억도 못 하게 시리. 🐻)

지난 1930년 발견 이후 아홉 번째 막내 행성으로 인기를 끌던 명왕성은 76년 만에 행성 자격을 박탈당한 거죠. 실제 명왕성은 "행성인 듯~ 행성 아닌~ 행성 같은"
천체였어요.

첫째, 행성치곤 너무나 작은데
요. 심지어 지구를 도는 달보다 작
아 달 무게의 6분의 1에 불과하답니
다. 그래서 해왕성의 궤도를 교란할
정도의 천체는 아닌 거죠.

(2015년에 촬영한 과거
명왕성이었던 소행성
134340, ⓒNASA)

그런데 우리 지구를 도는 달도 너무
나 미스터리한 존재예요. 달 역시 "위
성인 듯~ 위성 아닌~ 위성 같은 너
~"이거든요.

둘째, 너무나 큰 타원형 궤도를 돌고 있어 정상적인 행성 궤도가
아니에요. 일부 기간 중에는 해왕성보다도 안쪽으로 돌고 있죠.

셋째, 해당 구역에서 가장 지배적인 천체여야 하는데 그렇지 않
아요. 즉, 명왕성과 그 주위를 도는 위성 카론이 거의 쌍행성이에요.
두 천체 간 질량 중심이 명왕성 내부가 아닌 두 천체 사이에 있어요.
그 주위에 명왕성 만한 소행성들이 발견되기 시작한 겁니다. 특히
2005년에 발견된 에리스(Eris)는 명왕성보다 더 크다는 게 밝혀졌죠.
게다가 그 지역에는 이와 유사한 얼음 덩어리가 무려 10만 개나 있
어, 화성과 목성 사이 소행성대에 이어 새로운 소행성 구역인 '카이
퍼 벨트(Kuiper Belt)'라고 불리고 있답니다.

그래서……, 논란 끝에 명왕성이 퇴출되었는데, 명왕성 퇴출을

둘러싸고 미국과 유럽 간 힘겨루기가 이어졌고 지금도 진행형이에요. 🐻

앞서 설명 드린 대로, 1930년 당시 명왕성을 발견한 후 미국인들은 드디어 미국인에 의해 새 행성이 발견된 것에 무척 기뻐했다고 합니다. 지금도 마찬가지지만 미국 문화의 원천인 유럽에 대한 열등 의식이 마음속에 자리 잡고 있던 미국인들은 행성 발견으로 드디어 유럽과 대등한 위치에 올랐다고 생각했다나요.

그래서 디즈니에선 1930년 새로 선보인 미키마우스의 개 동료 이름도 '플루토'로 지었고, 1941년엔 새로 발견된 원소 이름에도 '플루토늄(Plutonium)'이라 붙였지요. (우리가 무서워하는 방사능물질 중 우라늄은 천왕성, 우라누스(Uranus)에서 유래, 플루토늄은 명왕성, 플루토(Pluto)에서 유래한 거예요.)

이렇게 명왕성은 미국의 자존심이었기에 명왕성의 정체가 애매하다고 일부 학자들이 의문을 표시하더라도 은근히 뭉개고 있었더랍니다.

그런데 미국 캘리포니아공대(CalTech)의 마이클 브라운(Michael Brown) 교수가 2005년 새로운 행성 후보를 발견하게 됩니다. 이 새로 발견한 행성 후보 '에리스'는 명왕성 근처 궤도에 위치하고 있는데, 명왕성보다 약간 더 큰 천체였어요. 이에 미국 천문학회는 "만세~!"를 외치며 10번째 행성으로 등재하려고 합니다.

하지만 국제천문연맹에서 유럽 학자들을 중심으로 앞서 설명한 이유를 들며 과연 이게 행성이냐는 반발이 나옵니다. 사실 그들은 예전부터 그런 생각을 했지만 발견자 톰보 할배가 살아 계실 때 그 소릴 하면 할배 쇼크 먹을까 봐 1997년 사망 때까지 참고 있었다고 하지요. (아~, 인정머리 많은 천문학자들 같으니! 참고로 미국 메이저리그 야구단 LA다저스의 에이스 투수, 커쇼가 톰보 할배의 증손자라네요. 🐻)

게다가 미국 닐 디그래스 타이슨(Niel deGrasse Tyson) 박사 역시 "명왕성 대신 그 위치에 10만여 개의 소행성 구역인 '카이퍼 벨트'를 지정하고 명왕성 등은 그 소행성 중 일부라고 보는 게 옳다."라고 주장한 것이 〈뉴욕타임스〉에 특종 기사로 나가면서 일이 점점 커집니다.

결국 2006년 국제천문연맹 학회장은 명왕성 사수를 주장하는 미국 학자들과 퇴출을 주장하는 유럽권 학자들 간의 격론 끝에 공개 거수 투표로 행성에 대한 3가지 원칙을 정하게 됩니다.

1. 태양을 중심으로 공전해야 한다.
2. 구형에 가까운 모양을 지키는 능력이 있어야 한다.
3. 주변의 천체들을 끌어들여 위성으로 만들 만한 자가 중력이 존재해야 한다.

이에 따라 미국이 그토록 원하던 10번째 행성 등극은 고사하고 명왕성마저 동시에 퇴출하면서 그 대신에 그 구역의 소행성 전체를 통틀어 '명왕성체(Plutoid)'라 부르기로 타협을 봅니다. 🐻

당시 일부에선 유럽연합(EU)이 미국의 독주에 반발해 정치적으로 엿먹인 거라는 주장도 있었지만,🐻 과학계로선 치열한 검증과 주장을 통해 원칙을 새로 정해가는 과정이었지요.

이에 따라 괜히 무리수를 두어 명왕성마저 탈락시킨 마이클 브라운 교수와 입바른 소리를 했던 닐 타이슨 박사는 두고두고 미국인들에게 '공공의 적'이 되었고 지금도 일부 학자들은 명왕성 복귀 운동을 전개 중이지요.

2007년 우주망원경으로 '암흑물질'의 존재를 증명해 나사(NASA)에서 기자회견 한 바 있는 제 친구 지명국 교수의 증언에 의할 것 같으면, 닐 타이슨 박사가 일부 학자들 사이에선 인기가 좋답니다. 말빨이 장난 아니게 재밌다네요. 🐻

그나저나 명왕성의 행성 지위가 박탈되었다는 결과가 알려지자 미국 시민들 사이에선 명왕성을

("유럽 아해들이 우리 명왕성을 건드린다메리카! 그라믄 아니되지유에스." 출처_내셔널지오그래픽 채널 '우주스페셜' 캡처)

사수하자는 시위가 벌어집니다.

그리고 미국 주 중 여전히 2개 주는 명왕성을 행성이라고 주의회에서 투표로 결정했다네요. 그 두 주는 발견자 톰보의 고향인 일리노이 주와 뉴멕시코 주. 대단해요~!

그해 미국에서 가장 유행한 신조어는 "플루토이드plutoed(명왕성 되다. 의미는 '새됐으…….' 🐻)"로 선정되었습니다.

그런데 예나 지금이나 '소행성 134340(명왕성)'은 45억 년째 잘 돌고 있는데, 별 상관도 없는 지구란 겁나 먼 행성에 겨우 200만 년 전에 나타난 인간이란 생명체가 자기네 국가 자존심을 걸고 행성이네, 아니네 싸우고 있으니……. 명왕성이 이성이 있다면 인간들이 참 한심하다고 여기지 않을까요? 🐻

이상 길고도 험난(?)했던 천문 가리지날 이야기를 끝맺고자 합니다. 🐻

천문·시간에 이어 지리와 관련한 이야기를 해볼까 합니다.

먼 옛날 조상들은 천문지리를 통달해야 세상의 이치를 안다고 했지요. 이는 현실적으로도 일상의 먹거리 농사부터 시작해서 전쟁에 이르기까지 시간과 날씨, 지리적 특성을 알지 못하고서는 개인과 가족의 일상은 물론 국가 경영에 이르기까지 생존을 도모할 수 없었기 때문입니다.

학교 다닐 때 지리는 문과 과목 중 하나로 배우지만, 사실 알고 보면 역사는 물론 과학과도 밀접한 관련이 있는 영역이랍니다.

이제 지리·공간과 관련한 이야기를 풀어볼까요?

2부
지리·공간

01

동서남북과 완전수

제가 앞서 계속해서 동양과 서양을 비교해왔는데요. 사실 이 동양, 서양이란 단어 자체가 '가리지날'입니다. 🐻

지금은 동양이라고 하면 아시아 문명, 서양은 유럽 및 아메리카 문명을 의미하지만, 원래는 글자 뜻 그대로 동양은 동쪽의 큰 바다, 즉 태평양을 의미했습니다. 하지만 서양은 애초에 대서양을 가리키는 단어가 아니었습니다.

잠시 과거로 시간 여행을 가보겠습니다.

여기는 17세기 중국 청나라의 수도 북경.

서양에서 온 선교사가 중국 관리를 만나 최신 서양 지도를 선물합니다.

선교사 : "안녕하십니까? 나으리. 제가 퀴한 썬물을 하나 갖고 왔서유럽."

나으리 : "울리 사람 떡 좋아한다해. 그래 뭐냐해?"

선교사 : "떡은 아니코……, 최신 세계지도이지유럽."

나으리 : "고뤠? 어디 한번 보자청?"

아메리카대륙까지 찍힌 세계지도를 본 중국 관리 눈이 휘둥그레집니다.

나으리 : "이거 뭐냐해? 왜 유럽, 아프리카 왼쪽에 큰 바나가 있나청?"

선교사 : "여기는 아틀란티스 큰바다(Atlantic Ocean)입네다. 몰랐유럽?"

나으리 : "울리 중국에선 동양(東洋, 북태평양), 서양(西洋, 인도양), 남양(南洋, 남태평양)만 알았다해. 이거 이름 번역하기 복잡하니 기존 서양보다 더 넓은 서쪽 큰바다란 의미로 대서양(大西洋)이라 부르자해."

우리말에서야 다 바다라 칭하지만 중국인들은 너른 바다는 해(海), 둘러싸인 바다는 만(灣), 좁은 바다는 협(浹)이라 구분하고, 큰 바다보다 더 알 수 없는 땅끝까지를 양(洋)이라 불렀습니다.

13세기 무렵 송, 원나라 시기 지리 감각이 커지고 바닷길을 통한 왕래가 잦아지자 중국인들은 자기네 땅을 기준으로 동쪽 바다 건너편은 동양, 서쪽 인도 쪽 큰 바다 세계를 서양이라 불렀는데, 이후

동양을 더 세분화해 남태평양은 남양이라고 불렀다고 합니다.

　우리나라 어르신들은 남양군도(南洋群島)라고 하면 다들 아시죠. 징용으로 끌려간 남태평양 미크로네시아 일대를 가리켜 일제시대엔 남양군도라 불렀으니까요. 🐻

　영어에서도 바다는 '씨(Sea)'이지만 큰 바다는 '오션(Ocean)'이라 구분하니, 이후 서구 문물을 받아들인 중국은 퍼시픽 오션(Pacific Ocean)을 뜻 그대로 태평(太平)한 큰 바다인 '태평양'으로 번역합니다. 요즘 번역했으면 '태평성대'에서 나온 태평양보다는 '평화'란 표

현을 많이 쓰니 평화양이라 불렀겠지요? 🐻

또한 기존 서양이라 부르던 인디언 오션(Indian Ocean)도 '인도양'이라 번역했으면서도, 유독 아틀란티스 큰바다는 번역이 어려워서 그랬는지 기존 서양(인도양)보다 더 크다고 '대서양'이라고 붙인 이름을 그대로 사용하게 된 거랍니다.

사실 동양과 서양이라는 이분법적 사고는 잘못된 것이긴 하지요. 아프리카나 원주민 시절 아메리카는 동양도 서양도 아니니까요. 이 같은 표현은 발달한 문명권이라고는 유럽과 동아시아밖에 없던 근세 초기, 상호 간 경쟁으로 인해 표현된 것이긴 합니다만, 여전히 실제 생활에서도 유용하기에 저 역시 이 표기법으로 동아시아 문명권과 유럽 문명권을 부르고 있습니다.

그런데 왜 4방향을 동양권에선 '동서남북'이라 부를까요?

이는 해와 달 등 천체 현상을 관측하는 과정에서 자연스레 형성된 겁니다. 해, 달, 별 등 하늘에 나타나는 모든 천체들이 동쪽 하늘에서 떠오르니 가장 중요한 방위라 여긴 것이고, 이들이 서쪽으로 사라지니 두 번째로 표현한 겁니다. 그러고 나면 남과 북이 남는데 달이나 해 모두 남쪽 하늘을 거쳐서 서쪽으로 가니 북쪽 하늘보다 더 중요하다고 여겨 '남북' 순으로 표기하게 된 겁니다.

간혹 중국이나 일본에서 '동남서북'이라 표현하기도 하는데, 이역시 달과 해가 이동하는 방위 순서에 따라 표기한 것입니다. 즉, 땅의 방위를 천체 현상과 연계해 표현한 것이죠.

그래서 예전부터 동양인들은 천원지방(天圓地方, 하늘은 둥글고 땅은 네모나다.)고 여겨 하늘에 제사를 지내는 천구단(天丘壇)은 둥글게, 땅에 제사를 지내는 사직단(社稷壇)은 네모 모양으로 만들었습니다.

또한 동전을 만들 때도 동전 내부에 네모 구멍을 만들어 천원지방 사상을 표현했습니다. 실제 이 구멍 덕에 동전을 꿸 수 있어 가지고 다니기 편하기도 했고요. 🐻

공교롭게도 1년도 '봄, 여름, 가을, 겨울'의 4계절로 이루어지다 보니, '4'라는 의미를 매우 중요하게 여깁니다. 그래서 춘추전국시대를 거치면서 고대 종교가 사라진 중국에서는, 이후 유교가 도교 사상을 흡수하면서 수입 종교들이 전파하는 사후세계에 대응하기 위해 '혼백'이란 개념을 도입하죠. 그리고 한 세대를 30년으로 잡고 '4대' 조상 혼이 후손을 지켜주시다가 사후 120년이 지나면 스르르 소멸하신다는 개념을 도입합니다. 그래서 제사를 4대 조상까지 모시

(서울 사직단), (북경 천구단)

하늘과 땅의 모습을 담은 옛날 동전

게 된 겁니다.

조선 왕조 역시 태종이 건국자 이성계는 물론 4대조까지 '목조 –
익조 – 도조 – 환조'라고 추존함에 따라, 세종대왕 시절 만든 《용비
어천가(龍飛御天歌)》 첫머리에 이들 4대조와
태조, 태종까지 합해 '해동 육룡이 나르샤~'라
는 표현이 나오게 된 것이지요.

서양 역시 동양에 비해 약하긴 했지만 '4'
에 대한 개념을 중시해 피라미드를 지을 때 4
방위에 맞춰 건물을 지었고, 초대 기독교 교
회에서는 예배당을 지을 때 천국을 표현하
기 위해 사각형 또는 원형 건물을 짓는 것
이 기본이었습니다.

왜냐하면, 지금은 우리가 천당
과 지옥을 추상적으로 이해하지
만, 과거 사람들은 실제로 둥근 하
늘 천정 너머에 천국이 있고, 땅 밑

(출처_내셔널지오그래픽 채
널, '예수에 관한 10가지 논
란' 캡처)

(현재의 하기아 소피아 성당(위), 첨탑이 없는 원래 하기아 소피아 단면도(아래))

에는 실제 지옥이 있을 것이라고 굳게 믿었기에 그렇게 표현한 것입니다. 그래서 예수의 12제자들이 남긴 복음서 중 4개만 뽑아 《신약성경》 첫 글들로 채우지요.

이 같은 사상 위에서 위대한 로마제국의 재건을 꿈꾼 동로마제국 황제 유스티니아누스1세는 532년 수도 콘스탄티노폴리스에서 발생한 '니카의 반란(Nika Riots)'으로 불타버린 대성당을 재건하면서 세상에서 가장 존귀한 예배당으로 짓기 위해 고심하다가 수학자 안테미오스(Anthemius of Tralles)와 물리학자 이시도로스(Isidore of Miletus)를 불러 설계를 맡깁니다. 이에 두 신하를 닦달해 5년 11개월이란 짧은 시간 안에 537년 12월 27일 정사각형 건물 위에 천국을 상징하는 둥근 돔을 얹은 '하기아 소피아(Hagia Sofya, 혹은 아야소피아Ayasofya) 성당'을 완성하고서는 "솔로몬이여, 내가 그대에게 이겼노라!"라며 감격했다지요.

문제는 나중에 이 도시가 오스만투르크제국에 함락된 후에는 하

120

기아 소피아가 오토만 건축양식이라 불리는 이슬람 모스크 표준 모델이 되어버렸다는 게 역설적이긴 하지요.

문명권별로 다른 완전수의 개념

다시 눈을 동양으로 돌리면, 중국은 이 '4'의 개념을 확장해 두 배수인 '8'도 중요하게 여기게 됩니다. 땅도 4방향, 하늘도 4방향이니 8은 신성한 완전수가 된 것이지요. 이 개념이 확장되면서 '사주팔자(四柱八字)'란 개념으로 8 × 8, 64괘를 만들어 우주 만물의 진리와 인간 세상을 표현하게 되고 인생사도 팔자 탓으로 돌리지요. 🐻

이처럼 동아시아에서 도교와 유교의 확산을 통해 '8'이 신성한 의미를 지니게 되었기에 단군 할아버지가 고조선을 세우신 후 만드신 법은 '8조법'이 되었고, 고구려 건국신화에서 주몽은 부여 왕실에서 금와왕의 첫아들인 대소를 비롯한 일곱 왕자들에게 핍박받은 '여덟 번째 막내 왕자'였다고 표현하여 신성한 인물임을 드러냅니다. 이후 조선시대에도 유교를 기반으로 국가를 재정비하면서 조선 전역을 8도로 나누게 되고, 궁궐 속 건물 명칭도 전(殿), 당(堂), 각(閣), 합(閤), 재(齋), 헌(軒), 루(樓), 정(亭) 등 8단계로 나누고, 강우량과 풍속을 측정할 때도 8단계로 구분했다고 합니다.

반면, 완전수에 하나가 더해지면 불길하다고 여겨 '9'를 멀리하게 되는데, 예전 우리나라 TV 드라마 '전설의 고향'뿐 아니라 일본에서도 맹활약하신 구미호는 꼬리가 9개 달린 여우였고, 지금도 나이가 '9'로 끝나면 아홉수가 들어 재수가 없다고 생각들 하지요. 🐻

반면 다른 지역에서는 다른 숫자들을 신성시하게 되는데, 인도는 아라비아숫자를 만들어낸 지역답게 완전수를 '10'으로 생각했습니다. 그래서 부처님의 제자는 10제자, 이 세상은 시방(十方) 세계 (동, 서, 남, 북, 동북, 동남, 서북, 서남, 위, 아래)라 표현하지요.

메소포타미아 지역은 1년이 12달인 만큼 '황도 12궁'을 처음 만든 후, 하늘을 12궁도로 나누어 어느 행성이 어느 별자리에 위치하느냐에 따라 점성술을 통해 길흉화복을 점쳤기에 당시 이들은 '12'가 완전수라고 믿었습니다. 이 같은 인식에 따라 메소포타미아 지역을 포함한 인도유럽어족에 속하는 언어권에서는 1에서 12까지 숫자마다 고유 명칭이 있어요. 영어를 예를 들면, 11이 텐원(ten one)이 아니라 일레븐(eleven), 12가 텐투(ten two)가 아닌 투웰브(twelve)가 된 거고, 13~19까지는 틴(~teen)이 붙는 겁니다. 반면 20은 투엔티(twenty), 30은 서티(thirty) 등으로 표현하다 보니 - teen과 - ty발음도 헷갈리지요.

그래서 보통 동양계 학생이 미국 초등학교에 들어가면 가장 먼저 수학에서 두각을 나타내는데, 서양인들은 아시아인들이 원래 수학을 잘하는 머리를 타고났다고 생각하지만, 이건 '가리지날'. 실은 동양권에선 숫자를 10진법으로 읽기 때문에 머릿속에서 바로 셈할 수 있는 반면, 서양 애들은 언어 체계가 그 모양이라 10단위 암산에 애를 먹기 때문입니다.

분수를 읽을 때도 우리는 2/5를 '5분의 2'라고 있는 그대로 표현할 수 있지만, 영어에선 two - fifths라고 읽죠. 바로 머릿속에서 그림이 안 그려지니 산수가 서툰 거지요.

(올림포스 12신)

즉, 수학 능력이 아니라 동양 언어 체계가 10진법에 맞기에 암산이 빠른 겁니다. 우리 조상님들 완승! 🐻

또 메소포타미아 문명의 영향을 받은 고대 그리스에선 올림포스산에 제우스 신을 포함해 12신이 산다고 여겼고, 헤라클레스도 12가지 모험을 해야 했습니다. 로마 역시 처음 만든 성문법이 '12표법'이었지요.

반면, 이집트 문명은 10진법을 사용한 정착민이었습니다. 그래서 《성경》에서 모세는 히브리인들을 풀어주지 않는 파라오에게 신을 대신해 '10가지 재앙'을 경고했고, 첫 번째 나일 강을 피로 물들이는 것을 시작으로 마지막엔 정착민들에겐 가장 큰 재앙인 장남을 다 죽게 만든 후에야 이집트를 벗어날 수 있었지요.

이후 모세는 기나긴 방랑 중 시나이 산에 올라가 야훼로부터 '10계명'을 받게 됩니다. 동양에선 고조선이 8조법, 유럽에선 메소포타미아 문명을 받아들인 로마가 12항목으로 법을 만든 것처럼, 당시

아직 이집트 문화권에 속했던 이스라엘인들은 모름지기 신이 내려주신 계명은 완전수 '10' 항목에 맞춰야 한다고 이해한 것이죠. 🐻

이후 이들 히브리인들이 되돌아간 가나안 땅은 12를 중시하는 메소포타미아 문명권. 이들은 결국 12개 지파로 재편되고, 솔로몬이 죽은 후 북쪽 10개 지파는 이스라엘, 남쪽 2개 지파는 유대왕국으로 분리됩니다. 이처럼 12를 완전수로 여기던 문명권이었던 관계로 예수님도 따르는 제자 중 특별히 12명을 뽑았다고 하지요.

또 유럽은 12를 완전수로 여겼기 때문에 완전수에 하나가 더해진 '13'은 불길한 숫자로 여겼어요. 여기에 더해 중세시대 땐 예수와 12제자를 합친 13명이 있던 곳에서 가룟 유다가 배신함으로써 예수님이 죽게 되고, 그날이 금요일이었기에 '13일의 금요일'이라는 미신이 생기게 된 겁니다.

이런 중세 유럽의 분위기 속에서 새로운 세상을 꿈꾸던 비밀결사 '프리메이슨'은 새 대륙에서 미합중국을 건국하는 데 주도적 역할을

(1달러 지폐 뒷면 피라미드)

(건국 당시 미국 국기)

합니다. 기존 체제에 대한 반발을 상징하고자 13개 주로 독립을 선언하고 1달러 지폐의 뒤편 피라미드 역시 13층으로 표시하는 등 각종 표식에 13을 사용했다는 주장도 존재합니다.

지금까지 설명한 내용은 저 혼자만의 생각이 아니라 여러 역사, 종교학자들의 연구 결과를 간추려본 겁니다. 문명권에 따른 완전수의 차이가 이후 다양한 변주를 낳았네요.

이제 천문과 지리를 연결한 완전수 이야기에 이어서 본격적으로 지리 이야기로 넘어갈게요.

02
오방색과 십이지신

정조대왕이 만든 신도시, 수원 화성에 가면 각 방위마다 다른 색상의 깃발이 세워져 있는 걸 볼 수 있습니다. 지휘소 개념인 화성장대(華城將臺)에는 노란 깃발이, 장안문이 있는 북쪽 성벽에는 검은 깃

(화서문의 흰 깃발), (창룡문의 파란 깃발)

발, 창룡문이 있는 동쪽 성벽은 파란 깃발, 남쪽 팔달문에는 붉은 깃발, 화서문이 있는 서쪽 성벽에는 하얀 깃발이 나부끼고 있습니다.

이쯤이면 역사에 관심 있는 분이면 바로 아시겠지요? 바로 '오방색(五方色)'입니다.

예전 우리 조상들은 색상으로 방향을 표기했습니다. 중앙은 황색, 동쪽은 청색, 서쪽은 흰색, 남쪽은 붉은색, 북쪽은 검은색.

《삼국사기》에서도 고구려 3대 대무신왕 편에도 이미 오방색에 대한 에피소드가 나옵니다.

북(北)
흑(黑)
수(水)
현무(玄武)

서(西)
백(白)
금(金)
백호(白虎)

중앙(中央)
황(黃)
토(土)
황웅(黃熊)

동(東)
청(靑)
목(木)
청룡(靑龍)

남(南)
적(赤)
화(火)
주작(朱雀)

(출처_《색채용어사전》, 박연선 지음, 도서출판 예림 (2007))

부여 사신 : "고구려 왕은 들으라부여~. 대소왕께서 신기한 생물을 보내셨느니부여~."

대무신왕 : "뭐냐구려?"

부여 사신 : "이 새를 잘 보라부여~. 머리는 하나인데 몸은 두 개인 까마귀이다부여~. 즉, 이는 힘센 부여에게 고구려가 통합된다는 하늘의 뜻이니 좋은 말할 때 항복해부여~."

대무신왕 : "푸하하하. 저 새 몸통을 잘 보라구려. 붉은색이지 않나구려. 남쪽에 있는 고구려가 부여를 통합한다는 의미이고구려. 대소왕은 머리도 나쁘다구려.《알아두면 쓸데 있는 유쾌한 상식사전》읽으

라 해라고구려!"

부여 사신 : "헹~, 망했부여~."

　신라 선덕여왕 역시 추운 겨울 눈 덮인 연못에서 개구리들이 울어댄다는 기이한 정보를 듣더니 "하얀 눈 위에서 투구를 쓴 것 같은 개구리들이 우는 것을 보니 서쪽에 백제군이 숨어있다는 계시구나. 가서 잡아라!"고 명령을 하는 대목이 나옵니다.

　전통적인 설명에 따르면 이 오방은 '오행사상'에서 나온 것으로 파랑은 나무, 빨강은 불, 노랑은 흙, 하양은 쇠, 검정은 물을 뜻한다고도 하지요.

　그런데 이 오방색이 중국에서 유래한 음양오행설에서 기인한 동양 고유의 사상이라는 건 사실 '가리지날'입니다. 🐻

　이 오방색 개념은 사실 중동 등 세계 곳곳에 존재합니다. 사실 어느 문화권에서건 빨강, 파랑, 노랑 3원색과 흰색, 검은색이 가장 기본 색상이기에 다 이를 방위에 응용했다고 생각할 수는 있는데, 아마도 오방색은 메소포타미아 지역에서 시작했을 가능성이 큽니다.

　왜 그러냐고요? 일단 129페이지 상단의 지도를 보시죠.

　방위에 색상 개념을 도입한 건 지리적 영향이 컸을 겁니다. 그런데 우리나라나 중국에 대입해보면 색상과 방위가 일치하지 않아요. 그런데 지금의 이라크 지역인 메소포타미아 지역을 중심으로 보면, 중앙인 이라크 지역은 누런 사막지대, 터키 북쪽은 검은 빛을 띤다고 해서 흑해(黑海), 이라크 남쪽은 해조 때문에 붉은 빛을 띠는 바

(출처_〈문화저널21〉
'세계지도 상의 바다 명칭' 기사)

다인 홍해(紅海), 동쪽은 푸르른 나무가 우거진 이란 고원이 존재합니다.

응? 왜 나무가 우거진 숲인데 그걸 파랑이라고 하냐고요? 우리말에서도 파랑은 '푸르다'에서 기인하는데 '푸르다'는 풀에서 파생된 단어에요. 풀은 지금 기준으로는 녹색인데, 예전엔 파랑과 녹색은 다 청(靑)색이라 불렀어요. 지금도 우리는 녹색 신호등을 보고 파란 신호등이라고 부르고, 나무가 우거진 산을 푸른 산이라고 지칭하고 녹색 도자기를 청자, 녹색 기와를 청기와라 부르지요.

그렇다면……, 서쪽이 흰색이 된 건?

그렇습니다. 이라크 기준에서 서쪽에 있는 지중해는 유럽 측 지명일 뿐, 지금도 저 바다를 이슬람권에서는 백해(白海)라 부릅니다. 흑해에 비해 태양 빛이 강하게 반사되는 밝은 바다라고 해서 '백

129

해'라 한다지요. 실제 제가 터키어로 찾아보니 흑해는 '카라 데니즈 (Kara Deniz, 검은 바다)'라고 하는데, 지중해는 '악 데니즈(Ak Deniz, 흰 바다)'라고 합니다. 하지만, 국제표기상 백해는 러시아 서북쪽 바다이니 헷갈리지 마세요. 🐻

이처럼 메소포타미아 지역에서 유래되어 동양권에 들어온 사상은 여럿 있습니다.

그중 하나가 바로 12띠이죠. 🐻 이게 여러 문물과 함께 1~2세기 무렵 중국에 전파되었고, 중국 사상에 혼합되어 한자와 더불어 동양 각국에 전파되면서 마치 중국이 만들어낸 동양 사상인 것처럼 여겨지게 된 겁니다.

심지어 가끔 온라인 포털에 보면 12지가 우리 민족 고유 전통 어쩌고 하는데, 지나친 자국문화 우선주의는 위험합니다. 🐻

조로아스터교와 12지신

다시 12띠를 설명하자면, 완전수로서 12를 중요시한 메소포타미아 문명에는 이슬람이 발흥하기 전 여러 종교가 존재했는데 그중 가장 대표적인 것이 '조로아스터교(Zoroaster)'였습니다.

현재 전 세계에서 이란과 파키스탄 일부, 인도 파르시(페르시아에서 인도로 도망친 조로아스터교 신도) 등 15만 명 정도가 믿는 소수 종교로 전락했지만, BC6세기부터 AD7세기까지 고대 페르시아, 사산

왕조 페르시아제국의 국교였던 종교로서, 다른 주요 종교 교리에 큰 영향을 끼쳤다고 해요.

이 조로아스터교는 조로아스터(Zarathustra, 짜라투스트라)가 제창한 종교로, 그의 일생은 역사적으로 모호합니다. 워낙 페르시아 역사 자료가 없다 보니 그가 살던 시기도 BC6세기부터 6,000년 전까지라는 다양한 주장이 있는데요.

그는 어릴 적부터 각종 기적을 일으켰으며, 20세에 삶의 진리를 알기 위해 부모와 아내를 두고 방랑길을 나섰으며, 10년간의 수련 끝에 30세에 천사장(天使長, archangel)을 만나 계시를 받은 후, 당시 다신교를 믿던 페르시아인들에게 포교에 나선 후 77세에 불의 제단 앞에서 적군에게 살해되었다는 전설로만 남아 있습니다.

그가 만든 교리에 의하면, 이 세상은 '아후라 마즈다(Ahura Mazda)'라는 창조주 '선(善)의 신'이 만들었다고 합니다.

(아후라 마즈다)

그는 독수리를 타고 다니는 것으로 묘사되는데, 옛날 사람들은 저 하늘은 큰 반구이고 그 둥근 벽에 별과 해, 달이 붙어서 움직인다고 여겼고, 그 벽 뒤편에 천국이 실재한다고 생각했기에 하늘을 나는 새는 신과 인간 사이를 연결하는 메신저라 여겼습니다. 그래서 이후 고등종교에 나오는 천사도 날개 달린 사람 모습으로 생각한 것이지요.

아후라 마즈다는 선한 영(靈) '스펜타 마이뉴(Spenta Mainyu)'와 악한 영(靈) '앙그라 마이뉴(Angra Mainyu)' 두 가지 영령이 존재하는데, 세상 사람이 선과 악 중에서 어느 것을 따를지는 스스로 선택(자유 의지)해야 하고, 죽은 뒤 일생의 업보를 심판 받아 천국이나 지옥, 연옥(중간 혼합지역)에 가는데, 아후라 마즈다가 모든 사탄과 악령을 제압하는 세계의 종말 때 모든 영혼이 부활하고, 악한 영혼은 순화되어 선한 영혼과 함께 새로운 세상을 열어가게 되니 선한 길을 가고자 하는 인간은 선한 생각, 선한 일, 선한 말, 3덕(德)을 쌓아야 한다고 설명한 종교입니다.

어째 교리도 제법 익숙하죠?

선 – 악, 천국과 지옥 2원론 구조와 부활 – 영생은 유대교, 기독교, 이슬람교와, 인간의 자유 선택, 덕을 쌓는 행위 등은 불교적 사고와 겹치는데, 이들 종교보다 시대가 앞서 후대 종교의 모델이 되었다고 평가받고 있습니다. 이 종교가 출발한 곳이 메소포타미아 지역이었으니 창조주 아래에 부하 신이 있다면 당근 12멤버가 완전체였겠지요.

그리스 신화에서도 제우스를 중심으로 12신이 올림포스 산에 살 듯이, 조로아스터교도 후대로 가면서 지역 토착신들을 흡수해 애초 유일신이던 아후라 마즈다를 돕는 보조 신으로 여기게 되었다고 합니다.

《성경》에서 모세가 '10계명'을 들고 시나이 산에서 내려왔을 때, 자기가 자리를 비운 사이에 히브리인들이 황금 소 '바알(Baal)'을 섬기는 것을 보고 화가 난 모세가 석판을 부수죠. 그 바알 신은 원래 중동 농경인들이 풍요의 상징으로 섬기던 토속 신입니다. 바빌로니아왕국의 주신이기도 했는데, 조로아스터교에서 12지신 중 하나로 흡수됩니다. 레바논에 바알 신을 모시던 성지 '바알벡(baalbek) 유적'이 남아 있대요.

이후 이 바알 신은 동양으로 전래되면서 소띠 신이 됩니다. 🐮 즉, 우리가 중국 도교에서 유래한 것으로 아는 쥐띠, 소띠 등 12띠는 유래를 거슬러 가보면, 아후라 마즈다 아래 12지신에서 유래한 거라고 하네요.

이 아후라 마즈다 신은 앞서 설명한 대로 독수리 모양으로 묘사되었는데, 이 아이콘은 유럽으로 전파되어 로마군의 상징이 되고, 이후 서양 황제국의 아이콘이 되어 신성로마제국, 러시아제국의 상징이 되었다가 이제는 미국의 아이콘까지 되었습니다.

이 조로아스터교는 페르시아 선교사들에 의해 중국에 배화교(拜火敎)란 이름으로 전래되면서, 기존 중국 사상에 혼합됩니다. 우리는 흔히 도교가 노자, 장자로부터 시작되어 굉장히 오래된 것으로 생각하지만 도교가 이론으로 정립되는 것은 AD2~3세기 후한 시기였습니다.

60갑자는 10진법(갑, 을, 병, 정, 무, 기, 경, 신, 임, 계)과 12진법(자, 축, 인, 묘, 진, 사, 오, 미, 신, 유, 술, 해)이 반영되어 60갑자 순환구조가 되는 구도인데, 이 12지와 조로아스터교의 12지신 개념이 결합됩니다.

그래서 애초 12시간을 나타내는 첫 글자인 자(子)는 모든 것의 출발점인 '씨앗'이란 의미로 쓰다가, 나중에 유입된 12지신과 결합되면서 '쥐'란 의미가 덧붙여지지요. 지금도 옥편을 찾아보면 자(子)에 '쥐'란 의미는 없다는 것을 아실 겁니다.

우리나라 삼국시대 후반기는 중국과의 교류가 활발해지면서 서쪽에서 들어온 사상들이 중국화되어 막 쏟아져 들어오던 때여서 불교, 도교와 함께 자연스럽게 12지신도 수호신 개념으로 수입됩니다.

(신라 김유신 장군 묘),
(둘레의 12지신상)

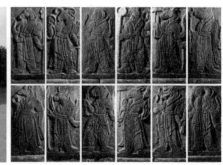

이때를 상징하는 대표적인 유물이 삼국 통일의 주역, 김유신 장군 묘의 12지신상이지요. 우리나라에서 최초로 12지신이 등장한 유물이라고 합니다.

김유신 장군 묘를 보면 12지신은 동물이 아니라 동물 머리를 가진 수호신 개념이었는데, 이후 세월이 흘러 이제는 그저 황금돼지띠, 백말띠, 흑룡띠니 하면서 사주팔자 운세용 귀여운 동물 아이콘으로 변질된 거죠.

참고로 이 12지는 지금도 중국, 일본, 여러 동남아 국가에서 널리 쓰이는데, 12동물 중 돼지가 우리와 다릅니다. 우리는 돼지띠라 말할 때 포동포동한 서양 핑크 집돼지(돈, 豚)를 생각하는 반면, 중국, 일본에선 멧돼지(저, 猪)를 떠올려요. 멧돼지가 사실 맞습니다.(수호신이 귀여울 리가…… 🐻)

(한국인 머릿속의 돼지. 🐻), (중국, 일본, 동남아인 머릿속의 돼지)

화투 7월 홍싸리 돼지도 실은 멧돼지~. 🐻

서유기에 나오는 저팔계도 '저', 즉 멧돼지라 우리가 애니메이션으로 본 귀여운 돼지는 '가리지날'. 아주 흉악하게 생긴 녀석이었을 거예요.

뺑 같다고요? 먼 페르시아에서 어째 한국까지? 그보다 더 멀리서부터도 전파되어 온 증거가 있어요. 혹시 '금강역사(金剛力士)'라고 아십니까? 사찰 입구에서 악귀를 내쫓는 부처님 호위무사인데요.

사실 우리나라에선 '사천왕(四天王)'이 더 인기가 있어서 보기 어

(사찰 입구에 세워진 사천왕)

(일본 법륭사 중문 금강역사)

렵고 일본이나 중국에선 자주 보입니다. 사찰 입구엔 사천왕, 금강역사 둘 중 하나만 있어요.

그런데, 금강역사는 '가리지날'입니다. 오리지날은 12가지 모험을 한 그리스 신화 속 헤라클레스예요. 🐱

바다 건너와 고생이 많으십니다요. 🐻 유홍준 교수는《나의 문화유산 답사기》에서 그저 유래가 다르다고만 설명했지만 이런 놀라운 비밀이 숨겨져 있습니다.

엥? 그리스 신화의 멋지구리한 헤라클레스가 어째서 부처님의 호위무사가 되었을까요?

학창시절에 '간다라 미술'이라고 배우셨을 텐데요. 마케도니아 알렉산더대왕이 인도까지 원정왔다가 일부 그리스 조각가들이 간다라 지방에 남겨지면서 그리스 조각들이 인도인들에게 알려지게 되고, 그중 헤라클레스의 멋진 포즈가 시선을 끈 거죠. 그래서 부처님의 호위무사 금강역사로 흡수합니다. 🐻

못 믿겠다고요? 그 증거를 보시죠.

영국 대영박물관에 소장된 2세기 무렵의 조각에서는 부처님 옆의 호위무사로 헤라클레스가 새겨져 있어요.

쓰다 보니 내용이 너무 심각해졌네요. 뒤이어 지리와 관련된 재미나고 놀라운 이야기를 이어 가볼게요. 🐻

(부처님 옆 헤라클레스.
대영박물관에 소장된 2세기
조각. 출처_구글이미지)

03
파르시와 타타그룹

세계적 명차 '재규어'와 '랜드로버'는 어느 나라 브랜드일까요?

영국이라고 생각하시겠지만, 이제는 '가리지날'. 인도 최대 그룹 타타그룹 계열사랍니다. 🐻

바로 앞장에서 중동 지방을 통해 다양한 문화가 동양으로 전파된 이야기를 해드렸는데요. 중간 경유지였던 인도는 동양 문명과 서양 문명을 연결하는 중요한 통로였던 만큼 수많은 민족들이 오고 갔습니다.

(재규어와 랜드로버 로고)

그래서 지금도 인도에는 수많은 민족이 혼재되어 있는데, 그중에는 인도 최대의 기업, 타타그룹을 이끌면서 인도 경제를 좌지우지하고 있는, 인도의 유대인이라 불리는 '파르시(parsi)'가 있지요.

중세 유럽과 현재 미국의 경제권을 쥐고 흔드는 민족이 유대인이 듯, 이들 파르시는 '페르시아 사람'이란 의미로 조로아스터교를 믿는 페르시아 난민의 후손들이랍니다. 비록 인구는 15만 명에 불과하지만, 인도 최고의 부자 민족이지요.

응? 페르시아? 그거 머언 옛날에 있던 나라 아니던가요? 🐻

네. 맞습니다. 고대 그리스를 침략했던 바로 그 나라예요. 지금의 이란(Iran)이 후손 국가이지요.

지금부터는 이들 파르시가 인도로 오기까지의 이야기를 해드려야겠네요.

2600여 년 전 지금의 이란 땅에서 '키루스2세'라는 위대한 정복왕이 나타납니다.

(고대 페르시아제국 영토)

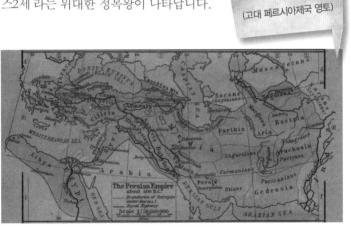

그가 세운 고대 페르시아제국(BC559년 ~ BC330년)은 진격을 거듭해 서쪽으로는 그리스, 남쪽으로는 이집트, 북쪽으로는 지금의 카자흐스탄, 동쪽으로는 지금의 파키스탄에 이를 정도로 영토를 확장해 이집트 – 메소포타미아 문명권을 통합한 최초의 제국이었어요.

이 키루스2세라는 제국 창시자의 일대기는 대단합니다. 메디아 왕국의 지방 영지 군주에 불과했던 키루스2세는 페르시아 군인들을 강병으로 육성해 메소포타미아와 소아시아 지역 강대국인 메디아와 리디아, 바빌로니아를 차례로 정복한 후 중앙아시아까지 북상하다가 전쟁터에서 죽습니다. 마치 칭기즈칸을 연상시키지요.

포장도로를 처음 깔았고 주요 거점마다 역참을 두어 신속한 정보 전달을 가능케 해 이후 로마 도로 인프라의 롤모델이 되기도 한 고대 페르시아제국은, 바빌로니아왕국을 무너뜨린 후 바빌론에 억류되어 있던 유대인들을 고향으로 돌려보내줄 정도로 피지배 민족들의 자치에 관대한 제국이었어요.

(대영박물관에 보관된 키루스 칙서가 새겨진 원통, 출처_구글이미지)

그는 세계 최초의 인권 선언이랄 수 있는 "모든 시민은 종교와 언어의 자유를 가질 수 있다. 노예제를 금지하며 점령지에 대한 약탈 금지, 모든 일꾼은 급여를 지불한다."고 선포했지요.

현재 대영박물관에 그 원통형 비석이 남아 있지만,

영국인들은 여전히 인권 선언은 자기네 '대헌장(마그나 카르타, Magna Carta)'이 최초라고 우기고 있고, 프랑스는 '프랑스혁명'이야말로 진정한 인권 혁명이라고 생각한다네요. 🐻

제가 예전에 페르시아제국 관련 책을 읽다가 이 사람에게 반했었습니다. 🐻 세계사가 서양사 중심이라 그리스 이전 중동 역사를 우리가 잘 모르는 거죠.

영화 '300'에서 크세르크세스 황제가 "나는 관대하다~."라고 한 게 빈말이 아니에요. 당시 그리스 폴리스 중 절반이 페르시아에 조공을 바치는 형편이었고, 다민족 군대로 이루어진 페르시아 군대 중엔 그리스인 용병도 많았답니다. 낙원이란 뜻의 '파라다이스(paradise)'는 페르시아제국 시절 유행한 인공식물원에서 유래해요.

하지만 이 페르시아제국은 황위 찬탈자 다리우스2세 황제 시절부터 앞장에서 설명했던 조로아스터교를 본격적으로 믿기 시작하면서 이를 널리 전파하기 위해 정복 전쟁을 벌여 나갔지만 하찮게 여기던 그리스 도시국가를 침략했다가 연속 패배를 당하고, 이후 오히려 그리스를 통일한 알렉산더대왕에게 침략당해 멸망하고 말았어요.

그런데 페르시아, 조로아스터, 다리우스, 크세르크세스는 사실 본래 발음이 아닙니다.

이 모두는 그리스식 발음이에요. 페르시아 측 기록도 적을 뿐 아니라, 유럽이 주도권을 쥐면서 그리스식 발음으로 널리 알려진 거지요. 그래서 현재 페르시아제국의 후예들은 스스로를 이란이라고 부르고 있어요. 역사 기록 보존과 국력의 중요성이 절감되네요. 🐻

이후 새로이 파르티아왕국이 세워져 중동지역을 통합하지만, 고대 페르시아제국에 비해 위세가 꺾여 로마제국에게 수세로 몰리다가, 다시금 사산왕조 페르시아제국(중세 페르시아제국)이 일어나 226년 파르티아왕국을 무너뜨리고 로마를 위기로 몰아넣을 정도로 강성해집니다.

실제로 로마 고르디아누스3세 황제는 244년 전투 중 사망했고, 260년 발레리아누스 황제는 포로로 잡혀 페르시아 땅에서 사망하지요. 🐻

하지만, 무함마드가 창시해 들불처럼 일어난 이슬람제국에게 사산왕조 페르시아가 651년에 정복당하면서 지역 전체가 이슬람화되어 갑니다. 같은 중동 문명권이라 하더라도 이란은 아라비아, 이라크 등 아랍 민족과는 엄연히 다른 민족이었기에 조로아스터교를 믿던 많은 페르시아인들이 동쪽 인도 땅으로 도망가게 되었고, 인도왕의 허락을 맡아 현재 파키스탄과 인도 접경지대인 구자라트 주 해안에 집단 피난촌을 세우고 정착하게 됩니다.

이슬람제국 : "이제부터 이란인들도 알라를 믿으라알라~."

페르시아인 : "싫다르시아~! 우리의 조로아스터교를 지키르시아~. 인도로 도망가자르시아~."

인도 왕 : "웰컴 투 인디아, 벗뜨 그러나, 국경지대 정착촌에서 살라디아. 난민 골치아프디아."

페르시아인 : "뭐 여기라도 살게 해주니 감사하르시아. 저 이슬람 애

들 쳐들어오면 맞서 싸워 패버리르시아~."

나라를 잃고 종교 박해를 피해 인도에 정착한 이들 파르시는, 혈통을 지키기 위해 1500여 년간 자기네끼리만 결혼하며 조로아스터교를 지켜왔는데, 17세기에 영국이 인도에 침투하여 이들이 살던 지역 근처의 수라트에 '동인도회사'를 설립하자 적극적으로 영국인들에 협조해 상업, 무역업에 종사하게 됩니다.

이후 18세기 인도 동인도회사 본사가 인도 중부 뭄바이(봄베이)로 옮기자 "우리가 살 길은 상업뿐이다."라며 대부분 직장 따라 이사해 뭄바이에 정착합니다. 🐻 그 후 영국인들을 따라 아시아는 물론 아프리카 영국 식민지까지 따라가 무역업을 하게 되면서, 인도 경제계

(타타그룹 로고)

를 지배하는 엘리트가 됩니다.

그래서 당시 인도인들에게 '영국 앞잡이'라 눈총받던 이들 파르시의 활약으로 이들이 모여 살던 뭄바이에서 근대적 공업이 일어나 인도 최대의 경제도시가 되었고, 뭄바이가 기반인 인도 최대 기업인 '타타그룹'도 파르시가 주인이랍니다.

타타그룹(Tata Group, www.tata.com)은 창립자 잠셋지 나사르완지 타타(Jamsetji Nasarwanji Tata, 1839~1904)에 의해 1868년 무역회사로 처음 설립된 후, 호텔(1902), 철강(1907), 전기(1910), 교육(1911), 소비재(1917), 항공(1932), 화학(1939), 기술(1945), 화장품(1952), 공업기술(1954), 차(1962), 소프트웨어서비스(1968) 등 전 부문에 걸쳐 사업을 확장해 현재 100여 개 계열사를 거느리고 있고, 우리나라를 포함한 전 세계 80여 개국에서 42만 명이 근무하고 있다네요.

이 타타그룹은 "Leadership with trust(신뢰의 리더십)"라는 신뢰경영으로 유명한데, 1892년에 이미 인도 미래 세대의 고등교육을 위한 '타타기금'을 설립하는 등 수익의 1퍼센트를 공식적으로 사회공헌기금으로 활용 중이며, 1912년 세계 최초로 하루 8시간 근로시간을 정했을 뿐 아니라 1920~30년대에 이미 유급휴가 및 임신 휴가제, 성과급제, 퇴직금제를 도입했다고 합니다.

이후 1950년대 인도 최대 기업이 된 타타그룹은 과감한 인수합병을 시행해왔는데, 타타모터스는 2004년 우리나라 대우상용차를 인

수했을 뿐 아니라, 2008년 영국 차 중 고급 브랜드인 재규어와 랜드
로버를 인수하고 가난한 인도인들을 위해 세상에서 가장 싼 경차
'나노(NANO)'를 2009년 선보이면서 세계적으로 유명세를 탔어요.
(기본형 2500달러. 와우! 언빌리버블!!! 🐨)

나노 자동차 이후에도 2만 원대 세계 최저가
정수기 타타 스와치(Tata Swach)를 선
보인 타타그룹은, 최근에는 인도
시골 저소득층을 위한 '나노하우스'
라는 초저가 조립주택도 추진하고 있
다네요. 6평 기본모델 제작비용
이 77만 원, 와우~! 또 언빌리버
블!!! 🐨

(타타모터스의 나노. 제작비를
아끼기 위해 와이퍼도 운전석
에만 하나 달았답니다. 🐨)

인도에서 눈칫밥 먹으며 더
부살이하던 이들 파르시가 인
도 국가 경제 활성화와 불우
국민 돕기 등 활발한 공익 활
동으로, 현재는 인도 민족자본의 총아로서
사랑을 받고 있는 이미지 변신의 역사……. 가
장 성공적인 이민족 유입 사례가 아닐까 합니다.

(나노하우스 예상도. 7일
만에 완성, 20년 사용 가
능. 출처_구글이미지)

혹시 다음에 인도 타타그룹 직원과 만날 일 있으시면 파르시와
신뢰경영 철학에 대해 얘기해보세요. 아마도 협상이 쉬워지지 않을
까요? 🐨

04
3개의 고려

머~언 중동 지방 이야기 읽으시느라 수고하셨습니다. 이번엔 우리 나라 이야기를 해볼게요.

우리 역사에서 고려 왕조가 세 번 있었다는 거 아십니까? 엥? 왕건이 세운 고려 말고도 고려가 두 번이나 있었다굽쇼? 뻥 치지 말라고요? 🐻

우선, 우리 역사상 첫 고려는 바로 '고구려'입니다. 우리는 삼국시대 국가 명칭에 대해 고구려, 백제, 신라라고만 배웠는데요. 원래 주몽이 처음 나라를 일으켜 고구려라 했지만, 장수왕 이전부터 간간이 고려라고 썼고, 장수왕이 평양성으로 천도하면서 본격적으로 고려라 부르기 시작합니다.

역사책에서 충주에 '중원 고구려비(충주 고구려비)'가 있다고 배우

셨죠? 장수왕 때 세웠다고 알
려진 그 비석에도 분명 '고려태
왕(高麗太王)'이라 적어놓았답니다. 이 비
석은 1979년에 발견되었는데, 한쪽 면은
심하게 닳아서 글자가 거의 보이지 않아
요. 그래서 그 이유가 이 비석이 오랫동
안 개울가에서 빨래판으로 사용되어 닳
아서 그렇게 됐다고 알려졌는데……,
그 이야기는 '가리지날'입니다.

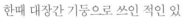
(충주 고구려비)

한때 대장간 기둥으로 쓰인 적이 있
으나 이후 마을 사람들이 마을을 지켜주는 수호석이라 믿어 꾸준히
세워서 보존해왔다고 하네요. 그래서 그 마을 이름을 '입석마을'이
라 부른다고 합니다.

실제 빨래판으로 사용된 비석은 현재는 중국 영토인 국내성 인근
의 '지안 고구려비'인데, 이 이야기가 와전되어 '중원 고구려비'가 빨
래판으로 사용되었다고 지금도 널리 잘못 알려져 있어요.

그럼 왜 고구려는 '고려'라고 이름을 줄였을까요?

그건 중국식 천하 개념을 받아들였기 때문이라고 여겨집니다. 중
국인들은 천하의 중심인 자기네는 1등급 국가이니 스스로는 한 글
자 국호를 쓴 반면, 주변 제후국들은 두 글자, 그 외 나머지 오랑캐
들은 세 글자로 표기했습니다. 🐻

그래서 중국 국가들은 하, 은, 주, 여러 춘추전국시대 국가들, 한,

수, 당, 송, 원, 명, 청에 이르기까지 한 글자로 국가 이름을 지었지요. 아~, 후한, 후당, 후금, 북위, 남송 등 두 글자로 된 국가명도 있다고요? 🐻 그건 당시엔 그냥 한, 당, 금, 위, 송으로 나라 이름을 정했지만, 후대에 역사가들이 표기할 때 앞서 동일한 국가 명칭이 있었기에 이를 구분하고자, 전 · 후, 남 · 북, 동 · 서 등 수식어를 붙여서 그런 거지 실제 두 글자로 된 국가 명칭이 당시 쓰인 건 아니에요.

이처럼 중국인들은 자기네 국가명은 한 글자로 표기한 반면, 자기네를 둘러싼 소위 제후국들은 두 글자 명으로 부릅니다.

그런데 고구려가 중국 국가들과 정식으로 외교 관계를 맺다 보니 세 글자로 쓰면 3등급 국가로 스스로 격하하는 꼴이어서 두 글자로 줄이는 과정에서 '고려'라고 정식 표기법을 정하게 된 것이라는 주장이 존재한답니다.

실제 중국, 일본 역사서도 장수왕 이후에는 고구려보다 '고려'라는 표기가 많고, 중국 현지 지명에서도 고구려인들이 살던 지역을 고려방(高麗房), 그들이 만든 절은 고려사(高麗寺), 일본에선 신사를 지키는 뿔 달린 개 동상을 고려견(高麗犬)이라고 부르지요. 그러니 혹시 중국이나 일본에 가서 '고려'란 명칭을 보면 그 시기가 고구려 때인지 왕건이 세운 고려 때인지 한번 확인해보셔야 해요.

일본도 초기엔 '왜(倭)'라고 한 글자 국가명으로 표기해 나름 자존심을 세웁니다. 왜소하다는 뜻의 왜(矮) 자로 오해들 하시는데, 이건 나라 이름 '왜'입니다. 글자를 풀어보면, 농사짓는 사람이란 의미이지요. 그래서 607년 수나라 양제에게 보낸 국서에 "해 뜨는 나라 천자가 해 지는 나라 천자에게 인사드린다."고 해 모두를 경악시킬 정도로 '우물 안 개구리'이던 왜가 세계 최강국인 당나라와 교류를 하면서 자기네 수준을 드디어 깨닫게 되자 동아시아 국제 질서에 맞춰 7세기 들어 '일본'이란 두 글자 국가명으로 바꾸게 되지요.

발해를 세운 대조영 역시 건국 당시엔 이름을 '진(震)'이라 칭하며 맞짱 뜨지만, 이후 당나라와 외교관계를 맺으면서는 당에서 정해준 '발해(渤海)'라는 이름을 받아들입니다. 반대로 북방 민족은 중원을 정복한 후 국명을 1등급 명칭인 한 글자로 줄입니다. 그래서 몽골은 원(元), 거란은 요(遼), 여진은 금(金), 청(淸)이라 칭하게 되지요.

이런 GRal 같은 원칙이 유구히 이어온지라 청나라는 저 멀리 서구 오랑캐들을 최초에는 얕잡아 보고 미국은 미리견(美利堅), 영국은 영길리(英吉利), 프랑스는 불란서(佛蘭西), 러시아는 노서아(露西亞), 이탈리아는 이태리(伊太利), 스페인은 서반아(西班牙), 포르투갈은 포도아(葡萄牙) 등 자기네 마음대로 세 글자로 불렀으나, 나중에 아편전쟁, 의화단의 난 등을 겪으며 서양 군대에게 아주 혼쭐이 난 후론 미(美)국, 영(英)국, 불(佛)국, 덕(德)국 등 한 글자로 표기해 자기네와 동급으로 인정하게 됩니다. 🐨

실제 미국(美國)이란 표기는 풍경이 아름다워서 붙여준 게 아니라 중국 발음으론 '메(아메리카)'로 발음되어 그리 된 것이고, 영국 역시 꽃처럼 어여쁜 나라라서가 아니라 '영英' 글자가 '잉(잉글랜드)'이라 발음되기에 쓴 글자이지요. 호주(濠洲) 역시 중국어론 '오스' 발음이라 오스트레일리아 표기가 된 거예요.

그렇게 붙여진 이름을 우리나라가 여태껏 따라 써온 까닭에 아직 인터넷이 없어 진로 정보가 어둡던 1980년대엔, 노르웨이 그룹 '아하(a-ha)'의 열성 팬이던 여학생이 '노어노문학과'가 러시아어를 배우는 줄 꿈에도 모르고 노르웨이어를 배우는 학과인 줄 알고 간 경우도 있었더랬지요. 🐻

두 번째 의문, 그런데 왜 우리는 고구려라고만 알까요?

그건, 《삼국사기》를 지은 김부식이 본인이 살던 고려와 과거의 고려를 구분하려고 초기 국명인 고구려란 명칭으로 쭉 써서 그래요.

백제 역시 성왕이 '남부여'라 국명을 바꾸었지만, 쭉 백제로만 표기했고요. 사실 이 부분은 의견이 엇갈려요. 이후 120년간 쭉 썼다는 의견과 성왕 이후엔 다시 백제로 썼단 의견이 나뉩니다. 백제 왕조가 직접 썼다는 역사서 《서기(書記)》가 남아 있지 않아 생긴 문제지요.

신라도 원래는 서라벌, 사로, 계림 등 여러 명칭으로 불리다 나중에 신라로 굳어졌지만, 《삼국사기》엔 처음부터 신라라고 일관되게 표기한 것과 같지요.

다시 본래 이야기로 돌아옵시다.

우리 역사상 두 번째 고려는 궁예의 후고구려(後高句麗)입니다.

이것 역시 김부식이 《삼국사기》에 후고구려라 쓴 것이 굳어진 것입니다. 건국 당시 궁예가 나라 이름을 과거 고구려의 영광을 계승한다는 의미로 '고려'라 리바이벌하지만, 곧이어 '마진(摩震)', '태봉

(泰封)'으로 이름을 계속 바꾸다가 왕건에 의해 축출되죠. 새로운 나라를 건국하면서 왕건은 궁예가 정한 최초 수도이던 '송악(개성)'으로 다시 수도를 옮기면서 국호도 다시금 '고려'라 복원한 거예요.

당시 《삼국사기》 저자 김부식으로서는 과거 삼국시대 고려, 궁예의 고려 국명을 그대로 표기하면 왕건에 의해 건국된 지금의 고려와 헷갈리게 되므로 후고구려라고 표기한 거지요. 그래서 우리가 알고 있는 왕 씨 고려는 세 번째 고려랍니다.

그랬기에 고려 초기 거란의 1차 침입 시 서희와 소손녕 간 담판에서,

소손녕 : "고려는 신라 땅에서 일어났지만, 우리 거란은 옛 고구려 땅에서 일어났거란. 과거 고구려 영토인 자비령 이북 땅을 너희가 강점했으니 그 영토를 떼어 바치라라!"

서희 : "무슨 소리냐고려. 우리야말로 고려 후예이고려. 고씨 고려 왕조를 계승한다는 뜻에서 나라 이름을 똑같이 고려라고 지었고려. 그러니 너네 수도 역시 본디 옛 고려 땅이니 너네나 땅 내놓아고려."

라고 주장할 수 있었던 거지요.

애당초 나라 이름 자체가 과거 삼국시대 고려 이름 그대로인데 그런 배경을 모르니, 요즘 책에서 서희가 "고구려를 계승한다는 의미로 고려라고 했다."라고 주장했다고만 쓴 거지요. 저는 예전에 이 부분을 읽을 때마다 나라 이름이 한 글자 적은데 어째서 같은 거라

고 주장하고 상대방도 이 주장을 받아들였는지 납득이 안 되었는데 이런 사실을 알고 나서야 그 의미를 이해했지요. 🐻🐻

그래도 못 믿겠다고요? 🐻

고려 중기, 1259년 막강한 몽골에게 30년간 버티던 고려는 드디어 고종이 스스로 강화도에서 나와 몽골과 강화를 맺고 부마국이 됩니다.

(몽골 쿠빌라이 칸)

이때 몽골 초원까지 강화조약을 맺으러 온 고려의 태자(나중의 원종)를 만난 당시 칸(Kahn)의 동생 쿠빌라이는 "고려는 만리 바깥에 있는 나라로 일찍이 당 태종이 몸소 공격을 하였어도 항복을 받아내지 못했다는데, 이제 고려의 세자가 스스로 나에게 귀부하니 이는 하늘의 뜻이다."라며 매우 기뻐했단 기록이 남아 있습니다. 즉, 과거 고구려와 고려를 같은 나라라고 인지하고 있었단 겁니다.

이처럼 왕건의 고려는 고구려의 후기 국명을 그대로 계승했던 겁니다. 이제는 납득하시겠지요? 🐻

그리고 김훈의 소설 《남한산성》, 영화 '최종병기 활'에 의해 주목받은 '병자호란(丙子胡亂)' 당시, 조선 왕조가 네 번째 고려 왕조로 바뀔 뻔한 이야기는 아시는지요?

앞서 얘기한 몽골이 중국을 정복한 후 원이라 칭하면서 200여 년

이상 호령하다가, 주원장의 명에 밀려 다시 초원으로 쫓겨간 건 잘 아실 겁니다. 그런데 이 몽골의 마지막 숨통을 끊은 건 명나라가 아니라 바로 청나라였습니다. 청은 병자호란 침략 1년 전인 1635년 몽골 초원에서 기어이 몽골 왕을 붙잡아 원나라 옥새를 차지하고는, 9년 전 '정묘호란(丁卯胡亂)' 때 아우의 나라가 되기로 약속해놓고도 불성실하게 나오고 있던 조선을 노리게 됩니다.

결국 1636년, 병자호란 발발, 청군 12만 명이 불과 10일 만에 한양을 점령합니다. 🐻 조선군 봉화 전달 속도보다 청나라 군사가 더 빨라 개성 부근에서 봉화를 추월했다고 하죠. 다들 말을 탄 기마병이어서 임진왜란 당시 한양 점령까지 20일 걸린 일본군보다 진격 속도가 훨씬 빨랐습니다.

이에 강화도로 도망가려다 길이 청군에 막히자 남한산성에 들어간 후 쫄쫄 굶던 인조와 신하들은 47일을 버티다가 강화도가 함락되어 왕자들과 신하들이 포로가 되었다는 비보를 접하고서야 결국 청 태종 앞에 항복을 하게 됩니다.

사실 황당한 건 남한산성은 임진왜란의 경험을 바탕으로 왜군이 다시 오면 방어하기 위해 새로 보수한 성으로써, 당시 성 안에 대포 등 각종 농성 무기를 갖추었기에 나름 조선 입장에선 대피 장소로는 최적지였단 겁니다.

그런데 병자호란 10년 전에도 북쪽에서 청군이 밀고 내려온 경험이 있는데도 남한산성 내 유지보수를 게을리 해 막상 무기에 쓸 탄약, 화살은 고사하고 비축한 식량마저 없었던 거지요. 이건 뭐 요즘

시대로 치면 첨단 전투기는 사두었는데, 막상 출격하려니 미사일과 기름은 없더란 것과 동일합니다. 이건 뭐 말로만 큰소리쳤지 전쟁에 얼마나 무신경했는지 그대로 보여주는 겁니다.

당시 홍익한, 윤집, 오달제 등 삼학사(三學士)와 김상헌 등은 오랑캐에게 항복하면 왕족을 멸해 조선이 멸망할 것이라 믿고 끝까지 항전할 것을 주장했지요. 정 하다 하다 안 되면 강화도로 간 세자가 예전 고려처럼 섬에서 버틸 수 있으리란 기대감도 있었다고 합니다. 그런 심정이었는데 강화도가 먼저 점령당했으니 이제 더이상 희망이 없어진 상황이었습니다.

그 이후의 일들은 잘 아시다시피 결국 항복을 결심한 인조가 걸어 나와 삼전도(지금의 송파구 삼전동)에 가서 청 태종에게 '세 번 절하고 아홉 번 머리를 땅에 부딪히는', '삼배구고두(三跪九叩頭)'의 황제 알현 예를 행하고 용서를 빌었는데요.(고려 태자는 몽골 초원까지 갔는데 이 정도면 양반.)

항복도 여러 단계가 있는지라 가장 참혹한 방식은 '함벽여츤(銜璧與櫬)'이었는데, 항복하는 임금의 손을 뒤로 묶어 결박한 채 구슬을 입에 물고 관(棺)을 등지고 가는 것이었답니다. 하지만 인조는 협상을 주도한 청군 총대장 용골대의 관용으로 그나마 미션 단계가 낮은 '삼배구고두'로 타협한 것이었다고 하네요.

그런데 조건이 9층 계단 위에 앉은 청 태종 귀에 이마가 땅바닥에 헤딩하는 소리가 나야 한다는 거라 그날 인조는 이마에 피멍이 들도록 찍었다고 여러 드라마와 영화에서 묘사하지만……. 이건 '가리

지날'! 🐼

　실제 기록을 보면 항복하러 간 인조가 삼배구고두를 행하려 하자, 청 태종은 "뭐 우리 아우께서 그럴 필요있나후금? 이리 올라와 술이나 하자청~."이라고 하며 세 번 절한 후 아홉 번 가볍게 머리를 조아리게만 하고는 단상 위로 올라오게 해 같이 화기애매하게 술을 마셨다지요. 🐼

　당시 청은 명나라를 멸망시키고 새로이 중원을 다스리는 황제국이 될 야심을 갖고 있었기에 명나라 제후국 중 최우수 모범생인 조선을 멸망시키기보다는 새로운 황제국에 충성하는 모습을 보이게 함으로써, 새로운 중원 제국으로서의 관대함을 보여줄 생각이었기에 조선을 멸망시킬 생각은 애당초 하지도 않았던 겁니다.

　　청 태종 : "나는 관대하다. 그러니 모두들 새 제국에 충성하라청!"
　　인조 : "살려주셔서 감사합니조선. 원하는 대로 바라는 만큼 가져가시조선."

　종종 역사를 돌이켜보면 우리 생각에만 갇혀 상대방의 의도를 전혀 파악하지 못하는 우를 범하고 있지요. 🐼

　자, 다시 이야기로 돌아옵시다.

　옥새를 바치고 조공국이 되겠다고 한 후, 왕조를 유지하게 된 인조는 터덜터덜 창덕궁으로 돌아왔는데, 28일간 협상을 주도했던 청나라 장수 용골대가 찾아와서 청 태종이 새로 만든 옥새를 전달합니

다. 그런데 그 옥새에 새긴 문장은 '고려왕'. 🐻

즉, 이성계가 명나라에게서 '조선'이란 국호를 받았으니 이제 청나라의 신하로서 쌈박하게 국가명을 다시 '고려'로 바꾸란 요구였지요.

당시 인조가 비록 항복을 했을지언정, 뼛속까지 '명빠'인데다가 태조 이성계가 멸망시킨 왕조 명칭으로 돌아가라는 요구는 도저히 받아들일 수 없다고 여겨 결국 그 요구를 쌩까자 열 받은 청 태종. 다시 3차 침공까지 계획하지만 이자성의 난으로 급작스럽게 명나라가 망하는 상황이 벌어지자 그 틈에 산해관을 넘어 새로이 건국한 순나라를 정복하느라 바빠 걍 넘어갔다고 하지요. 하마터면 또 한 번 온 나라가 유린당할 뻔했지 뭡니까. 🐻

그리고 1897년 대한제국 선포 후, 외국과 조약을 체결하면서 그동안 고집하던 '조선Chosen' 대신 새로이 '대한제국Empire of Tai Han'이라 요구하나 무시당하고, 🐻 외국인들이 익숙한 '코리아 COREA, KOREA'로 조약을 체결한 이후, 현재 우리나라는 글로벌상으론 또 한 번 '고려' 시대를 살고 있답니다.

자, 그러니 이제 예전 자료를 찾아볼 때 '고려'라고 써 있으면 그게 언제 적 고려 시대인지 잘 생각해보세요. 그런데 머~언 훗날, 우리 후손들은 20~21세기 지금의 '고려' 시대를 뭐라고 부를까요? 🐻

05
우리나라 지명의 유래를 아십니까?

서울 시내 도로 이름의 유래

수년 전 '각시탈'이란 드라마가 방영되었습니다. 1930년대 일제 치하, 낮에는 일본 순사, 밤에는 '각시탈'을 쓰고 친일파를 처단하는 허영만 원작의 이 드라마에 '옥에 티'가 있더라고요. 그 중 하나는 조선총독부 내부에 걸린 욱일승천기.

　일제시대 드라마에 일본제국을 상징하는 상징물로 자주 등장하긴 하는데, 이건 일본 해군기여서 총독부나 경

시청에서는 쓰이지 않

(일본제국 해군기, 욱일승천기)

던 거예요. 여러 포털

에 검색해보면 2차대전 시 쓰이던 깃발이라고 나오지만, 실제로는
아직도 일본 자위대에서 이 기를 사용하고 있답니다. 독일과 달리
과거를 반성하지 않는 일본의 본질을 잘 나타내지요.

그리고 두 번째 옥에 티가 이 글의 주제인데요. 드라마 '각시탈'에
서 일본 순사들이 각시탈을 추적할 때 거리 표지판에 '세종로'란 이
름이 나오던데, 세종로는 일제시대엔 존재하지 않던 이름이랍니다.
🐻

현재의 세종로는 조선시대엔 육조거리로 불렸는데, 일제시대에
는 '광화문통'이라고 고쳐 불렀지요.

그리고 조선시대 한양의 동서를 가로지르는 거리가 종로밖에 없
어서 청계천 남쪽 등에 새로 여러 길을 만들어 일본식 이름을 붙였
다네요.

그러다, 해방 이후 미군정시대인 1946년 10월 1일, 광화문통과 함
께 일제시대에 만든 신작로 이름을 위인 이름으로 모두 고치게 됩
니다. 이에 광화문통(光化門通)은 역사상 가장 성군인 세종대왕의
존호를 따서 '세종로'로, 황금정통(黃金町通)은 을지문덕 성을 따서
'을지로'라 바꿉니다.

해방 당시만 해도 을지문덕 장군이 이순신 장군보다 더 인기가
많았다고 하죠. 그리고 '장군의 아들'에서 김두한의 라이벌 하야시
가 활동하던 🐻 혼마치통(本町通)은 일본인 최대 거주지라 이에 대
항해 임진왜란의 영웅 이순신 장군의 호를 따서 '충무로'라고 바꿉
니다.

원정통(元町通)은 원효대사의 법명을 따서 '원효로'라고 개명하는데, '원'자로 시작하는 위인이 원효대사라 쉽게 지었다는 썰이 존재합니다. 🐻 그리고 대화정통(大和町通)은 유학의 대가 이황의 호를 따 '퇴계로'라고 바꾸게 되고, 이후 그 옆으로 새 길이 나자 이이의 호를 딴 '율곡로'라고 이름을 붙입니다. 🐻 그리고 서대문에서 이어진 죽첨정통(竹添町通)은 애초 갑신정변 당시 일본 공사의 성을 땄던 것을 구한말 자결한 충정공 민영환 집이 있던 길이라 하여 '충정로'로 개명합니다. 메이지마치(明治町)는 원래 그 지역이 명례방골이라 불리던 곳이라 '명동'으로 고쳤다네요.

그 후로도 60년대 이후 사임당길(신사임당), 소월길(김소월), 소파길(방정환), 우암길(송시열), 인촌로(김성수), 겸재길(정선), 다산로(정약용), 도산대로(안창호) 등 역사적 인물의 이름을 여러 길에 새로 명명해왔답니다.

웃자고 하는 얘기긴 한데요.

세종대왕(1만 원), 이순신(100원, 옛 500원 지폐, 거북선-5원 동전), 이이(5,000원), 이황(1,000원)에 이어 이제는 이이의 어머니 신사임당까지 5만 원권 지폐에 얼굴이 나오는데, 해방 당시 주요 위인으로 뽑힌 을지문덕, 원효대사 등은 지폐에 빠져 있네요. 그렇습니다. 후손이 있어야 힘을 쓰는 겁니다. 그러니 모두들 부지런히 자녀를 많이 낳아 나라도 부강하게 하고 나중에 나라를 위해 큰일을 했을 때 훗날 내 이름이 거리에 붙을 수 있는 확률을 높이도록 합시다. 🐻

왜 서울 길 이름에 위인 이름이 많은지 이제 아시겠죠? 뭐, 늘 그런 거지만 다음에는 드라마 제작 시 좀 더 고증에 신경써줬으면 좋겠어요. 🐻

8도 이름의 유래

서울 시내 도로 이름의 유래를 알아보았는데요, 우리나라 각 도(道), 즉, 경기도, 경상도, 전라도 등의 이름은 어떻게 정해진 건지 아세요? 그게 알고 보면 굉장히 쉽습니다. 지명을 만들 당시 그 지역 내 가장 큰 두 고을의 첫 글자를 딴 거랍니다. 🐻

(고려 행정구역과 조선 행정구역, 출처_
http://contents.history.go.kr)

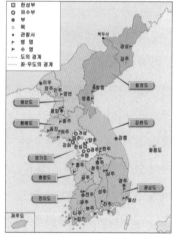

즉, 8도(경기도, 강원도, 충청도, 경상도, 전라도, 황해도, 평안도, 함경도) 중 가장 먼저 고려 현종 시절인 1018년에 정해진 경상도, 전라도의 경우, 경상도는 경주, 상주의 첫 자를 따서 경상도가 되었어요. (앗! 뭔가 허무한가요? 🐻)

경주야 신라의 천년 수도였고 당시 신라가 망한 지 채 100년이 되기 전이었으니, 당연히 고려 초 영남지역 최대 도시였는데 의외로 상주가 두 번째로 큰 도시였다네요.(후삼국 시절, 후백제 시조 견훤의 아버지, 아자개가 상주 성주였지요.)

전라도는 전주, 나주의 첫 글자를 따서 전라도가 되었대요. 🐻 실제로 후백제의 수도가 전주(완산주)였으니 당시 호남에선 가장 큰 도시였고, 나주가 당시엔 광주(무진주)보다 더 큰 도시였나 봐요. 그러고 보니 경상도, 전라도는 2018년이 도 명칭 사용 1,000주년이 되는 해네요. 와우~.

그리고 조선 왕조 들어서 8도로 재구성되면서 현재의 도명이 완성되는데요.

충청도는 충주와 청주, 강원도는 강릉과 원주, 평안도는 평양과 안주, 함경도는 함흥과 경성, 황해도는 황주와 해주(황해 옆이라서 황해도가 된 게 아니에요.) 등 가장 큰 두 도시의 첫 자를 딴 거랍니다.

그런데……, 음~ 경기도는 어느 도시 이름을 딴 거지? 경주와 기주? 그런 도시는 없는데…….

사실, 경기도는 다른 도와 달리 수도 경(京), 근처 기(畿) 자예요. 즉, 서울과 그 주변 지역이란 뜻입니다. 🐻

일본에서는 교토(京都) 주변 지역을 지금도 긴키(近畿) 지방이라고 합니다. 우리나라에 대입해보면 경주 주변을 경기도라 하는 셈이지요. 지명의 뜻에 맞으려면 수도인 도쿄 주변 지명이어야 하는데 말이에요.

그건 1868년 메이지유신으로 수도를 옮기지만 1000여 년간 일본 수도이던 교토(京都, 교토란 이름 자체가 수도(Capital)란 뜻)와 그 주변 지역명을 통째로 옮기기엔 무리가 있었기에 옛 지명은 그대로 두고 새 수도 에도(江戶)만 동쪽 수도란 의미로 도쿄(東京)로 개명했기 때문이에요.

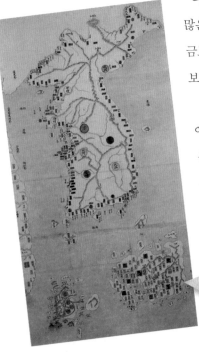

과거와 지금 각 지역 대표도시엔 많은 차이가 있죠? 단, 강원도는 지금도 원주, 강릉이 도청소재지 춘천보다 더 인구가 많아요.

그런데 조선시대에도 이미 인구 이동이 많아 조선 후기엔 경상도는 대구, 충청도는 공주, 강원도는 원주가 주 도시였지만, 도명은 예전 명칭 그대로 유지했어요.

(조선일본유구국도, 18세기 각 도의 최대 도시를 크게 표기 일본과 유구(오키나와)는 쪼매나게 그렸네요. ©서울대 규장각한국학연구원)

중간에 잠시 도 명칭이 바뀐 경우도 있었지만 결국 첫 이름으로 복귀했어요.

각 도의 거점 지역에는 주로 '주(州)'자를 붙였는데, 도 이름엔 안 들어간 진주, 광주, 공주 등도 감영이 설치된 주요 도시였어요. 경기도만 해도 여주, 광주(廣州), 양주(현재는 남쪽만 남아 남양주) 등이 있는데, 고려시대엔 경기도 지역을 양광도라 부른 적이 있을 정도로 당시엔 큰 도시였답니다.

그러니, 지방 놀러갈 때 그 지명이 '주' 자로 끝나면 '아, 여기가 예전엔 잘나가던 곳이었구나!'하고 생각하시면 맞아요. 🐻

그 외 지명의 유래

여세를 몰아 다른 깨알 정보도 알려 드릴게요.

우리나라 지명 중에 '포(浦)'나 '진(津)'으로 끝나는 지명은 강 나루터나 바다 항구였던 곳이란 건 다들 아시죠? 서울엔 마포, 영등포, 반포, 노량진, 부산엔 구포 등 지명들이 있는데요.

한자로는 분명 포(浦)인데, 가끔 포구가 그 유래가 아닌 경우가 있어요. 그 대표적인 예가 서울시 강남구 개포(開浦)동이지요.

어떤 수필을 보니 양재천과 탄천 주변 이야기를 하면서 "여기 동네 이름 중에 개포란 이름이 있는 것으로 보아 예전엔 양재천이 수량이 풍부해 나루가 있었던 모양이나 개발에 떠밀려 그 흔적을 찾을 수가 없다."고 쓰셨더라고요. 근데……, 사실 개포동은 나루가 있어서 그 지명을 갖게 된 건 아니랍니다. 🐻

실상은 이렇습니다. 1914년 조선총독부는 식민지 조선의 행정구역을 재편해 평균 4개의 군·현을 합쳐 새로운 시·군으로 바꾸게됩니다. 이유는 주민 편의를 위한다는 것이었지만 실제는 주인이 없는 땅을 찾아 날름 먹으려는 수작이었지요. 👹

그리하여 행정구역을 개편하던 중 경기도 광주군으로 새로 묶일구역 내에 두 개의 반포리가 있다는 사실을 알게 됩니다. 그중 하나가 지금의 서초구 반포동, 또 하나가 바로 개포동 지역이었어요. 그래서 일본 관리들 머리 싸매게 됩니다.

나으리 : "조선이노 땅에 똑같은 지명이 너무 많스므니뿐. 다들 남산이고 송도이고. 에 또 여기엔 반포리가 두 군데 있어 골치아프데스. 이 두 곳이 어떻게 다른가? 앞잡이상?"

앞잡이 : "아~, 북쪽 반포리는 한강변에 반반한 바위 나루가 있습니앞잡. 그런데 남쪽 반포리는 순 갯벌뿐입니앞잡."

나으리 : "아, 거기는 개뽀르 뿐인가?"

앞잡이 : "갯벌이라 발음해야 합니다. 개뽀르 아닙니앞잡."

나으리 : "확, 이 조센징이노 그냥……. 그러면 걍 거기는 '개포'리라 칭하면 되지 않겠나니뿐?"

앞잡이 : "어머나! 나으리는 천재입니앞잡. 딸랑딸랑~."

그래서 경기도 광주군 언주면 개포리라는 새 이름을 갖게 되고, 1963년 서울시로 편입되어 현재의 개포동이 되었답니다. 농담 같은 실화입니다. 🐻 당시 그렇게 해서 새로 탄생한 지명이 대전, 산본 같은 지역들이지요. 대전은 원래 충남 회덕군의 일부였습니다.

하지만 경부선 철도에 호남선을 이어 붙이기 위해 지형을 조사하던 중 회덕군 내 평지가 최적지라고 여겨 새로이 철도 분기점을 만들어 인구가 모이게 되자 새로운 지명을 붙이면서 당시 이 땅을 '한밭'이라 부른다는 것을 알고 이를 한자로 옮긴 것이 '대전(大田)'이지요.

부산 구도심의 중심가, 남포(南捕)동은 원래 일제시대엔 남빈정(南濱町)이라 불리었는데, 해방 후 새로이 동명을 바꾸면서 영도구 남항동(南港洞)과 구분되어야 하고, 또 당시 부산 최대의 유흥가인 까닭에 램프의 한자식 표현인 '남포(Lamp)'가 많은 곳이라 남포동이 된 거랍니다.

부산 교통의 중심지인 '서면'은 법적으론 없는 지명이에요. 🐼 행정 구역상 부산진구 부전동이 맞습니다. 그런데 모든 부산 사람들이 이곳을 서면이라 부르는 이유는, 원래 동래군 서면(西面)이었기 때문이에요. 그래서 결국 1985년 지하철 개통 때 역 이름을 서면역이라고 지었다능. 🐻

부산은 조선시대엔 동래군 부산면으로 동래군의 부속 지역이었지만, 구한말부터 무역항으로 급성장해 독립도시가 되었고, 해방 당시엔 중구, 영도구, 동구, 서구(사하구 포함) 등 지금 부산광역시의 남쪽 구역만이 부산시 영역이었는데, 6.25전쟁 당시 임시 수도가 되고 피난민이 넘치면서 북쪽으로 크게 확장되어 오히려 동래군을 흡수하면서 '대한민국 제2의 도시'로 성장합니다.

즉 1960년대에 이르러 드디어 동래군이 부산직할시 산하로 흡수되는데, 당시 동래군에는 읍내면을 중심으로 동서남북 5개 면이 있었다고 합니다. 동래군의 중심지이던 읍내면은 기존 지명을 그대로 따서 동래구가 되었고, 이후 인구가 늘면서 연제구가 분리되었지요.

지금은 부산시청이 이곳으로 이사 오면서 결국 동래군 지역이 100여 년 만에 행정 중심지로 다시 복원된 셈입니다.

북면은 부산시 북구가 되었다가 이후 금정구가 분리되었고, 남촌면은 부산시 남구가 되었는데, 동편면은 지명을 붙이려다 보니 이미 부산시에 동구, 서구가 있어 과거 경상좌수영 근거지였기에 수영구라 바뀝니다. 이후 해운대구가 다시 분리되지요. 마지막으로 동래군 서면은 조선시대 지역 방어군 진영(鎭營)이 있던 곳이라 부산진구로 개명합니다. (이곳의 진은 나루 '진(津)'이 아니고 진입할 '진(鎭)'입니다.)

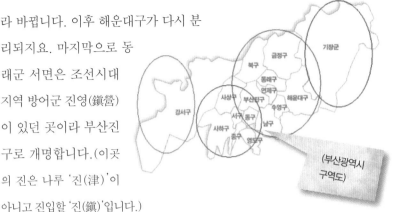

(부산광역시 구역도)

그러다 보니 부산시 지도를 보면 남구가 동구보다 동쪽, 중구보다 북쪽에 있는 이상한 형태가 되어버렸답니다. 🐻

윗 얘기 읽고 나니 부산시 남구 위치가 이해되시죠? 🐻 파란 부분이 옛 부산포, 빨간 부분이 동래군, 녹색 부분은 김해에서 유입된 곳입니다.

그리고 충청남도에 있는 안면도가 섬이라는 것도 가리지날! 🦉 원래 이곳은 태안과 이어진 안면반도였습니다.

옛 지도에서 보듯 붉은 선이 당시 호남에서 쌀을 싣고 올라가던 뱃길이었는데, 풍랑이 거세 자주 배가 침몰했다고 하네요. 그래

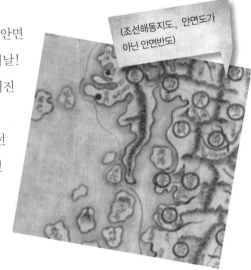

(조선해동지도, 안면도가 아닌 안면반도)

167

서 고려 인종 때부터 운하를 파서 지금의 안면도 안쪽 잔잔한 바다로 항해를 하고자 했는데, 500여 년간 11번이나 시도를 하지만 기술 부족으로 번번이 실패하다가 결국 1638년 조선 인조 때에 운하를 완성함에 따라 안면반도가 졸지에 섬이 되어버린 겁니다. 하지만 이후 세월이 흘러 진상품을 싣고 가던 뱃길이 필요 없게 되었고, 이제는 여행객의 편의를 위해 다리를 추가로 만드는 상황이 되어버린 것이죠. 이 일을 우째. 🐻

그 비슷한 예는 또 있습니다.

지금 우리가 보는 강화도는 큰 섬이지만 이 역시 처음엔 여러 작은 섬이 모인 곳이었습니다.

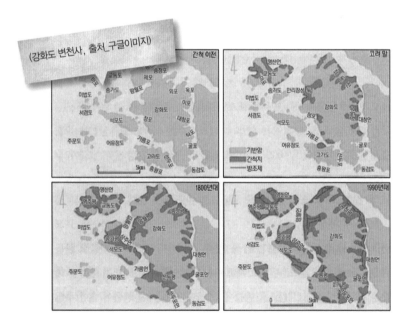

(강화도 변천사, 출처_구글이미지)

그러다가 고려 중기 몽골군이 쳐들어와 고려 왕실이 강화도로 피난을 가면서 섬을 간척하기 시작해 이제는 둥글둥글한 강화도의 모양새가 되어버린 것이지요. 그래서 13세기 고려 왕조가 강화도에서 저항하던 당시엔, 강화도와 김포 간 거리도 멀었고 굴곡진 지형 탓에 파도가 거세어 대륙에서만 활동하던 몽골군이 섬을 건너오지 못한 겁니다.

이런 지형의 변화 상황을 알지 못한 일부 유사사학자들이 지금의 강화도를 보면서 과거에 몽골이 이런 평온한 바다를 건너오지 못한 건 말이 안 된다며 중국 대륙에 고려가 있었다는 주장을 하는 거지요. 🐻

비슷한 사례는 또 있습니다. 과거 전주에 이어 호남권에서 두 번째 큰 고을이던 나주가 후삼국시대에 중요한 요지였던 이유는, 당시 영산강은 지금보다 훨씬 넓고 큰 강이었기에 내륙 안쪽에 위치한 나주 항구는 한반도 서남부와 중국과 일본을 연결하는 주요한 거점이 될 수 있었고, 왕건의 고려 수군과 후백제 수군이 수백 척의 배로 전투를 벌일 정도였습니다. 하지만 완만한 지형이라 시간이 지남에 따라 지속적으로 유입된 흙으로 인해 항구로서의 기능이 사라지고 강폭도 좁아져버린 것이지요.

마지막으로 부산 송도, 인천 송도 등 여러 해안 지역에 있는 '송도'에 대한 이야기를 해야겠습니다.

'송도(松島)'는 글자 그대로 소나무가 있는 섬이란 뜻인데, 우리나라 해수욕장 뒤편에는 거의 예외 없이 빽빽한 소나무 숲이 존재합니다.

그런데 이 소나무 숲은 그냥 자연상태로 처음부터 있던 게 아니라 조선 태종 시절 왜구의 침략을 막기 위해 인위적으로 만든 천연 성벽이었습니다. 고려 후기부터 부쩍 증가한 왜구의 약탈에 시달리면서 최무선이 화약으로 퇴치도 하고 조선을 건국한 이성계도 왜구를 막으면서 유명해지지요. 하지만 전 지역을 다 막기 어려워 아예 섬과 바닷가 지역의 민간인을 내륙으로 철수시키는 공도(空島) 정책을 시행할 정도로 피해가 막심했습니다.

이에 왜구 침략에 대해 태종이 세운 전략이 바로 소나무 숲 전략이었습니다.

바다에서 침략해온 왜구들이 아무 데나 배를 대면 될 것 같지만 실제로 바다에서 육지를 보면 쉽게 상륙할 만한 장소를 찾기가 어렵습니다. 프랑스에서 빤히 마주 보이는 영국 남부 백악 절벽은 아주 유명하죠. 2100여 년 전 로마 카이사르부터 2차대전 당시 독일 히틀러까지 영국 상륙은 엄청난 도전이었습니다.

그러다 보니 왜구 역시 가장 쉽게 배를 댈 수 있던 곳이 모래사장이었습니다. 모든 바닷가에 군사를 상주할 여력이 없던 조선 정부로서는 모래사장에 상륙하는 왜구를 막기 위해서는 모래사장 바로 뒤에 빽빽하게 사람이 못 지나갈 정도로 소나무 숲을 조성하는 자연 방벽 정책밖에 없던 것입니다. 또한 제주도는 전체를 3중으로 돌벽을 쌓아 왜구를 막았다고 하지요.

이처럼 우리가 여름마다 즐겨 찾는 해수욕장은 실제로는 오랫동안 언제 왜구가 나타날지 모르는 흉흉한 장소였습니다.

앞으로 해수욕을 즐기러 가시면 모래사장 뒤편에 소나무를 심으며 눈물을 흘리던 옛 조상들의 노고를 한 번쯤 생각하고 감사하는 마음을 가지셨으면 합니다.

어때요. 지역 명칭에도 많은 이야기가 숨어 있죠? 이상 갑자기 감동으로 버무려진 우리나라 지명 이야기를 마칠까 합니다. 🐻

06

봉이 김선달은 왜 대동강 물을 팔았나?

어느 날, 시내버스 옆면에 걸려 있는 영화 포스터 하나가 눈에 띄었습니다.

'봉이 김선달'. 오~, 배우 유승호가 제대하자마자 찍었나 보네. '집으로'를 본 게 엊그제 같은데……. 🐻

그래서 세상 무서울 거 없는 중2 조카에게 물어봤습니다.

나 : "봉이 김선달이라고 아니?"

조카 : "알죠~. 대동강 물로 사기친 사람이잖아요."

나 : "오호~, 요새 애들도 아는구나. 그런데 왜 하필 한강이나 낙동강이 아니라 대동강을 팔았을까?"

조카 : "잉? 그런 거 시험에 나와요? 중요한 거예요?"

나 : "미안하다." 🐨

진짜 중요한 사실인데 그 당시엔 너무도 당연해서 굳이 기록에 남기지 않았지만, 세월이 지나 후대는 전혀 이해를 못 하게 되는 경우들이 종종 생겨요.

예전에 아버지가 밥 남기는 막내동생을 나무라며 "이 애비는 6.25 때 피난 내려오다가 먹을 게 없어서 나무껍질을 뜯어서 나무 속살을 삶아 먹으며 버텼는데 왜 이 귀한 쌀밥을 남기느냐!"고 하자, 당시 초딩이던 막내동생이 "라면 끓여 먹지 힘들게 왜 그러셨어요?"라고 대답해 순간 다들 폭소를 터뜨린 적이 있었지요. 동생은 6.25전쟁 당시엔 아직 라면이란 음식이 없었다는 걸 몰랐던 거예요.

조카에게 질문한 '왜 대동강을 팔아야 했는지'도 그런 경우죠. 봉이 김선달은 가상의 인물로 조선 말기 폭정 속에서 고통을 받던 백성들 간에 입에서 입으로 전해지던 여러 이야기가 모여 1906년 책으로 묶여 나온 것이지요. 암행어사 박문수 이야기도 영조시대 실존 인물이 토대이긴 하나, 전해지는 내용 대다수는 민초들의 창작 이야기가 모여 구한말에 책으로 출간된 것입니다.

그런데, 당시 김선달 이야기를 듣던 조선 말 조상님들은 모두 그 배경을 이해해 굳이 책에 기술하지 않았지만, 현대를 사는 우리는 전혀 모르는 지리적 특성이 하나 숨어 있어요.

그건 바로……, 조선 후기 15만 명이 살았다는 조선 제2의 도시인 평양에는 우물이 없어 모든 백성들이 대동강 물을 직접 떠 가거나, 물장수에게 사야 했다는 겁니다. 그런 배경이 있었기에 한양에서 온 상인들이 대동강 물을 사는 사기를 당하게 되는 것이 자연스러운 전개가 되는 거지요.

한편, 조선 제3의 도시는 대구였습니다. 그래서 일제시대부터 경북고 교복에는 3줄 띠가 들어가 있었어요. 대구가 '넘버3'라는 자부심이었죠. 그런데 해방되고 나니 부산에 밀려 여전히 넘버3, 최근엔 인천에도 인구가 밀리는 상황이지요. 토닭토닭.

그랬기에 김선달 이야기를 듣던 우리 조상들은 "그래. 평양은 물을 사다 먹어야 하는 희한한 곳이라 카더라."라는 공감대 속에 대동강 팔아먹은 사기극이 통쾌하다고 박수 치며 고단한 일상에 한 줄기 위안으로 삼았을 겁니다.

그런데, 왜 평양에는 우물이 없었던 걸까요? 🐻

그 이유를 설명하기 위해선 평양의 역사를 잠시 살펴봐야겠습니다.

평양은 한반도 북쪽에서는 가장 비옥한 토지를 가진 지역으로서, 지형 또한 대동강과 보통강이 만나는 지점이라 방어에 유리한 지형이었기에 고조선 후기 수도를 시작으로 고구려의 마지막 수도를 거쳐 고려시대 서경, 조선시대 제2의 도시에 이르기까지 한반도의 역사에서 중요한 거점이 되었던 곳입니다.

이준익 감독은 영화 '평양성'에서 평양성을 허허벌판에 있는 성으로 묘사했지만, 고구려 장수왕이 새 수도로 건축한 평양성은 당시 성내 30만, 성외 20만 등 50만 명이 사는 거대한 도시였습니다. 그래

서 일부 학자들은 같은 시대 동로
마제국 수도와 맞먹는다고 평가
해 '동양의 콘스탄티노폴리스'
라 부르고 있습니다. 조
선시대 한양 인구가 겨
우 20만 명이었던 걸
생각해보면 대단히 많
은 인구가 모여 살았
던 거죠.

당시 내성에는 왕
궁과 귀족이, 중성에
는 기능자 및 군인계
급, 외성엔 일반 백성이 살
았다고 하는데, 반듯반듯하
게 구획 정리를 한 도로가 지
금도 평양 시내 도로로 그대
로 남아 있다고 합니다.

고구려 안학궁은 우리 역사
상 가장 큰 왕궁이었어요. 궁궐 규모는 북
경 자금성보다 작지만 본전 건물만큼은
자금성 태화전보다 커요. 심지어 후백제
견훤의 전주성도 본전 크기가 경복궁 근

(고구려 평양성. 북쪽 육지는 산(모란봉),
나머지는 대동강과 보통강으로 둘러싸여
방어하기 아주 유리한 지형입니다. 출처_
http://contents.nahf.or.kr)

(안학궁 남궁 디지털 복원
도, 내전 너비가 자금성 태
화전 1.5배였을 것으로 추정
함. 출처_http://contents.
history.or.kr)

정전보다 2배 길었습니다.

하지만 고구려 멸망 후 통일신라 시기에는 아무도 살지 않는 황무지로 버려져 있다가, 고려시대가 되어 고구려 도성을 개보수해 '서경(西京)'이라 부르며 제2의 도시로 부활하게 되는데, 대동강 가에 버드나무가 많아 별칭으로 '유경(柳京, 현재 북한은 두음법칙을 쓰지 않아 '류경'으로 부름)'이라 불리게 됩니다.

그런데……, 문제는 통일신라 시대 도선대사에 의해 풍수지리 사상이 체계화되고, 이것이 고려, 조선시대엔 국가 정책 기준이 되면서 '평양성이 표주박 형상이라 우물을 파면 물에 잠기게 된다.'고 믿게 되어 모든 우물을 다 막아버립니다. 🐻

그래서 고려시대부터 평양은 직접 주민이 대동강에서 물을 퍼오거나 물장수로부터 대동강 물을 사 먹어야 하는 도시가 되어버린 겁니다. 🐻 20세기에 유행한 생수 사 먹기가 이미 1,000여 년 전부터 실현된 셈이지요. 이러다 보니 대동강에 가까운 지역에만 몰려 살게 되어 인구는 고구려시대보다 훨씬 줄어들었다죠.

이건 마치 도시 로마의 역사와 비슷합니다. 로마제국 시대 100만 명이 살던 로마도 서로마제국 멸망 후 100여 년 뒤 로마제국을 재건하겠다며 유스티니아누스 황제가 보낸 동로마 군대가 게르만 오랑캐들이 독극물을 탈까 봐 겁을 내 수도관을 다 막아버렸죠. 그래서 중세시대엔 테베레 강 유역에 수천 명 정도만 살 정도로 인구가 줄어들면서 대경기장 이하 남쪽 구역은 양 떼나 모는 초원지대로 남겨져 고대로마 유적이 고스란히 남게 됩니다.

실제 조선 말기에 이르기까지 홍수가 나면 음기가 강해진 탓이라고 여겨 양기가 들어오라고 숭례문(남대문)을 열고 음기가 들어온다는 숙정문(북대문)을 걸어 잠그는 것이 예조 행정 매뉴얼이었을 정도로 풍수지리는 우리 인식에 깊숙이 스며들었습니다.

이처럼 풍수지리가 확고한 진리였던 덕에 평양은 유별난 도시가 되었고, 서북지역 홀대로 홍경래의 난까지 일어나던 흉흉한 시기에 평안도 백성들은 한양 양반의 뒤통수를 후려친 김선달 이야기에 열광하게 됩니다.

서북지역 차별에 의한 지역감정은 이후 일제시대까지 이어져 매년 두 도시를 오가는 국내 최초 축구더비, 경평축구대항전이 열렸고, 당시 연고전보다 더 유명했다는 연희전문 – 숭실전문 체육대회(연숭전) 등 서울 – 평양 간 라이벌 구도가 이어져온 겁니다. 당시 평양에 설립했던 숭실대는 피난 내려와 현재 서울에 정착했고, 평양에 남겨진 숭실대 캠퍼스는 지금의 김일성종합대학이 됩니다.

아~, 영화 포스터 하나 봤다가 여러 생각이 꼬리에 꼬리를 물었네요.

요즘 각종 이슈가 터질 때마다 매뉴얼 존재 여부로 시끄러운데, 매뉴얼에 쓰기에는 너무나도 기본적이고 상식적인 내용이라 언급하지 않은 기본적인 원칙들이 훼손되는 경우도 보게 됩니다.

각자 본인이 맡은 일에 대해 누구나 예상하고 바라는 가장 근본적인 원칙을 깨뜨리지 않는다면 이 세상은 좀 더 살기 좋아지지 않을까 생각해봅니다.

07
우리나라 과학연구 영토를 넓히는
'극지 전문가'를 아시나요?

아마도 이 글을 읽는 대부분의 독자들은 우리나라가 '사계절이 뚜렷한 온대성 기후여서 살기 좋은 나라'라고 알고 계실 겁니다. 그런데 이건 부분적으로 '가리지날'입니다.

국제 기후구분상 우리나라는 삼남 지방만 온대, 그 위 북쪽은 냉대기후입니다. 🐨

뭐 겨울에는 시베리아만큼 춥고, 여름엔 동남아시아만큼 더워서 계절 구분은 뚜렷하긴 한데……, 기후 변화가 최근 들어 더욱 강렬하지요. 🐻

그런데 현재 대한민국은 이 같은 냉대지역보다 훨씬 극한랭지역인 남극, 북극 등 극지방으로 활동 영역을 넓혀 나가고 있답니다.

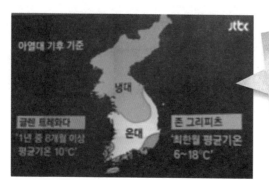

(아열대가 중요한 게 아니라 한반도 중북부는 냉대 지역이라는 사실……, 출처_JTBC '뉴스룸' 화면 캡처)

인천 송도 국제도시에는 '극지연구소'가 있습니다. 정식 명칭은 '한국해양연구원 부설 극지연구소'인데 이름에서 보듯 극지연구소는 남극, 북극 등 인류가 거주하기 힘든 구역에서 자연과학을 연구하는 곳이지요.

북극은, 북극해와 이를 유라시아와 북미대륙이 둘러싸고 있는 곳으로 지중해의 4배 면적인 북극해 내의 공해(지중해보다 좁음)를 제외한 대부분 지역이 러시아, 캐나다 등 여러 국가에 속해 있다네요. 반면, 남극은 중국과 인도 면적을 합친 정도로 거대한 남극대륙과 그 주변 바다로 이루어져 있는데, 현재 몇몇 국가가 제기한 남극에 대한 영유권 주장은 동결되어 있고 개발도 금지되어 있습니다. 대신 과학 연구를 위한 활동은 가능하기에 우리나라를 포함한 세계 각국은 과학기지를 건설해 기후 변화 등 기초과학 연구를 수행하고 있습니다.

우리나라는 1978년 남빙양 해양환경 조사 이래 1987년 한국해양연구소에 극지연구실이 신설되고, 1988년에 남극세종과학기지를 준공하여 본격적인 남극 연구를 수행하게 됩니다. 그리고 2004년 부설 연구소가 된 후 활발한 활동을 전개 중이지요. 2018년 현재 서른 살이 된 맏형 남극세종과학기지, 16년 된 둘째 북극다산과학기지, 네 살인 막내 남극장보고과학기지에 연구원을 파견하여 기상, 지질, 해양 등 기초과학 연구를 진행 중입니다.

또한 9년 전 운행을 시작한 국내 최초의 쇄빙연구선 '아라온호'를 운영해 우리나라의 과학연구 영토를 넓히는 개척자의 역할도 수행하고 있답니다.

그런데, 사실 우리나라는 다른 선진국에 비해 남북극 진출이 많이 늦은 편입니다. 일본은 1957년 이미 남위 69도 동남극 연안에 기지를 건설한 반면, 우리는 1988년 첫 남극기지인 세종과학기지를 건설하지요. 당시 우리나라의 남극 월동 경험이 전혀 없었고 남극대륙으로 장비를 운반하고 유지할 여건도 부족해 남극대륙 본토가 아닌 남위 62도에 위치한 킹조지 섬에 기지를 건설했죠. 때문에 남극 연구의 핵심이랄 수 있는 빙하 연구, 운석 탐사, 오로라 등을 연구할 수 없었다고 해요. 🐻

얼마나 열악했느냐 하면, 많은 나라들이 보유하고 있는 쇄빙선이 없어서 해빙이 있는 지역에서의 연구 활동과 보급에 애로사항이 많았고, 2003년 세종기지에서 전재규 대원이 동료를 구하러 고무보트를 타고 가다가 익사했습니다. 잠시 묵념. 🐻

그런 열악한 상황이 알려져 여론이 들끓자 정부에서 예산을 편성해 2009년 11월에 드디어 한국 최초의 쇄빙연구선 '아라온호'가 출

범하게 됩니다.

백색의 극지 결빙 해역에서 눈에 잘 띄라고 오렌지색으로 칠한 아라온호는, 바다를 뜻하는 옛 우리말인 '아라'에 전부 또는 모두를 의미하는 '온'을 붙여서 만든 명칭으로, 국내 1호 쇄빙연구선이 전 세계 모든 해역을 누비라는 의미가 담겨 있다고 합니다.

아라온호의 크기는 길이 110미터, 선폭 19미터, 총 톤수는 7480톤, 항해 최대속도 16노트, 최대 70일간 승무원 25명과 연구원 60명, 헬리콥터와 60여 가지 첨단 장비를 싣고 항해할 수 있지만, 독일, 중국, 일본 등의 쇄빙선에 비하면 작은 편입니다. 그래서 아라온호는 1미터 두께의 해빙을 3노트 속도로 깨고 지나갈 수 있는 수준이라 북극해 중심부로 갈수록 해빙은 더 두껍기 때문에 더 큰 쇄빙연구선이 필요하다고 하네요.

쇄빙선 분야에서는 러시아가 최강국이라고 하는데요. 그럴 수밖에 없는 환경이긴 하지요.

일본만 해도 남극기지 보급을 위해 아라온의 두 배 크기인 약 1만 3,000톤급의 쇄빙선을 보유하고 있는데 북극 연구 전용으로 신규 쇄빙연구선을 준비하고 있다고 합니다. 중국 역시 우리보다 2배 큰 쇄빙선이 있지만, 추가로 14,000톤의 쇄빙연구선을 건조 중이라 합니다.

이처럼 쇄빙연구선은 클수록 더 두꺼운 얼음이 있는 곳에서 장기간 다양하게 연구할 수 있어 극지 해역 연구자들의 최애품(?)이라고 합니다. 아라온호는 남극에 겨울이 찾아오면 적도를 거슬러 올라와 알래스카를 근거지로 북극 탐사 활동도 수행하고 있어요. 기지마다 쇄빙선 한 대씩은 있어야 한다는데……, 빠르고 신속한 투자가 이루어지지 못하는 것 같아 아쉽네요.

아라온호의 북극 탐사는 북극 항로 개척 임무도 띠고 있어요. 지구 온난화로 북극해 얼음이 계속 줄어들고 있어서 더 짧은 거리로 유럽까지 해상 운송이 가능해지고 있기에 현황을 파악 중이라고 합니다. 북극항로 운행이 가능해지면 해적 떼가 들끓는 위험한 수에즈 – 인도양 항로를 벗어나 안전하면서도 시간과 거리가 대폭 축소되기에 물류비용을 그만큼 줄일 수 있게 됩니다.

그런데 아라온호가 출항하는 알래스카 베이스 항구 이름은 '놈'이래요. 욕한 거 아닙니다. 진짜 지명이 'Nome'이에요. 🐻

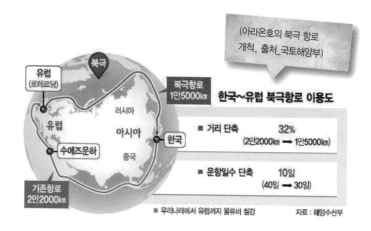

쇄빙선 한 척으로 전 지구를 커버해야 하는 이런 불리한 환경에서도 극지연구소는 꿋꿋이 두 번째 남극 연구기지인 '장보고과학기지'를 2014년 2월 테라 노바 만(Terra Nova Bay)에 세우게 됩니다.

이로써 우리나라는 세계에서 열 번째로 남극에 2개 이상의 상설(월동)기지를 보유한 국가가 되었습니다. 처음 만든 세종기지가 칠레 남쪽 바다에 위치한 반면, 새로 만든 장보고기지는 정반대인 뉴질랜드 남쪽이라 우리나라에서 가기는 더 편해졌지요.

극지 전문가들은 무엇을 연구할까

현재 장보고기지 및 기지를 활용하는 주요 연구 분야는 빙하, 기상, 대기과학, 우주과학, 운석 탐사, 지체 구조 및 지구물리, 로스해의

(장보고과학기지, 출처_극지연구소 홈페이지 캡처, 주소_The Jang Bogo Station, Terra Nova Bay, Northern Victoria Land, Antarctica)

해양 생태계, 육상 생태계, 곤드와나 초대륙 경계부의 지질 현상 등의 연구를 수행하고 있다고 합니다.

세계 각국 연구자들은 독자 또는 서로 협조해서 빙하 시추기를 이용하여 지름 10센티미터의 원기둥 모양의 빙하코어를 획득한 후 그 속에 포함된 물질 분석을 통해 과거 기후 및 환경 변화 등을 연구합니다. 현재 우리는 과거 약 80만 년 전까지의 지구의 기온 변화, 대기 중 이산화탄소 농도 변화 등을 프랑스 - 이탈리아 공동 기지인 돔씨(Dome C) 기지에서 획득한 빙하코어 분석으로 알아냈는데, 이 코어의 길이를 다 합치면 약 3,200미터가 됩니다.

빙하코어를 이용한 과거 기후의 복원은 기상 관측 기록처럼 몇 년도 기온이 가장 높았다, 혹은 낮았다 라고 얘기할 수는 없지만 '1만 년 전엔 기온이 지금보다 낮았다더라, 빙하기가 언제 존재했더라' 등 경우에 따라 수백에서 수만 년 단위의 기온 증감을 설명하는 데 사용됩니다.

빙하코어는 화산 활동기록 등 다른 과거 기록과 연계하여 현상에 대해 상호검증을 하는 데 사용되기도 합니다. 예를 들면, 일부 연구자들에 의하면 빙하코어 중 대략 7만 3,000년 전에 해당하는 부분에 황이 많은 얼음층이 나왔다고 합니다. 황은 대기 중에 거의 없는 성분이라 지진이나 화산폭발에 의해 대기에 뿌려졌다는 의미예요.

또한 그 연구자들은 폭발이 6일 이상 지속되었을 것이라 추정합니다. 과거 기온의 변화는 산소 동위원소의 비($^{18}O/^{16}O$)의 변화로 유추해낼 수 있다고 합니다. 일반적인 산소원자는 ^{16}O인데 더 무거운 ^{18}O이란 동위원소가 일부 섞여 있어요. 그런데 이 동위원소의 비가 날씨가 추울수록 감소하는 특징이 있는데 이 얼음층에선 그 비가 극히 적더랍니다. 즉, 그 기간 화산폭발로 인해 전 지구가 일시적으로 기온이 급강하했었을 것으로 추정할 수 있습니다.

이에 면밀히 전 지구의 퇴적층을 되짚어보는 기나긴 연구 끝에 인도네시아 수마트라 섬 근처에 위치한 토바(Toba) 초화산(Supervolcano)을 그 원인으로 지목합니다. 지금은 그곳이 폭발로 다 날아가 토바 호수가 되어 있다네요.

이 분화구 호수가 얼마나 크냐면……, 서울의 4.5배 크기랍니다. 지난 2세기간 관측한 최대 화산폭발보다 40배나 큰 규모였다고 추산합니다. 당시 6일간 이어진 폭발로 인해 인도 등에는 1~5미터의 화산재가 쌓였고, 대기 중에 수많은 먼지가 날아다니며 햇빛을 막아 수십여 년간 엄청난 추위가 닥쳐 생태계에 엄청난 충격이었을 것이라는 거죠.

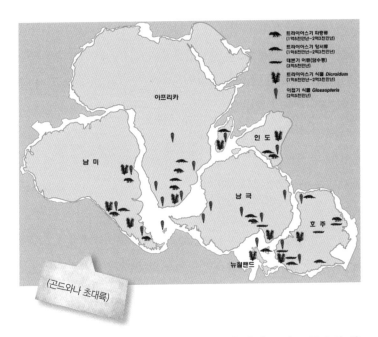

트라이아스기 파충류
(1억9천만년~2억3천만년)

트라이아스기 양서류
(1억9천만년~2억3천만년)

대본기 어류(담수종)
(3억5천만년)

트라이아스기 식물 Dicroidum
(1억6천만년~2억3천만년)

이첩기 식물 Glossopteris
(2억5천만년)

아프리카

남미

인도

남극

호주

뉴질랜드

(곤드와나 초대륙)

이처럼 남극에서의 과학 연구는 지구의 과거를 아는 중요한 열쇠가 되고 있습니다.

이 토바 화산 연구는 빙하코어의 활용도에 대한 한 예입니다. 다만, 토바 화산폭발의 영향이 전 지구적으로 영향을 주어서 남극 빙하코어에 그 증거나 남아 있는지, 대기순환 변화 등으로 기온이 낮아질 수도 있기에 빙하코어에서 낮은 동위원소 비율이 화산폭발로 인한 영향인지, 7만 3000년 전에 6일 이상 그 일이 일어났는지에 대해서는 빙하코어의 특성상 보다 깊은 연구가 필요하며, 다른 지질학적 연구 또한 필요합니다.

그런데……, 곤드와나 초대륙 경계부 연구란 건 뭘까요? 🐻

북극은 바다가 얼어 있는 반면, 남극은 실제로 거대한 대륙 위에 빙하가 쌓여 있는데, 이 땅속에 엄청난 자원들이 숨겨져 있을 거라고 하지요. 어째서 남극에 유전이 많냐면 고생대 때에는 남극이 적도에 걸쳐 있던 초거대 곤드와나대륙의 일부였기에 수많은 동물이 살았던 곳이어서 그렇습니다. 🐻

수많은 세월 동안 살았던 동식물 사체가 쌓여 수억 년의 세월이 흐르면서 석유가 되어 땅속에 묻혀 있고, 희토류 등 다양한 자원이 있다고 여겨지고 있어요.

앞의 그림에서 보듯 녹색으로 표현된 과거 곤드와나대륙 경계부 구역에서 석유가 발굴되고 있어요. 하지만, 앞에서 얘기했듯이 남극에서의 개발은 현재 금지되어 있으며, 그에 따른 조사도 매우 부족하여 실제 자원이 얼마나 매장되어 있는지는 불확실합니다.

그러나 기후 변화, 우주 기상, 우주 미생물 등 극지에서의 연구는 인류를 위해 매우 중요합니다.

요즘 우리나라도 여름과 겨울이 점점 더 안 좋아지고 있지만, 머나먼 극지에서 오늘도 수십도 영하 날씨 속에서 우리나라의 미래를 위해 애쓰고 있는 많은 과학자들의 노고를 기억해주셨으면 좋겠습니다.

아! 참고로 극지에 대한 더 자세한 정보는 극지연구소(www.kopri. re.kr), 한국극지연구진흥회(kosap.or.kr)에서 찾아볼 수 있답니다. 🐻

08
독일인의 마음의 고향, '쾨니히스베르크'를 아세요?

이번엔 조금 어두운 이야기를 해볼까 해요.

혹시 독일인의 마음의 고향, '쾨니히스베르크(Königsberg)'라는 도시를 아세요?

도시 이름이 긴가민가 하시다고요? 예전에 수학 상식문제에서 '쾨니히스베르크의 7개 다리'라는 문제를 본 기억이 떠오르세요? 아, 잘 모르신다고요? 🐻

'쾨니히스베르크에는 7개의 다리가 있었는데, 7개의

〈쾨니히스베르크의 7개의 다리〉

다리들을 각각 한 번만 건너면서 처음 시작한 위치로 돌아오는 길이 있는가?' 하는 것이 오랫동안 수학자들을 괴롭힌 문제였는데, 1735년에 레온하르트 오일러(Leonhard Euler)가 이것이 불가능하다는 것을 증명했어요.

아, 이제 기억나신다고요? 맞아요. 그 유명한 독일 철학자이자 가터벨트를 창안하시어 본의 아니게 여성 속옷계 디자인 거장으로 거듭나신 칸트 선생이 태어나서 평생을 산 도시가 바로 쾨니히스베르크예요.

칸트가 매일 똑같은 시간에 산책을 해 동네 주민들이 그가 나타나는 것을 보고 시계를 맞췄다는 이야기도 유명하죠. 그 칸트가 걷던 산책로가 바로 그 7개 다리예요.

그리고 철혈재상(鐵血宰相)이라 불리던 비스마르크가 빌헬름1세를 도와 프랑스제국을 무찌르고 남부 독일지역을 통합해 독일제국을 만든 프로이센왕국의 원래 수도이기도 했지요.

쾨니히스베르크란 이름 자체가 독일어로 '왕의 산(King's Mountain)'이란 뜻이에요. 이 도시는 십자군원정에서 돌아온 튜튼기사단이 기독교 세계를 확장한다는 기치로, 발트해 이교도 지역을 정복하면서 1255년에 건설한 도시인데 1525년에는 프로이센왕국의 수도가 되어 더욱 번창하게 됩니다.

그런데……, 지금 유럽 지도를 찾아보면 그 도시는 안 나와요. 도시 이름이 바뀌었거든요. 지금은 러시아의 도시, '칼리닌그라드(Kaliningrad, Калининград)'예요. 도시 위치도 폴란드와 리투아니아

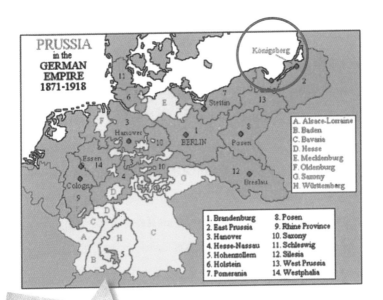

사이에 끼어 있어서 러시아 본토에서 바로 갈 수도 없는 외딴 섬 같은 지역이 되어버렸답니다.

응? 140여 년 전까지 독일의 수도였던 곳이 왜 러시아 도시가 되었냐고요? 그건 제2차 세계대전에서 독일이 패망하면서 소련에게 빼앗겼기 때문이에요.

원래 게르만족은 현재의 독일, 오스트리아뿐 아니라 프랑스 알자스－로렌 지역, 체코 서부, 폴란드 서북부 지역에도 살아요. 중세 때는 300여 개의 소국으로 분열되기도 했는데, 오랫동안 남부의 오스

191

트리아 합스부르크왕가가 신성로마제국 황제 자격으로 이 지역들을 관할했지요. 하지만 오스트리아는 체코, 헝가리, 불가리아, 유고 지역 등 동부 식민지 지배에 더 관심을 가져 게르만민족 국가의 통일에는 의지가 없었어요. 이에 독일 지역은 남쪽의 바이에른(바바리아)왕국과 북쪽 프로이센(프러시아)왕국이 서로 주도권 경쟁을 하다가, 결국 1871년 프로이센왕국이 보불전쟁에서 프랑스제국을 무너뜨린 후 오스트리아를 제외한 전 지역을 연방으로 묶어 독일제국을 선포하게 돼요. 그래서 지금도 독일은 미국처럼 연방국가지요.

이처럼 북부 게르만 지역을 통합한 독일제국이 성립되면서 국가 중심지역 대도시인 베를린을 새 수도로 삼았지만, 쾨니히스베르크는 여전히 독일인들의 마음 속 중심도시였어요. 그러나 제2차 세계대전 말기에 비극이 시작됩니다.

우리의 예상과 달리, 제2차 세계대전 중 독일 국민들은 오히려 영국 등 연합국 국민보다 훨씬 풍족하게 지냈다고 합니다. 히틀러가 전쟁 중에도 민간 소비재 생산을 줄이지 않았기 때문에 후방에선 전쟁의 실체를 잘 몰랐다고 하죠. 프로이센 지역은 그 상징성 때문에 시민들에게 가장 풍족하게 자원을 지급해 5년간 단 한 번도 식량 배급이 떨어진 적이 없었고, 서쪽 본토는 연합군 공습을 당해도 이 지역은 폭탄 한번 떨어진 적이 없었다네요.

그러던 1945년 1월, 드디어 러시아 군대가 독일 본토로 반격해 오면서 가장 먼저 만난 도시가 쾨니히스베르크 근처 엘빙이란 도시였어요. 당시 탱크를 몰고 도시에 들어간 소련군은 두 눈을 의심했다고 하죠.

가로수엔 크리스마스 색전구가 빛을 밝히고 있고, 전차가 시민들을 태우고 다니고 있었고, 시민들은 소련군 탱크가 새로 나온 독일 탱크인 줄 알고 손까지 흔들었대요! 🐨 당시 소련 군인들은 도대체 지금 이게 현실인지 환상인지 순간 헷갈렸다고 하죠.

이는 독일 정부가 시민들의 불안을 잠재우고자 소련군이 코앞까지 온 것을 알리지 않았다가 너무 빨리 돌파당해 생긴 일이었던 거예요. 이에 따라 그동안 무방비로 있던 400만 명이 넘는 동프로이센 지역 독일 시민들이 서쪽으로 피난을 떠나는 20세기판 게르만 대이동이 일어났고, 100만 명 이상이 사망했다고 합니다. 🐻

이후 소련군이 격렬한 전투 끝에 쾨니히스베르크를 점령했는데, 도시 건축물 80퍼센트가 파괴되었고 수많은 민간인이 희생되어 애초 37만 명이던 주민이 5만 명으로 줄어들었고, 남은 독일인들도 1948년에 모두 추방되었다고 하네요.

현재까지도 이 도시와 근처 지역은 러시아 영토에 소속되어 있고, 프로이센왕국 동쪽 지방 전체를 폴란드에 떼어주었어요. 왜냐하면 원래 폴란드 땅 동쪽 절반을 소련이 차지하는 대신 그만큼의 독일 땅을 폴란드에 보상으로 준 것이죠. 그 결과, 폴란드의 역사적 도시 중 상당수는 지금은 우크라이나 땅이 되고 말았고, 독일 역시 국토의 중앙이던 베를린이 지금은 동쪽으로 치우친 도시로 보이는 거죠.

독일인들은 역사적인 도시 쾨니히스베르크를 빼앗긴 것에 대해 비통해했습니다.

우리나라 역사에 대입해보면, 경주나 평양쯤 되는 역사적인 장소를 뺏긴 셈이니까요.

하지만 1990년 독일이 통일될 때 독일 정부는 그 지역을 영원히 포기하겠다고 선언합니다. 두 차례나 세계대전을 일으킨 원죄가 있어 주변 국가들이 통일을 우려 섞인 시선으로 본다는 사실을 잘 알기에 마음의 고향을 포기한 것이지요. 또한 수 년 전 그 지역 주민들이 러시아 본토와도 떨어져 있다 보니 다시 독일로 편입하고자 주민투표를 실시하려 했지만, 독일 정부가 거부했어요. 그만큼 주변 국가의 신뢰를 저버리지 않겠다는 뜻이죠.

이런 점에선 우리와는 독도로, 러시아, 중국과도 영토 분쟁을 일으키고 있는 일본과 참 대비된다고 하겠습니다. 언제쯤에나 아시아에는 새로운 평화시대가 도래할까요?

09
이 세상에서 가장 작은 나라는?

앞서 쾨니히스베르크처럼 잘 알려지지 않은 또 하나의 유럽 역사 이야기를 해볼까 합니다.

이 세상에서 가장 작은 나라는 어디일까요? 모나코? 산 마리노? 바티칸시티? 룩, 룩, 룩셈부르크?

보통 바티칸시국이 세계에서 가장 작은 나라(0.44제곱킬로미터)라고 알려져 있지만, 이것은 '가리지날'~.

유엔(UN) 가입국 기준으로 세상에서 가장 작은 나라는 '몰타기사단령'입니다.

정식 명칭은 '몰타기사단의 자치 및 군사 수도회(Il Sovrano e Militare Ordine dei Cavalieri di Malta-S.

(몰타기사단령 국기)

(로마 시내에 있는 몰타 기사단령, 출처_구글이미지)

M.O.M.)'인 이 미니국가는, 그 유래가 1,000년 가까이 되는 유구한 역사를 가진 나라랍니다.

이 나라가 어디에 있냐면요. 이탈리아 로마 시내 스페인광장과 이어지는 명품거리인 콘도티 거리에 있는 노란색 건물 한 채랍니다.

그러고 보니 로마는 도시 안에 바티칸시국과 몰타기사단령이라는 미니국가 2개를 품고 있네요. 오오~.

하지만 엄연히 국가인지라 정부, 헌법, 법원, 국회, 화폐, 우표, 차량번호 시스템까지 갖추고 있고 건물 내에 진료소도 있다고 합니다. 실제 유엔 총회에도 옵저버 자격으로 회의 참석을 인정받고 있고 각종 해외 재난 시 의료 지원 활동도 전개하고 있습니다.

아~. 그런데 이 나라는 지중해에 있는 몰타공화국과는 전혀 다른 나라예요. 이 몰타기사단령이 실제 200여 년간 몰타 섬의 주인이었기에 지금 그 국호를 쓰고 있긴 하지만요.

이 몰타기사단령의 국민들인 몰타기사단의 역사는 십자군전쟁이 한창이던 1048년에 시작됩니다. 애초 이 기사단의 이름은 요한기사단이었어요. 템플기사단, 튜튼기사단과 함께 중세 유럽의 3대 종교기사단 중 하나였는데, 유일하게 지금까지도 남아 있는 겁니다.

앞서 소개한 쾨니히스베르크가 바로 3대 기사단 중 하나이던 튜튼기사단이 중동 십자군전쟁 후 돌아와 발트해 이교도를 대상으로 십자군전쟁을 벌여서 개척한 도시라고 설명드렸죠. 🐨 이 요한기사단은 십자군전쟁 시절 전투는 물론 부상 당한 환자의 치료와 간호를 맡았답니다.

이 기사단은 프랑스의 수도사인 제라르(Gerard)가 부상자의 간호를 위해 예루살렘 시내 세례자 요한의 묘지 위에 병원을 설립하면서 만든 기사단이라 요한기사단이라 불렸지요. 당시 유럽의 귀족 자제 중 종교적 열의에 가득한 이들이 자원해왔는데, 예루살렘을 둘러싼 전투가 치열했는지라 환자의 치료와 간호는 물론, 직접 전투까지 참여하게 됩니다. 그래서 이슬람군과의 전투에만 몰두한 다른 기사단과는 뚜렷한 차이점이 있어서 병원기사단, 구호기사단, 예루살렘기사단이라고도 불린 거예요. 게임 스타크래프트 캐릭터에 비유하자면 마린과 메딕을 결합했다고나 할까요? 🐨

당시 요한기사단 기사들은 이슬람과 치열한 전투를 하면서도 발달한 이슬람 의료제도를 받아들여 나병 환자 수용시설을 별도로 만드는 등 유럽 의료기술 발전에 많은 기여를 합니다.

하지만 1291년 마지막 십자군 거점도시인 아크레가 괴멸된 후,

(로도스 구호기사단 총장궁)

타 기사단은 유럽으로 돌아갔지만, 이들은 성지 회복을 외치며 지중해 키프로스왕국으로 피난 갔다가 1310년 로도스 섬을 정복한 후, 이슬람 해적과 싸우는 기독교 해적으로 변신합니다. 🐻

가끔은 이슬람과 통상하는 베네치아 상선도 털었다지요? 이때부터 이들 기사단은 로도스 기사단이라고 불리게 됩니다.

그렇게 200여 년을 기독교 해적으로 지내던 이들 기사단은 오스만투르크 황제에겐 아주 큰 골칫덩어리였어요. 1453년 동로마제국을 멸망시켜 세계 최강대국으로 성장한 오스만투르크였지만, 자기네 제국 중심부에 위치한 이 기독교 해적들이 바다를 장악하고 있으니 기가 찰 노릇이었지요. 그래서 오스만투르크제국의 전성기를 장식한 쉴레이만1세가 드디어 칼을 뽑아 드니, 1522년 10만 대군이 로도스 섬으로 쳐들어옵니다.

당시 로도스 해적단. 아, 아니지! 기사단 전투병력은 700여 명의 기사 등 7500여 명에 불과했지만, 무려 6개월을 버티며 투르크 군을 8만 4,000명이나 죽입니다. 🐻

그러나 지원군을 보내줄 것으로 믿었던 유럽 기독교 국가들은 서로 전쟁하느라 바빠 모두 이들을 외면해버립니다. 🐻

6개월간의 전투로 기사 중 절반이 사망하고 탄약도 1주일분밖에 남지 않아 한계에 이른 기사단은 오스만 황제와 정전 협상을 벌이게 됩니다.

릴라당 기사단장 : "토킹 어바웃 좀 하자로도스. 기사답게 물러나게 해주면 이 섬 포기하렐루야."

쉴레이만 1세 : "듣던 중 반가운 소리튀르키예~. 우리도 너무 많은 사상자가 나 힘들던 판이스탄불!"

릴라당 기사단장 : "우리 기사단과 섬 주민 중 떠나고 싶은 자를 다 안전하게 보내주시프란체스코."

쉴레이만 1세 : "빨리 갔으면 좋겠오스만. 타고 갈 배가 부족하면 우리 배도 빌려 주리알라~."

이 같은 협상을 통해 로도스 섬을 포기한 기사단은 이리저리 유럽을 떠돌며 십자군 성전을 이어갈 것을 호소하다가 1530년 신성로마제국 카를5세 황제가 마련해준 지중해 시칠리아 남쪽 몰타 섬을 인계받게 됩니다.

그래서 이제 몰타 섬을 근거지로 또다시 기독교 세력의 최선봉으로서 해상 전투를 전개하게 되니, 그때부터 '몰타기사단'이라고 불리게 됩니다.

지금 몰타공화국의 수도인 '발레타'는 이때 몰타에 상륙해 이곳을 기사단 근거지로 삼았던 당시 기사단장 발레타의 이름을 딴 도시이지요.

그러자 1565년 오스만투르크제국 군 3만 명이 몰타에 상륙합니다. 몰타기사단 규모가 쪼그라들어 300명 정도에 불과했기에 그 정도 병력으로도 쉽게 이길 줄 알았는데, 4개월간의 공방전 끝에 퇴각하고 맙니다. 40여 년 전 로도스 공방전 때 사상자 비율이 어땠는지 알았다면 그런 근거 없는 자신감이 안 생겼을 텐데……. 역사 교육이 이렇게 중요합니다, 여러분~.

어쨌든 몰타기사단은 이후로도 오스만제국과 크고 작은 전투를 거듭하며 200여 년간 독립국가로 잘 살았는데, 아뿔싸! 1789년 이집트를 정복하러 가던 프랑스 나폴레옹에게 섬을 빼앗기고 맙니다.

같은 기독교인이고 심지어 기사단 멤버 다수가 프랑스인으로 구성된 몰타기사단이었건만, 종교보다는 국가 이익에 더 충실해지는 시대로 외부 환경이 변해 있었던 거지요. 🐻

(프라하에 있는
존 레논 벽)

섬을 빼앗긴 몰타기사단은 멀리 러시아
황제에게까지 찾아가 새 근거지를 마련하려
하지만 퇴짜를 맞고, 결국 1834년 교황이 있는 이탈리아 로마에 정
착하게 됩니다. 더이상 종교 성전을 벌일 상황이 되지 못한 기사단
은 이후 애초 설립 취지에 맞게 의료 봉사활동에 전념하고 있고, 영
국, 독일, 체코 등 유럽 곳곳에 지부를 두고 있다고 하네요. 🐻

프라하에 가면 '존 레논 벽'이라는 유명한 관광지가 있는데, 그 벽
뒤편 성당이 몰타기사단 지부랍니다. 성당 벽면에 몰타기사단 표식
이 달려 있어요. 먼 옛날 이야기 속에만 존재한다고 여긴 중세 기사
단이 지금도 활동하고 있다는 게 참 재미나지 않나요?

혹시 다음에 유럽 여행을 가시거든, 중세 기사단의 흔적을 찾아 보시는 건 어떨까요?

10

두 섬 이야기 – 제주도와 대마도

앞서 겁나 먼 몰타 섬과 로도스 섬 이야기를 해드렸는데요.

막상 우리가 잘 모르고 있는 제주도와 대마도, '두 섬 이야기'를 끝으로 지리와 장소에 관한 가리지날 이야기를 이제 마무리해볼까 합니다.

제주도의 역사

일단 제주도부터요.

단군 할배가 이 땅에 나라를 여신 지 어언 5000년이 다 되어 간다곤 하나, 제주도가 우리 역사에 정식으로 편입된 것은 1000여 년에

불과합니다. 정확히 고려 숙종 10년, 1105년 고려에 흡수되기 전까지는 엄연히 독립국가였습니다. 🐻

제주시에 있는 삼성혈을 가본 분들이 많으실 텐데요. 고을나(高乙那), 양을나(良乙那), 부을나(夫乙那), 세 시조가 땅에서 솟아올랐다는 탐라국 건국신화는 단군신화만큼이나 오랜 역사를 갖고 있습니다. (기록상으로는 이 세 시조가 단군 할배보다 쬐끔 더 선배님들이시죠. 아~. 베트남 시조도 단군 할배보다 더 선배님이시더군요.)

아시아 건국신화는 크게 북방계 천손신화(하늘에서 내려 옴)와 남방계 난생신화(알에서 태어남), 이렇게 두 가지가 존재하는데, 땅에서 솟아났다는 삼성혈 신화는 북방계 신화의 변형입니다.

즉, 제주도에 탐라국을 세운 고, 양, 부의 세 성씨 부족은 아마도 한반도를 거쳐 내려온 북방계 유목민 정복자들이었을 겁니다. 이들이 종자를 가져와 농사를 시작하게 해준 벽랑국 삼공주를 맞이해 결혼했다는 혼인지 신화는, 이들 건국 부족이 외부에서 온 농경 세력과 합쳐진 것을 의미하는 것으로 여겨지지요.

이 탐라국이 우리 역사 기록에 나오는 것은 《삼국사기》 백제 문주왕 2년(476년), 방물을 바치는 장면에서 비로소 첫 등장합니다.

지금은 제주도가 북쪽의 제주시, 남쪽의 서귀포시로 양분되지만, 이 당시 제주도는 동서로 구분하여 경제적 여유가 나은 서쪽 지역은 고씨가, 동쪽 지역은 양씨가 나눠 다스리는 구조였다고 해요. 그래서 고씨 가문은 조공을 바치면서 한반도 국가들로부터 명예 벼슬을 받아 우월적 지위를 유지했다고 합니다.

이후 백제 멸망 시까지 탐라국은 백제의 신하임을 자처하는 조공 관계를 유지하면서 백제와 라이벌이던 신라에는 복속하지 않았다네요. 그래서 신라 선덕여왕이 645년, 주변 9개 나라를 굴복시키겠다며 건립한 '황룡사 9층 목탑'에 적은 나라 이름 중 탐라국이 한자리를 차지하게 되지요.

당시 황룡사 9층 목탑에 새겨진 오랑캐 명칭은, 1층 일본, 2층 중화, 3층 오월, 4층 탐라, 5층 응유(백제), 6층 말갈, 7층 단국(거란), 8층 여적(여진), 9층 예맥(고구려) 순이었다죠.(여기서 말갈은 만주가 아니라 강원도 함경도 일대의 반농반목 유목집단입니다. 그리고 응유는 백제의 또 다른 이름이에요.) 참고로, 선덕여왕은 창녕 조(曺)씨 시조이신 조계룡 음갈문왕의 부인이기도 해요. 🐻

(황룡사 9층 목탑 모형)

정말 선덕여왕의 염원 덕인지, 신라가 백제를 멸망시키자 탐라는 무조건 GG! 662년 신라에 조공을 바치며 종속 관계에 놓이게 되지만 여전히 독립국가로 존속합니다.

그러다가 고려가 후삼국을 통일하고 탐라를 정벌할 계획을 세우자 당시 탐라국 왕이던, 시조 고을나 왕의 46세손 고자견왕은, 938년 태자 '고말로'를 보내어 왕건을 알현하게 하고, 고려 태조 왕건은 탐라국의 지리적, 역사적 특수성을 감안해 자치국으로 인정하게 됩니다.

비록 왕 칭호는 빼앗겼으나 '성주(星主)'란 새 호칭을 받은 탐라국 태자 고말로는, 이후 제1대 성주가 되어 자치를 이어갑니다.(이 분이 제주 고(高)씨 중시조입니다.) 이로써 고려는 이러한 주종관계 확립을 통해 제후를 거느린 황제국임을 천명할 수 있었겠지요. 제주도가 제주특별자치도가 된 역사적 배경을 이제 아시겠지요?

하지만 결국 고려 15대 숙종 10년(1105년) 탐라국은 고려 직할지로 격하, 탐라군이라 불리다가 고려 고종 원년(1214년) 정치 중심지이던 칠성대촌(七星大村)을 '제주'라고 명명하고, 섬 전체를 제주군이라 부르게 됩니다. 제주는 건널 제(濟), 큰도시 주(州)이니 즉, '바다 건너 큰 도시'란 뜻입니다.

그러나, 고려의 통치도 170여 년에 불과했으니……, 원나라가 고려를 침공한 뒤 1275년 제주는 원나라 직할지인 '탐라총관부'로 빼앗겨 이후 90여 년간 몽골 다루가치가 파견 나오는 식민지가 되었다가 공민왕 시절인 1367년에 다시금 되찾게 됩니다.

고려로 환원할 당시엔 일부 몽골인 세력이 원나라에 다시 복속시켜 달라며 난을 일으켜 최영 장군이 정벌하게 되는 '목호의 난'이 벌어집니다. 뭐 제주 토착민 입장에선 원이나 고려나 침략자일 뿐이었을 겁니다. 🐻

이후 30년 뒤 고려가 망하고 조선에 이르러서 중앙정부에서 파견한 제주목사가 직접 관리하면서 평온해졌다고는 하나, 이후에도 오랫동안 제주는 가장 혹독한 유배지여서 광해군에 이어 소현세자의 두 아들이 여기서 사망했고, 제주인들의 본토 방문은 엄격히 제한되었습니다. 🐻

(제주의 영웅, 김만덕)

그런데 조선 후기 르네상스라 불리는 정조 시절, 엄청난 기근이 닥쳐 제주도민들이 굶어 죽는 상황이 벌어집니다. 당시 육지에서 구호미를 싣고 가던 정부 함선마저 침몰해 모두 망연자실하던 때, 몰락한 양민의 딸로서 기생이 되었으나 이후 탁월한 상거래로 거상으로 성공한 김만덕 여사가 발로 뛰어 마련한 민간 선박과 사제 쌀로 천여 명의 주민을 구원합니다.

정조가 이를 갸륵히 여겨 한양으로 초대하면서 내의원 행수로 임명합니다. 쉽게 말해 의녀 수장이 된 건데요. 사람을 구하긴 했으나 의술을 행하지 않은 김만덕에게 내린 이 같은 포상은 여성에게 내릴 수 있는 명예로 적절한 게 없다 보니 고심 끝에 나온 결론이었다죠.

정조가 의녀 복장으로 알현하는 김만덕을 치하하며 묻습니다.

정조 : "소원을 말해 봐라이산. 아임 유어 지니~."

김만덕 : "금강산을 구경하게 해달라탐라."

정조 : "노 프라블럼정조. 여봐라. 금강산 럭셔리 패키지 관광 견적 뽑아보한양~."

김만덕 : "성은이 망극하여이제주~."

그래서 김만덕이 제주 여성 최초로 궁궐과 금강산을 유람할 수 있었는데, 이 당찬 여걸이 당시 조선 팔도에 화제가 되어 유람 행렬이 출발하자 한양 양반들이 모두 거리로 쏟아져 나와 구경했다고 하죠.

이 같은 열풍 속에 명재상 좌의정 채제공이 직접 김만덕을 만나 업적을 치하하는 《만덕전(萬德傳)》을 선물하고, 병조판서 이가환은 이별시를 지어주었다고 하지요. 미담이긴 하지만 제주도 사람이 차별받은 걸 보니 마음이 아프네요. 🐻

이후 근현대사에서도 제주도는 '이재수의 난', '4.3사태' 등 여러 불행한 사건으로 인해 고초를 겪었고, 이에 육지 사람에 대해서 여전히 경계심을 갖고 있다고 합니다.

그리고 유네스코에서 사라져가는 소수 언어를 지키기 위한 활동을 하고 있다는 것을 잘 알고 계실 텐데요. 이 소멸해가는 언어 중엔 뜻밖에도 제주어가 포함되어 있습니다. 🐻

실제로 2010년 제주어는 유네스코가 지정한 '소멸이 우려되는 언어'로 지정되었어요. 여전히 논란은 있지만, 국제 언어 분류상 한국어족에는 한국어, 제주어 두 가지가 있는데, 제주어를 사용하는 인구가 1만 명 이내로 줄어들어 보존해야 할 언어로 지정된 거지요.

🐻

최근 관심을 갖게 된 '사우스 카니발'이라는 제주 토박이 인디 재즈밴드가 있습니다. 이들은 다수의 노래를 제주 사투리로 노래해 무슨 뜻인지 전혀 감도 안 잡히는데요. 그들의 히트곡(이라고 해봤자 대부분 아예 모르는 🐻) '몬딱 도르라'는 '모두 달리자'라는 의미라네요. 유튜브에서 찾아보세요. 친절하게 자막이 있는 버전도 있습니다.

🐻

우리에겐 정말 보석과도 같은 제주도이지만 그 땅에는 많은 사연이 담겨 있지요. 제주도를 방문하실 때 그저 관광지로만 생각하지 마시고 제주도의 역사와 특성을 이해하고 모두 함께 잘 살아갈 방법을 생각해보셨으면 좋겠습니다.

대마도의 역사

제 고향 부산에선 날씨 좋은 날, 대마도가 수평선에 아스라이 보입니다.

어린 시절, 태종대에서 대마도를 바라보면서 "왜 조상들은 빤히 보이는 저 대마도를 우리 땅으로 만들지 못했을까?"란 생각을 했습니다.

다만 대마도가 워낙 가까운 덕에 1970~80년대엔 대마도에서 송출하는 UHF TV전파를 수신해 우리나라 방송이 없는 낮 시간에 일본 TV 방송을 봤지요. 저도 중학교 때는 일본 교육방송 수학 강의도 봤다능! 🐻

당시 우리나라보다 수학 강의가 반 학기 빨랐어요. 루트(√)를 우리는 2학년 1학기에 배웠는데, 일본은 1학년 2학기에 배우더군요. 말은 이해 못 해도 어차피 수식 푸는 거 보는 거였으니까요.

실제 삼국시대 제주도가 탐라국으로서 백제에 조공했듯이, 대마도는 신라와 왜, 양쪽에 조공하던 '대마국'이라는 독립국이었습니다.

지리적 여건상 제주도는 한반도 국가 이외에 건드릴 여지가 적었지만, 대마도는 한반도 국가와 일본 사이에서 줄다리기를 할 수밖에 없는 처지라 양다리 외교는 수천 년간 생존을 위한 수단

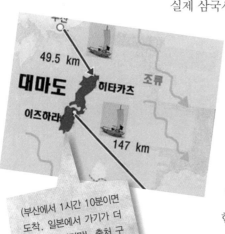

(부산에서 1시간 10분이면 도착. 일본에서 가기가 더 불편한 곳이건만!, 출처_구글이미지)

이었습니다. 하지만 신라는 삼국을 통일한 후에도 제주도는 물론 대마도 역시 조공만 바치면 만족해할 정도로 해양 영토에 그리 집착하지 않았어요. 단 노략질이 심한 울릉도 우산국은 정벌했지만요. 🐻

아 참! 이사부 장군에게 항복한 우산국 마지막 임금 우해왕의 부

인은 대마도 여인이었다고 하죠. 울릉도 전설에는, 대마도 해적들이 울릉도까지 올라와 약탈을 했는데, 우해왕이 수군을 이끌고 대마도로 가서 대마도 수장을 만나 다시는 침범하지 않겠다는 약조를 받아냈다고 합니다. 그러면서 대마도주의 셋째 딸 풍미녀를 아내로 삼아 혼인 동맹을 맺었다고 하죠.

이처럼 한반도 주변 섬들과 멀리 유구국(오키나와), 타이완, 필리핀까지 그들만의 해상 네트워크가 있었다고 하는데, 워낙 주변지 역사라 연구가 덜 이루어진 것 같습니다만…….

이후 고려 왕조에서 제주도는 직할지로 삼은 반면, 대마도는 그대로 둔 것은 토지가 적고 인구는 많아 늘 식량이 부족해 자급자족이 되지 않는 지역이고, 일본과의 완충 지역이기도 해서 직접 다스릴 만한 가치가 없다고 판단했기 때문이 아닌가 합니다.

실제 대마도는 한반도 국가와 일본 양쪽에 아슬아슬한 줄타기 외교로 살아갔는데요. 독립군주였음에도 워낙 소국인지라 왕이라 칭하지 못하고 '도주'라 불리었습니다. 대대로 이 대마도주는 양국에 부지런히 조공을 바치고 벼슬을 하사 받으며 생존을 도모했습니다.

이 대마도주 자리는 1246년에 후쿠오카 다이묘의 가신 소상중(宗尚重)이 대마도를 점령한 이래, 소(宗)씨 가문이 34대에 걸쳐 19세기 말까지 지배하죠.(우리나라 일부에선 한국계 송(宋) 씨가 조상이라고 주장하는데, 천황 집안도 그런 식으로 보면 한반도 출신인데 그래서 뭐가 달라지냐고요. 🐨)

그러다가 고려 말 혼란한 정세 속에 교류가 제대로 이어지지 않고 일본 역시 무장들이 서로 대치하는 남북조시대가 60여 년간 이어져, 대마도는 두 나라로부터 안정적으로 쌀을 공급받지 못하자, 애초 부업 삼아 하던 해적질을 이제 본격적으로 전개하게 되면서 결국 동북아시아 해적 커맨드센터로 전환하게 됩니다. 🐻

즉 왜구가 창궐한 이유는, 근본적으로 식량 위기 타개책이었던 거지요. 그래서 이 시기에 왜구가 고려와 중국 해안을 계속 침범하게 되자 고려 말 최무선 장군이 왜구 격퇴를 위해 화약을 제조했고, 고려 말 박위의 대마도 정벌에 이어 조선 세종 즉위년인 1419년 대마도 3차 정벌을 시행했다고 역사책에 나옵니다.

그런데, 왜 조선군이 대마도를 정벌했는데 우리 땅으로 편입 안 했나, 궁금하시죠?

진실은 이렇습니다. 당시 왜구는 조선은 물론이고 명나라 해안에까지 침투해 노략질을 하고 있었습니다. 이에 명나라가 발끈합니다. 심지어 조선이 일본이랑 짜고 명나라를 괴롭히는 거라고 의심하기까지 하지요. 그래서 대마도 토벌을 위해 명군을 조선에 파병할 계획을 수립했다네요.

그러자 조선 조정은 명군이 오면 많이 피곤해지니 "기다려 달라, 우리가 직접 토벌하겠다."고 답하고 출정을 하게 됩니다. 당시 세종이 다스리던 시절이지만 상왕으로 물러난 태종은 여전히 군사권을 쥐고 있었기에 신임하던 이종무 장군에게 명령을 내리지요. 이때 배가 227척, 1만 7,285명의 수군으로 구성되는데……

그런데 이해하기 힘든 출정을 하게 됩니다. 당시 왜구 본진은 충청도와 황해도를 유린하던 중인데, 엉뚱하게도 곧장 대마도 본진을 빈집털이하러 간 거예요.

"찌그레기밖에 없는 상대를 조지러 가자! 올해 KPI 목표 100퍼센트 달성 가능~." 🐻

조선 수군이 대마도 앞바다에 나타날 당시, 대마도 거주민들은 자기네 배가 돌아오는 줄 알고 환영하러 나갔다가 조선 수군임을 알고 산으로 도망을 갑니다. 첫날 상륙 시 114명을 참수하고 21명을 포로로 잡았는데 참수한 왜구는 코와 귀를 잘라가고 대포를 뻥뻥 쏘아대며 가옥 1939채를 불질렀다고 합니다.

일본만 임진왜란 당시 그렇게 한줄 아시는데, 당시 동아시아 전쟁에선 승전 보고를 위해 증거물을 가져가야 했기에 목을 베거나 귀와 코를 잘라가는 게 일상적이었습니다.

낮에는 해안에서 대포 쏘며 진격하면 왜구들은 산으로 피신하고, 밤에 반대로 왜구들이 내려오면 조선군은 배로 돌아가 버티기를 하게 되지요. 그러니 왜구들을 잡으려면 산에 들어가야 할 터.

좌, 중, 우군으로 나뉜 조선 수군은 누가 먼저 산에 올라갈지 제비뽑기를 합니다. 🐻.

아뇨~, 이봐요들~! 무슨 전투 순서를 제비뽑기를 해서······. 🐻 이에 좌군이 당첨되었는데······.

밤에 맞닥뜨린 대마도 예비군과 좌군절제사 박실 부대 간 1 대 1 백병전에서 평생 칼질만 한 대마도인들에게 조선군 장수 여럿과 180여 명의 군사가 전사합니다. 🐻 일본 측 기록엔 조선군 1,500여

명을 죽였다고 나오기까지 하다 보니 우리는 대마도 정벌이라고 하지만, 정작 일본에선 조선의 대마도 침공을 격퇴했다고 주장하죠.

그러다 충청도로 갔던 왜구 본진이 돌아오면 조선군으로선 낭패 보는 상황. 왜구들도 이런 대군과 계속 대치하기는 무리. 이에 10여 일 만에 서로 타협합니다.

대마도주는 "원래 신라의 땅이었쓰시마. 경상도로 복속 원하시마."라고 문서 주고 이후 '아몰랑~' 한 거고, 이종무 장군은 불과 출정 14일 만에 귀국하여 "대마도가 조선에 항복했으요~!"라고 품의 올리고 종결한 거지요. 🐻 이게 대마도 정벌의 실체입니다.

이후 최초 보고 시 누락했던 패전 사실이 드러나지만, 워낙 태종이 신임하던 장군인지라 처벌 없이 넘어가지요. 하지만 얼마 뒤 다시 왜구가 황해도에까지 올라와 전라도에서 올라오던 공물선 9척을 노략질합니다. 이에 다시금 출정을 논의하지만 결국 무력으로 왜구 문제가 해결되지 않음을 인식한 세종이 대마도주가 보낸 사신을 맞아 부산포, 제포, 염포 세 개 포구에서 무역을 하는 것을 허락하는 대신, 왜구와 손을 끊도록 요구하면서 왜구 침략은 사라집니다. 이후 대마도주는 일본과 조선을 오가는 이들에게 출입국 허가 수수료를 챙겨 짭짤한 이익을 챙겼다지요.

아, 명나라는 어찌 되었냐고요? 요동까지 올라갔던 왜구 본진이 명 해군에 걸려 박살이 나 한동안 왜구 침략이 잠잠해졌고, 조선에선 대마도주의 항복 문서를 보내오니 잘 마무리되었다고 생각했다고 합니다. 만약 그때 명나라가 과거 고려시대 원나라 때처럼 일본 정복 전쟁을 벌였더라면 역사는 어떻게 바뀌었을까요?

지난 2005년 마산(창원)시의회는 이종무 장군의 출정지가 마산항이었던 것에 착안해 출정한 날인 6월 19일을 '대마도의 날'이라 정하고, 예전부터 대마도가 우리 땅이었다고 주장하지만 역사를 알고 보면 좀 난감합니다.

즉, 울릉도와 독도는 우리가 직접 통치한 영토였기에 우리 땅이 분명한데 반해, 대마도는 실제로 직접 통치해보지 못했기에 그렇게 주장할 근거가 빈약합니다.

한반도 국가들은 대마도주로부터 일본과 함께 상국 대우를 받았을 뿐이며, 대마도주는 일본 다이묘와 인맥으로 이어져 실제로는 일본 역사에 더 가깝습니다. 냉정하게 역사적 사실을 토대로 주장하지 않고 감정적으로 나오면, 다른 부분에서 우리의 역사적 진실에 대한 주장들마저 오해를 받아 설득력을 잃게 되는 겁니다.

임진왜란 당시 대마도주이던 '소 요시토시(宗義智)'는 선봉장을 맡았던 고니시 유키나가(小西行長)와 사돈지간이었습니다. 그럼에도 그는 임진왜란이 일어나기 1년 전 조선에 조총을 보내며 일본의 침략을 대비하라고 미리 알려주기까지 했습니다. 당시 민간 기록엔 일본이 곧 침략할지 모른다는 소문이 나면서 신발 가격이 폭등했다고 하죠. 이런 심상치 않은 분위기를 간파한 이순신 장군이 혹시 모를 침공에 대비해 거북선을 미리 건조하고 있었기에 전란 발발 하루 전 겨우 완성할 수 있었고요.

하지만 결국 조선 정부 차원에서는 별다른 대비를 하지 않다가 전쟁이 터진 후 초반에 허무하게 방어선이 무너지면서 선조는 의주까지 피난 가게 되고, 소 요시토시는 고니시와 함께 평양성까지 치고 올라오게 됩니다.

왜란 이후에도 대마도는 자치 영토로서 조선통신사가 맨 처음 도착하는 일본의 관문 역할을 수행하지만, 메이지유신 이후 일본 천황이 대마도까지 직접 통치하게 되면서 그 보상으로 대마도주 소(宗)씨 가문은 황족의 방계 혈통으로 흡수됩니다.

이후 조선을 삼키게 된 일본은 조선 왕가도 동일한 방식으로 일본 황족의 방계 혈통으로 흡수해 천황이 조선, 쓰시마, 오키나와 등 주변 군주들이 떠받드는 황제라는 위계질서를 갖춰나가게 되지요.

당시 고종은 환갑에 본 딸, 덕혜옹주가 일본 황족 호적에 등재되지 않자, 본인 사후에 대우를 제대로 받지 못할까 두려워하여 덕수궁 내 준명전(濬明殿)을 유치원으로 만들어 덕혜옹주와 또래 친구들이 교육받는 장면을 일부러 데라우치 마사다케(寺內正毅) 총독에게 보여주며 "이 애가 내 딸!"이라고 직접 소개해 결국 황적에 올렸다는 흑역사도 있습니다.(고종의 후손 중엔 아예 일본인으로 귀화한 이도 있습니다.)

그래서 마지막 대마도주의 손자이자 황족 일가로 대우받은 소 다케유키(宗武志)가 대한제국의 마지막 황녀, 덕혜옹주와 결혼을 하게 되니 역사의 아이러니이지요.

영문학자이자 시인이기도 했던 소 다케유키 백작도 어찌 보면 정략결혼의 희생자인데, 오랫동안 한국에선 꼽추, 애꾸눈에 아내를 학

대해 정신병에 걸리게 만든
나쁜 놈으로 알려졌지요.

변방의 역사를 잊지 말자

어때요? 이 두 섬의 역사를 보면
기구하지 않나요?

사실 우산국(울릉도), 유구국(오
키나와), 대만 등 다른 변방도 기구
하긴 마찬가지입니다.

주변 강국의 틈바구니에서 생존을
위해 애쓰다 흡수당한 이 섬들의 역사

(소 다케유키와 덕혜옹주,
출처_위키피디아)

를 보면, 자칫 대한민국도 제대로 정신을 차리지 않으면
결국 강대국들에 끼인 조금 더 큰 변방에 지나지 않을 것이란 슬픈
생각이 듭니다.

구한말처럼 혼란한 이 시대에 우리나라가 어떻게 이 난국을 헤쳐
나가야 할지 모두가 지혜를 모았으면 합니다.

인류는 하늘과 땅에 대한 정보를 익히며 시간과 공간 개념을 정립하고 저 너머의 세상에 대해 궁금해하기 시작합니다.

이에 인류는 천문과 지리 지식을 이용해 여러 동물과 기구들을 활용하면서 땅과 바다에서 활동 범위를 넓혀 왔으며, 과학 기술이 발달함에 따라 이제는 하늘과 우주로의 이동이 가능한 시대가 되었습니다. 3부에서는 이 같은 교통 발달과 관련한 가리지날 이야기를 모았습니다.

01

교통 발전의 역사 – 길에서 철도까지

호모 사피엔스의 진출

200만 년 전 인류의 조상이 지구에 출현한 이후 여러 다양한 종이 나타나지만, 최종 승자가 된 호모 사피엔스는 7만 년 전 아프리카대륙에서 출발해 전 세계로 퍼져 나가기 시작했습니다.

이건 이미 유적 조사 및 유전자 분석 등을 통해 거의 정설로 굳어져 있고 이미 많이들 알고 계시는 내용인데요. 그런데 인류학자들에게는 한 가지 풀리지 않은 숙제가 있었습니다.

그건……, 200만 년 전에 등장한 인류가 진화를 거듭해왔는데 왜 현재 황인종, 백인종, 흑인종 정도로만 유전적 다양성이 적은지 알 수 없었단 거지요. 예를 들어 개나 말 등 다른 포유동물을 보면 각

지역별로 매우 다양한 크기와 형태가 존재하고 혈액형도 10여 개 이상 다양하게 존재하는데, 인간은 혈액형도 A, B, O, AB형 네 가지밖에 없지요.

최근에 그 원인이 과학적 탐구를 통해 밝혀지고 있는데, 이 같은 인간종 다양성 부족 현상 원인에는 극적인 자연재해 사건이 존재했습니다. 앞서 극지연구소를 설명하면서 언급한 토바 초화산이 바로 그 원인 제공자예요.

(인도네시아 수마트라 섬에 위치한 토바 호수 위성사진. 화산폭발 후 분화구에 물이 차 서울시 4.5배 크기의 토바 호수가 되었어요. ©NASA)

7만 3,000년 전 이 초화산이 6일간 폭발하면서 지구 대기에 엄청난 먼지를 발생시켜 수십 년간 극심한 추위가 밀려와 전 생물체에 엄청난 타격을 주었고, 다른 호모 종 대다수가 절멸해버린 겁니다. 🐻

다행히 아프리카 동부 고원 계곡지대에 살던 호모 사피엔스 2000여 명이 그 위기에서 극적으로 살아남았기에 다른 포유류 동물과는 달리 유전적 다양성이 적어진 것이죠.

그래서 모든 인간은 거의 유사한 체형을 갖고 있어요. 인종 간 차이점도 얼핏 생각하기엔 눈동자 색이나 털 색깔이 제각각인 백인종이 제일 다양한 것처럼 보이지만, 실제로는 DNA상 모든 인류의 조

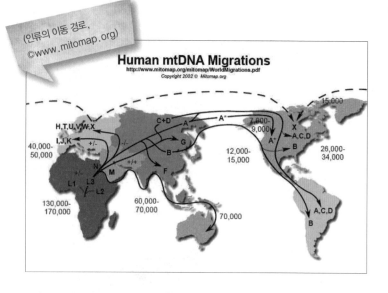

상은 아프리카의 한 여인에게 집중되어 있고, 지금도 아프리카가 유전적으로 가장 다양하다고 하네요.

　이처럼 초화산 폭발에서 살아남은 아프리카 동부 계곡의 조상님들은 오직 자신의 다리를 이용해 전 세계로 퍼져 나가게 됩니다. 당시는 빙하기여서 대륙 중위도 지역은 사냥하고 채집하기 좋은 초원 지대였고, 바다 깊이도 지금보다 100여 미터 낮았기에 인류는 빠른 속도로 아프리카에서 아시아를 넘어 아메리카 지역까지 진출했고 지금의 섬 지역까지도 육지로 연결되어 쉽게 건너갈 수 있었습니다.

　당시는 아직 말 등 야생동물을 가축화하기도 전이어서 별다른 교통수단이 없었고 사람이 다니기 좋은 포장길도 없었지만, 선구자들은 미지의 세계로 한발 한발 나아갔습니다.

동서남북을 찾아라! – 견우직녀 이야기

그런데 당시엔 방향을 알려주는 나침반도 없었는데 우리 조상님들은 어떻게 전 지구를 누빌 수 있었을까요?

이는 해와 달의 위치, 하늘의 북극 등 방향 관련 지식을 부모가 자식에게 전해주면서 위치 감각을 가질 수 있었기에 가능했습니다. 이 같은 배경 속에서 '인지혁명'이라 불리는 7만 년 전 인류 대약진이 시작됩니다.

이후 각지로 뻗어 나간 인류는 1만 2,000년 전 빙하기가 끝나면서 극심한 기후 변화와 해수면의 상승이라는 위기를 겪지만, 메소포타미아 지역에서 시작된 농경이 확산되면서 농업혁명의 시기로 넘어갑니다.

농업혁명 시기에 우리 조상님들은 밀, 쌀, 보리 같은 식물 재배에 그치지 않고 농사를 보다 쉽게 짓기 위해 말, 소, 개 등 야생동물들을 가축화하는 데도 성공하면서 동물을 이용해 더 빨리 이동할 수 있는 방법도 터득하게 되지요.

이에 대한 좋은 사례를 알려 드릴게요.

동양의 오래된 이야기 중에 '견우직녀 이야기'는 잘 아실 겁니다. 아~. 영화 '엽기적인 그녀'의 견우요? 에잉~! 🐻

너무 오래되어서 까먹으셨다고요? 암요~. 이해합니다. 토닭토닭.

간단히 줄거리를 요약하면 이래요.

하늘나라 황제(天帝)는 은하수 너머 목동이면서 농사를 잘 짓던 견우를 대견하게 여겨 본인의 손녀이면서 베를 잘 짜던 직녀의 배필로 삼게 됩니다. 하지만 첫눈에 반한 둘이 지나치게 데이트에 열중해 각자 소임을 소홀히 하자, 천제가 분노하여 둘을 은하수 양쪽 끝으로 보내 1년에 한 번 만나게 해주었는데, 은하수 강을 건널 방법이 없어 서로 울고 있자 이를 딱하게 여긴 까마귀와 까치들이 하늘로 올라가 다리를 놓아줘 둘이 만날 수 있게 하니, 매년 음력 7월 7일이면 이들이 만나서 흘리는 기쁨의 눈물과 헤어지면서 흘리는 슬픈 눈물이 비가 되어 내린다.

뭐, 대략 이런 내용입니다. 이제 기억이 나신다고요? 🐻

그런데……, 왜 갑자기 이 옛날이야기를 하는지 이유가 궁금하시죠?

이 책 처음에 소개한 '해님달님 이야기'처럼 이 이야기에는 1만 2,000년 전 농업혁명 시기의 인류의 지식이 들어 있어요. 이 이야기는 그저 사람들의 머릿속에서 만들어진 상상 스토리가 아니라 실제 밤하늘에 보이는 별의 위치와 계절적 특성을 설명하기 위해 만들어진 신화인 겁니다.

현대 국제표준 별자리에서 거문고자리 가장 밝은 알파(α)별인 '베가(Vega)'가 동양에선 직녀성이라 불렸어요.

다만, 독수리자리 가장 밝은 알파(α)별 '알타이르(Altair)'가 견우성이라고 널리 알려져 있지만, 이는 '가리지날'! 실제는 염소자리에

서 두 번째로 밝은 베타(β)별인 '다비흐(Dabih)'가 견우성이에요.

하지만 다비흐는 3등성 밝기여서 도시 밤하늘에선 거의 보이지 않기에 다들 가까운 '알타이르'와 헷갈리는 겁니다. 뭐 저도 보통은 1등성 알타이르를 가리키며 견우성이라고 말하긴 해요. 🐻

실제로 두 별 사이로 은하수가 흐르고 있기에 고대인들이 그 두 별과 은하수를 보면서 음력 7월 7일경 내리는 가을 장맛비에 그런 슬픈 사연이 있다고 생각한 것이죠. 🐻

그런데, 은하수를 사이에 둔 밝은 별들이 많은데 왜 하필 견우성, 직녀성에 그런 이야기가 생긴 걸까요?

그건, 빙하기가 끝나고 농업혁명이 일어나던 1만 2,000년 전, 당시 하늘의 북극에 위치한 별이 지금의 북극성이 아니라 바로 직녀성이었고, 은하수 너머 밝게 빛나는 가장 가까운 별이 견우성이었기 때문입니다. 🐻

지구는 태양을 도는 공전 궤도에 23.5도 기울어진 채 자전을 하고 있어서 지구를 수직으로 세우려는 힘에 의해 자전축이 팽이처럼 회전하는 세차운동을 2만 5,800년 주기로 하고 있어요.

그래서 1만 2,900년 단위로 북극성과 직녀성 사이로 천구의 북극이 계속 변하고 있는 거예요. 따라서 1만 3,000여 년 뒤에는 다시금 직녀성이 북극성이 될 겁니다.

농업혁명이 일어나 소를 이용해 농사를 짓기 시작하고, 집단이 커져 부족을 넘어 국가로 발전하던 시기를 살던 사람들은 북쪽 방향을 가리키며 움직임 없이 찬연히 빛나는 직녀성을 하늘 신의 손녀로 여긴 반면, 직녀성보다 어두운 견우성은 그보다 낮은 신분이지만 공주의 남편이 될 만큼 당시로서는 획기적인 기술인 농사를 짓고 소를 키우는 뉴 프런티어 목동으로 상상했던 겁니다. 그래서 이후 동양 별자리에서 견우성과 그 주변 별들을 모아 북방칠수(北方七宿) 중 하나인 우수(牛宿, 소자리)라고 이름 지은 것이죠.

실제로 직녀성은 밤하늘에 보이는 별 중에선 5번째로 밝은 1등성 별이어서 쉽게 찾을 수 있었기에 고대인들은 직녀성을 보며 밤하늘에서 쉽게 북쪽을 찾았을 거예요.

하지만 세차운동으로 인해 지금 밤하늘에서 북극을 가리키는 북극성은 2.5등성 별이어서 어둡기 때문에 한 번에 찾기가 대단히 어려워서 북두칠성이나 카시오페이아 별자리를 먼저 찾은 후에 위치를 가늠해야 하지요.

이 견우와 직녀 이야기는 오랜 기간 대대손손 입에서 입으로 이어져 오다가 문자로는 7세기 초 중국 수(隋)나라 시대《형초세시기》에 가장 오래된 기록으로 남아 있고, 우리나라에선 평안남도 남포시

덕흥리 고구려 고분벽화에 견우와 직녀 그림이 그려져 있지요.

하지만 이 덕흥리 고구려 고분벽화에는 최근 더 유명해진 그림이 하나 있습니다.

바로 2018 평창 동계올림픽 개막식의 신스틸러……, 인면조(人面鳥) 그림이 여기에 있답니다. 🐻

실제로 덕흥리 고분 이외에도 고구려 안악3호분, 무용총 등 여러 고분에서 인면조 그림이 발견되는데, 인면조는 사실 우리나라뿐 아니라 중국, 인도, 그리스 신화 등 세계 각지에서 공통적으로 등장하는 상상의 동물로 하늘과 사람을 잇는 매개체로 여겼다지요. 견우직녀와 더불어 인면조 역시 아주 오랜 기간 세계 각지로 퍼진 문화 코드였던 겁니다.

이처럼 농업혁명 후 오랜 기간 밤길을 걷는 이들에게 직녀성은 방향을 알려주는 좋은 이정표가 되었답니다.

4대 문명의 시작과 수레의 발명

그런데, 이 당시에는 사실 길보다는 강을 따라가는 것이 훨씬 효율적이었어요.

왜냐면 아직 제대로 정비된 도로가 없어서 큰 짐을 지고 가기도 힘들 뿐만 아니라, 산이나 언덕을 넘어가다 보면 타 지역 주민이나 산적, 야생동물의 공격을 받기 쉬웠어요. 그래서 뗏목을 타고 강을 따라 흘러 내려가는 게 훨씬 빠르고 안전했습니다. 이후 배가 발달하면서 대량의 짐을 옮기기도 훨씬 나았고요.

그랬기에 농사에 필요한 물을 쉽게 확보할 수 있을 뿐 아니라 사람과 물자의 이동에 유리한 강을 따라 인류 최초의 4대 문명이 시작됩니다.

가장 먼저 도시화가 진행된 메소포타미아 문명은 티그리스 강과 유프라테스 강 사이 지역에서 시작되지요. 이 지역은 건조지대이지만 강물이 풍부해 인구 집중에 따른 전염병 발생 위험은 낮은 반면, 농사에는 적합한 지형이어서 강을 따라 여러 곳에서 도시화가 빠르게 진행되었습니다. 그 뒤를 이어 나일 강을 따라 이집트 문명이, 인더스 강을 따라 인더스 문명이, 황하를 따라 중화 문명이 형성됩니다.

이들 지역의 지배자들은 자신의 권위를 과시하고 내세를 기원하는 의미에서 각종 건축물을 만들기 시작하는데, 처음에는 사람의 힘만이 가능했기에 통나무를 쭉 이어서 그 위로 돌이나 무거운 물체를 옮기는 방식을 이용하게 되지요. 피라미드건 고인돌이건 이런 방식으로 돌을 옮겨와 건축물을 만듭니다.

하지만 이들 지역 다수가 건조지역이라 통나무를 구하기도 어려울뿐더러 무거운 돌에 짓눌려 자주 뭉개지는 바람에 애로가 꽃을 피웠대요. 그러던 어느 날, 메소포타미아에서 인류 최초의 도시를 건설한 수메르인들이 바퀴를 발명하고 수레를 이용하게 되면서 인류 문명에 획기적 발전이 이뤄집니다. 오 원더풀~ 🐻

최초의 밀 농사가 그 지역에서 시작됐고, 소를 이용한 농사법도 처음 도입했던 지역인 만큼 소가 수레를 끄는 우차(牛車)가 가장 먼저 나오게 됩니다.

응? 왜 말이 모는 마차(馬車)가 아니라 우차가 먼저냐고요? 그때만 해도 아직 말이 지금 우

(쌍영총 거마행렬도 속 우차)

229

리가 흔히 아는 페르시아 말처럼 크고 강하지 않아 무거운 수레를 끌기에는 소가 더 나았던 것이죠.

우리나라 고구려 벽화(쌍영총)에도 우차가 등장합니다.

이후 통짜 나무로 만들어 무거웠던 바퀴를 개량해 바퀴살을 가진 가벼운 바퀴로 바꾸면서 수레의 무게가 가벼워지자 드디어 말을 이용하는 마차로 발전을 합니다. 하지만 지금 우리가 '벤허' 등의 영화에서 보듯이 멋진 페르시아 말이 끄는 마차 이미지는 '가리지날'!

실제 당시 벽화를 보면 말은 그저 개보다 조금 더 큰 조랑말 정도였기에 마부와 창병(槍兵) 2명이 타는 4개의 바퀴를 가진 사륜마차는 4마리 말이 옆으로 나란히 끌어야 움직일 수 있었답니다. 그래도 이 마차의 개발이 전쟁터에선 큰 위력을 발휘하게 됩니다. 거의 지금의 탱크 수준이었을 거예요.

하지만 이들 수메르인들보다 북쪽에 살고 있던 아카드 사람들이 이를 더 개량해 바퀴가 2개만 있는 더 가벼운 이륜마차를 개발함으로써 더 빠르고 더 멀리 이동이 가능해지면서, 드디어 남쪽 수메르

(아카드제국의 영토, 출처_국방일보)

인들의 도시를 차례차례 정복합니다. 이로써 BC2330년경 역사상 최초의 제국이 성립하니, 사르곤1세가 다스리던 아카드(Akkad)제국이었지요.

당시 사르곤1세는 메소포타미아 중부의 도시국가 키쉬(Kish)의 왕이었으나 이륜마차 부대를 동원해 페르시아 만부터 지중해 연안까지 지금의 이라크, 시리아 지역 전체와 이란, 터키 일부 지역까지 당시 메소포타미아 문명권 전체를 아우르는 제국을 건설합니다.

도로의 발전과 건국신화의 표준 모델 전파

사르곤1세는 이 방대한 지역을 다스리고자 수도에서부터 각 지역까지 마차가 빨리 달릴 수 있는 포장도로를 만들게 하고, 길 중간에 말을 바꿀 수 있고 숙식을 해결할 수 있는 건물을 세움으로써 이후 도로 개발의 표준 모델이 됩니다. 하지만 제국이 얼마 못 가 멸망함에 따라 도로 인프라가 남아 있지 않아 많은 이들이 페르시아제국의 가도가 최초의 도로라고들 인식하게 됩니다.

사르곤1세는 도로망 정비뿐 아니라, 아카드제국에 굴복한 타 도시국가 주민들에게 본인이 하늘이 선택한 신성한 존재임을 드러내기 위한 출생신화를 널리 퍼뜨렸는데, 이 건국신화가 이후 여러 곳에서 확대 재생산됩니다.

사르곤 1세의 출생신화는 이렇습니다.

사르곤1세는 여사제의 사생아였다고 합니다. 신성한 존재여야 할 여사제는 아이를 낳은 사실이 드러날까 봐 갈대 바구니에 아기를 넣어 강에 띄워 보냅니다. 그런데 키쉬 왕의 정원사가 강물에 떠내려온 이 바구니를 발견해 아이를 정성껏 키우게 되는데, 어느 날 이슈타르 여신이 나타나 이 아이에게 축복을 줬답니다.

이 광경을 본 키쉬 왕이 여신이 축복한 아이, 사르곤을 왕국의 후계자로 정합니다. 이후 사르곤은 키쉬왕국의 왕이 되었고, 이슈타르 여신의 의지를 받들어 메소포타미아 지역의 도시국가를 통합한 제국을 만들어 평화를 실현했다고 널리 알리게 됩니다.

어디서 들어본 이야기랑 닮지 않았나요? 네, 맞습니다. 모세의 출생 이야기가 바로 이 출생신화를 변형한 것입니다. 많은 역사학자들이 이 사실을 인정하고 있어요. '맨 프롬 어스(Man from Earth)'라고 하는 미쿡 독립영화에서도 죽지 않고 수천 년을 살아온 주인공이 동료 교수들에게 '모세 이야기는 사실 시리아 신화에서 온 것'이라고 말하는 부분이 있는데, 그게 바로 사르곤 출생신화에서 변형된 것이란 의미예요.

이 사르곤 황제의 출생신화와 홍해를 갈라 히브리인을 구했다는 모세 이야기가 이후 여러 사람들을 통해 구전되면서 초원의 길을 따라 동아시아로 전해져 옵니다.

그래서 BC200년경 부여의 건국자, 동명 역시 탁리국의 무수리가 버린 아이였지만 이후 탁리국의 왕자가 되었고, 질투한 형제들이 죽이려 할 때 남쪽으로 도망치다 강을 만나지만 물고기와 거북이가 다리를 만들어 강을 무사히 건너 새로운 땅에 부여를 세웠다고 백성들에게 선전하게 됩니다.

즉, 입소문을 타고 전해져 온 사르곤 출생신화와 모세의 홍해 기적 이야기를 응용한 것인데……, 강을 가르는 것이 아니라 동양 정서에 맞게 견우직녀 스타일로 강 위로 다리가 만들어져 이를 건너가 새로운 나라를 만들었다고 변형이 된 겁니다.

이미 당시에도 서구인들은 강을 가르는 등 자연을 지배하려 들지만, 동양에선 자연을 거스르지 않고 조화를 이루려 한 정서가 느껴지네요. 🐻

이후 200여 년 뒤 고구려를 건국한 주몽('추모'로도 기록됨.)의 건국신화가 다시금 부여 동명왕 건국신화를 차용해 유사한 이야기로 재생산되었고, 마침내 고구려 후기가 되면 정복한 부여인들을 통합하기 위해 아예 부여 건국자의 이름까지 차용해 '동명성왕'이라고 기록됩니다.

거짓말 같다고요?

고구려 중반기에 적힌 중국 사서 《후한서 동이전(後漢書 東夷傳)》, 《삼국지 위지 오환전(三國志 魏志 烏丸傳)》에 부여 건국신화로서 동명 신화는 적혀 있지만 고구려 주몽 신화는 없습니다. 하지만 부여 멸망 이후 고구려 후반기 시기에 만들어진 중국 사서《위서 동이전(魏書 東夷傳)》,《주서 동이전(周書 東夷傳)》,《북사 동이전(北史 東夷傳)》에서는 동명 신화가 아닌 주몽 신화가 적혀 있습니다. 즉, 주몽의 고구려 신화는 동명의 부여 건국신화를 그대로 베낀 것입니다.

우리나라 최고의 스테디셀러《목민심서(牧民心書)》의 저자이신 실학자 정약용은 이 사실을 간파해《아방강역고(我邦疆域考)》란 책에서 "부여의 동명왕과 고구려의 추모왕은 엄연히 다른 사람인데《삼국사기》가 잘못 기록했다."며 고구려의 프로파간다를 강하게 비난하지요. 🐻

이후 정약용은 존재 여부를 알지 못했던 실제 고구려인들의 기록인 '광개토대왕릉비'가 19세기 말에 발견되는데, 이 비문에도 '동명성왕'이란 시호 대신 '추모왕'이라고 표기되어 있습니다. 이를 추론해보면, 장수왕 당시에도 시조를 추모왕이라 불렀지만, 장수왕의 아들인 문자왕 때 부여가 정복되자 이후 부여와 고구려의 역사를 한데 아우르는 고구려판 동북공정이 이루어지면서 부여 건국신화와 건국자 명칭이 고구려 건국신화로 탈바꿈한 것이라 할 수 있습니다.

이처럼 사르곤1세의 출생신화는 초원의 길을 따라 말을 타고 이야기를 전파한 이들에 의해 유라시아대륙을 거쳐 우리 고대사에도 그 흔적을 남기고 있는 것이랍니다.

놀라운 얘기는 또 있습니다. 역사 덕후들에게 엄청나게 많은 떡

밥을 남기신 수메르인에 대한 이야기를 많이 들으셨을 텐데요. 사실 '수메르(Sumer)'란 단어는 '가리지날'입니다. '수메르'란 아카드 언어로 '남쪽 사람'이란 뜻이거든요.

정복자 아카드제국이 기록을 남기면서 자기네에게 정복당한 남쪽 사람들을 고유명사로 부르지 않고, 그저 남쪽에 살던 사람들이라고 기록한 것이에요. 아직 정설은 아니지만, 인도유럽어족의 한 갈래로 본다면 Su(남쪽)는 영어의 south, 독일어의 süd, 프랑스어 sud와 유사하고, mer는 영어의 men, 독일어 Mann, 프랑스어 monde(세상), mere(어머니) 등과 연관되지 않나 여겨집니다.

세계 최초의 도시국가를 만들었던 수메르인들이 스스로를 뭐라고 불렀는지는 지금도 명확하지 않습니다. 스스로 남긴 기록이 거의 없거든요.

우리에겐 생소한 아카드제국 이야기를 하다 보니 내용이 길어졌네요.

어쨌거나 아카드제국을 붕괴시킨 아시리아제국이나 이후 등장하는 바빌로니아, 히타이트의 왕들은 이 위대한 말빨맨, 사르곤1세를 롤모델로 삼아 자신들의 신성함을 과시하고, 제국을 건설한 것은 "내가 욕심을 부린 게 아니라 신이 원해서 한 것"이라고 선언합니다.

이후 BC520년경 페르시아제국의 다리우스1세는 아카드제국의 인프라를 본받아 수도인 수사에서 서쪽 지중해에 접한 사르디스까지 잇는 '왕의 길'이라는 엄청난 길이의 고속도로를 만듭니다. 걸어

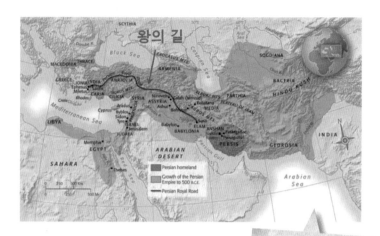

서 3개월이 걸리는 이 길을 신하들은 말을 타고 1주일 만에 주파해 각지에 왕의 지시를 전파했으며, 원활하게 세금을 징수하게 됩니다. 하지만 길 사이사이에 숙소가 있고 수비대가 지켜줌으로써 백성들도 안전한 교역과 이동이 가능해져 제국의 경제가 활성화됩니다.

반면 메소포타미아 문명과 쌍벽을 이루고 거대한 건축물을 남긴 이집트는 도로와 수레의 보급이 더뎠습니다.

애초 사막지대라 수레가 모래에 푹푹 빠져 빨리 움직이지도 못했고, 도로를 만들기도 어려웠기에 나일 강을 이용한 수로 교역이 활발해 처음으로 돛단배를 개발했고, 외부 교류도 주로 배를 이용하면서 육상 이동을 하지 않아 자기네끼리 나일 강 상하로 국가를 나눠 싸우는 등, 자기네 영역 내에서 지지고 볶지요. 그러다가 결국 BC17세기경 중동에서 마차를 타고 청동기 무기를 들고 쳐들어온 힉소스

족에게 패배해 100여 년간 지배를 당하는 신세가 되기도 합니다. 《성경》에서 요셉이 이스라엘민족을 데리고 이집트로 온 시기가 바로 이때이지요.

(카데시 전투 당시 람세스2세)

이후 다시 이집트인들이 권력을 잡은 후, 전투마차 부대를 육성한 람세스2세는 중동 지역으로 진출하기 위해 BC1275년 히타이트와 대규모 전차 전투로 진행된 '카데시 전투(Battle of Kadesh)'를 벌이는 등 말이 끄는 수레를 민간과 군대 모두 활발히 활용하게 되지요.

하지만 이후 아시리아가 중앙아시아에서 개량된 대형 말을 도입해 말마다 1명씩 군사가 타는 기병 부대를 만들어 기병과 전투마차를 혼합한 새로운 전술로 히타이트를 물리치면서 서서히 전투마차의 시대는 저물어갑니다. 앞서 페르시아 말이라고 소개한 게 바로 이 중앙아시아 유목민이 개량한 대형 말이에요.

먼 훗날 유럽인들이 처음 이 개량종 말을 접했을 때 이 지역을 다스리던 페르시아제국에서 개량했다고 생각해 '페르시아 말'이라고 부르게 된 거죠. 이 신형 말은 동서양의 전투 문화와 옷 문화에 수많은 영향을 끼치게 됩니다.

중동 민족이 이집트를 정복하던 BC1600년경, 중앙아시아 유목민족에 의해 동양에도 수레가 소개됩니다. 유목민들로서는 수레에 가족이나 짐을 싣고 다니게 됨으로써 걸어서 다니던 때에 비해 훨씬 편리하면서도 신속한 이동이 가능해집니다. 그래서 수천 킬로미터의 초원의 길을 달려 중국에 이르기까지 교역을 하게 된 것이지요.

수레가 전래될 당시 중국은 은나라 시대였는데, 이미 갑골문자에 이륜마차 모습을 본뜬 '수레 차(車)' 글자가 등장해요. 이후 중원에서는 수레가 일상생활뿐 아니라 전투마차로도 활발히 사용됩니다. 황하 유역의 땅은 넓고 평평했기에 신속한 이동에 마차보다 좋은 게 없었으니까요.

이에 춘추전국시대에는 대다수 군대가 다 이륜전차 부대로 구성되는데, 전국시대 말기인 BC306년 조(趙)나라 임금 무령왕이 최초로 전차 대신 말에 직접 올라타는 기병 부대를 만들면서 전투 양상뿐 아니라 바지를 입는 의복문화에 변화를 가져오게 됩니다. 이미 《알아두면 쓸데 있는 유쾌한 상식사전》 '일상생활 편' 1부 의생활 편에서 중국인이 바지를 입게 된 호복기사(胡服騎射) 이야기로 소개한 바 있지요. 🐨

결국 이 무렵부터 전투마차 부대 대신 기병이 대세가 되는 것은, 중동아시아 유목민들이 말 품종을 개량함으로써 덩치가 커지고 사람이 올라타도 오랫동안 달릴 수 있는 '페르시아 말'이 대량으로 수입되었기 때문입니다. 또한 안장의 발명으로 안정적으로 말 위에 앉을 수 있게 된 것도 주요한 원인이 되었지요.

하지만 중동에서 신흥국 아시리아가 기병 부대로 기존 히타이트 제국을 무너뜨린 것과 달리, 중국에서는 조나라가 기병을 조직해 유리한 위치를 점한 것은 잠시일 뿐, 다른 나라들도 기병을 조직하게 되고 결국 80여 년 뒤인 BC221년 진나라가 춘추전국시대를 마감하고 중국을 통일한 최종 승자가 됩니다.

이에 진시황제(秦始皇)는 중국을 통일하자마자 '분서갱유(焚書坑儒)'로 대표되는 사상의 통일뿐 아니라, 화폐, 도량형, 문자와 함께 수레의 크기도 통일시킵니다. 그래야 바퀴의 폭에 맞추어 진 중국의 도로 너비를 표준화할 수 있었기 때문이지요. 이후 중국은 가장 널리 수레를 사용하는 문명이 됩니다.

유럽의 도로

유럽은 주변 문명에 비해 낙후되어 초기 그리스 문명은 메소포타미아와 이집트 문명을 흡수하며 성장하기 시작합니다. 하지만 그리스인들이 살고 있는 지역은 워낙 산이 높고 평야가 없어 도로나 말의 사용은 부진한 반면, 잔잔한 지중해 바다로 배를 타고 다니는 게 유리했지요. 그래서 지중해 각지로 식민지를 확장해 유통망을 확보하는 발전 전략을 선택합니다.

시오노 나나미(鹽野七生) 역사는《로마인 이야기》1편에서 그리스인들이 '원래부터 배타는 것을 더 좋아한 민족'이란 식으로 묘사하지만, 그리스인들이 살고 있는 땅 자체가 육로 이동이 어려웠다는 지리적 배경을 무시한 설명이에요.

이처럼 중동과 중국에서 통일 제국의 힘에 의해 건설되기 시작한 도로는, 그리스를 지나 로마시대에 이르러 꽃을 피우게 됩니다.

'아피아 가도(Appian Way, Via Appia)'로 대표되는 로마제국 도로망은 단순히 수도와 지방을 잇는 역할만 한 것이 아니라 각 지역을 촘촘히 묶는 그물망처럼 연결해, 로마 군단의 신속한 이동은 물론, 각 지역의 물건이나 사람들이 활발히 교류할 수 있는 계기를 마련합

(로마의 도로)

니다.

다만, 아직 우회도로 개념이 없어서 "모든 길은 로마로 통한다."는 말처럼 주요 도로가 모두 로마 시내를 관통했기 때문에 온종일 마차들이 돌길 위를 내달리며 발생하는 소음에 시달려야만 했어요.

그래서 야간에는 통행금지 조치를 내려 마차가 로마로 들어오지 못하게 합니다. 밤에라도 좀 조용히 자야 하니까요. 예나 지금이나 건강을 위해 숙면이 중요합니다~, 여러분! 🐻

이처럼 로마인들에 의해 깔린 도로망은 로마제국이 멸망하고 난 뒤 더이상 유지보수할 능력이 없어 황폐해져 가지만, 오랫동안 중세 유럽인들은 이 도로들을 유용하게 사용하면서 19세기 철도가 깔리기 전까지는 도로를 이용해 말을 타고 이동하는 것이 가장 빠른 이동법이었습니다.

우리나라의 수레와 도로

한편, 우리나라는 고조선 시기인 BC7세기경 수레를 사용한 유물이 나오지만 전투마차 흔적은 찾을 수 없다네요. 이미 기병이 대세가 되던 시절이었거든요. 하지만 민간에서는 수레가 활발히 사용되어 고구려 벽화 등을 통해 우차와 마차를 사용한 사실을 알 수 있어요.

또한 경주와 서울 풍납토성 유적지에는 당시 마차에 의한 길 파임 현상도 볼 수 있지요. 하지만 이후 점차 수레의 사용은 줄어들게

(풍납토성 포장도로 흔적, 출처_문화재청)

됩니다.

 그 이유는 고구려가 멸망하면서 평지인 만주 지역도 상실했고 말도 귀해진 게 원인이 됩니다. 또한 한반도는 산과 강이 많은 지형이라 평지가 별로 없었고, 그나마 있는 평지는 모조리 논이 되었으니 수레가 다니기 어려워졌지요. 게다가 좋은 말은 죄다 중국에서 공물로 수시로 빼앗아 가 군마로 사용하기에도 모자란 상황이 됩니다. 이에 조선 말기까지 강과 바다를 통한 선박 운송이 주로 활용되었고, 변변한 도로도 제대로 만들어지지 않아 중국이나 일본과의 경쟁력에서 뒤처지게 됩니다.

철도의 발전

이처럼 오랜 기간 육지를 이동하는 최적의 수단은 말이었어요. 앞서 설명 드린 대로 소위 페르시아 종마로 불리는 개량종 말이 전 세계로 확산되면서 중세 유럽은 갑옷을 입고 말을 타는 기사들 간의 전투가 주류가 되고, 왕족 등 고귀한 신분은 우아한 사륜마차를 타고 다니게 됩니다.

그런데 유럽인이 처음 발을 디딘 아메리카대륙에는 말이 없었어요. 🐻 심지어 고도의 천문 지식을 갖춘 마야, 잉카 문명에서도 바퀴조차 개발되지 않았습니다. 그랬으니 말을 타고 나타난 백인을 본

(근대의 마차)

(스페인 침략군에 의한 아즈텍의 멸망)

아메리카 원주민들은 마치 외계인을 본 것처럼 놀라게 되었고, 이에 지레 겁을 먹고 순종하지만 결국 난폭한 백인들에 의해 학살당하는 비극을 겪고 맙니다.

서부영화에서는, 인디언들이 말을 타고 나타나 백인들을 습격하고 머리 가죽을 벗겨가는 것으로 묘사하는데 이건 '가리지날'! 실제 말을 타고 총질해대며 시체에서 머리 가죽을 벗겨간 쪽은 무단침입자 백인들이 시초였고, 이에 반발한 인디언이 그대로 앙갚음한 것이지요. 🐻

이처럼 말이 운송수단의 주력으로서 수천 년 이어지던 전통은 과학 기술의 발달과 함께 근본적인 변화를 맞게 됩니다.

17세기 말 여러 과학자가 증기를 이용한 피스톤 운동을 연구한 내용을 바탕으로 1705년 토머스 뉴커먼(Thomas Newcomen)이 탄광 배수 문제를 해결하기 위한 증기 펌프를 발명했는데, 그후 1769년 제임스 와트(James Watt)가 이 기계의 구조를 개량해 효율성을 개선하면서 탄광뿐 아니라 다양한 분야로 증기기관 활용이 증가되었고, 50여 년 뒤 증기기관을 응용한 증기기관차가 등장하게 된 것입니다.

(제임스 와트의 증기기관)

최초의 기차, 증기기관차는 사람이나 동물의 힘이 아닌 기계의 힘으로 달리는 차량을 꿈꾼 여러 발명가가 증기기관을 응용한 새로운 탈 것을 개발하다가 나온 모델 중 하나죠.

1814년 영국에서 조지 스티븐슨(George Stephenson)이 증기기관차 '로코모션(Locomotion)' 운행에 성공하고 1825년 세계 최초의 철도가 운행을 시작하면서, 디젤기관차와 전기기관차가 나올 때까지 100여 년 이상 증기기관차가 기차의 표준 모델이 됩니다. 당시 첫 기차의 속도는 시속 12킬로미터 정도였다는데, 이후 기차에 열광한 많은 이들이 개량 모델을 만들기 시작했고, 1829년 리버풀 - 멘체스

(로코모션1호기)

터 철도 개업을 앞두고 열린 기관차 경주대회에서 스티븐슨이 아들과 같이 개발한 '로켓(rocket) 호'가 시속 46킬로미터로 1등을 차지했다네요. 아빠랑 아들이랑 너네끼리 다 해먹어라~! 🐹

이 시대에 벌써 우주 발사체를 의미하는 로켓이란 단어가 나오니 이상한가요? 하지만 로켓이 우주 발사체란 의미인 건 '가리지날'!

원래 로켓이란 단어는 '하늘의 불꽃'이란 의미의 이탈리아어 '로케타(rocchetta)'에서 유래한 거라 이미 중세시대부터 영어에 있던 단어예요.

(신기전)

중국에서 화살에 화약통을 묶어 불을 붙어 쏘는 화전(火箭)을 개발한 이후, 우리나라에서는 조선 세종 때 이를 발전시킨 '신기전(神機箭)'을 개발하지요. 이처럼 화약을 이용해 공중에 쏘는 기술은 불꽃놀이로도 응용되었는데, 이게 인도와 이슬람제국을 거쳐 이탈리아로 전파되어 공중에 치솟은 불꽃이란 의미의, '로케타'로 불리게 되고 다시 타 유럽 국가로 확산되면서 영국에선 로켓이라고 부른 거지요.

이후 20세기에 들어 미국이 이 같은 역사적 전통에 근거해 우주 발사체 명칭을 '로켓'으로 정한 것이니 중국에서 시작한 불꽃놀이가

시간과 공간을 거쳐 온 세상을 돌고 돌아온 거네요. 🐻

이후 기차의 원조, 영국에 이어 미국 및 유럽에서도 철도 개발 붐이 일어나지만, 원조답게 영국이 가장 열정적으로 촘촘히 기찻길을 만들어냅니다. 하지만 초기엔 각 회사별로 철도를 운영해 운영방식이 제각각이었고, 상호 통합이 잘 안 되어 불편한 점이 많았다고 해요. 그래서 당시 영국 상류층들은 카페에 모여 각 역의 기차 시간을 누가 더 많이 외우는지 겨루는 퀴즈를 내고, 동호회에서 직접 발로 뛰어 별도로 철도시간표 동인지를 만들어 공유했다고 합니다. 기차들이 사람처럼 생활하는 명작 만화영화 '토마스와 친구들(Thomas & Friends)'이 괜히 영국에서 만들어진 게 아니에요. 🐻

영국은 이후 식민지에도 기찻길 건설에 몰두하는데, 식민지였던 인도에도 촘촘히 철도를 건설해 지금껏 잘 쓰이고 있어요. 우리는 흔히 증기기관차라고 하면 속도는 느리고 매캐한 연기를 내는 구식 열차라 여기지만, 1938년에 개발한 영국의 '맬러드(Mallad) 호'는 무려 시속 203킬로미터 속도를 낼 정도로 발전했습니다. 하지만 1934년 미국에서 디젤기관차가 나오면서 증기기관차는 서서히 사라지는 운명을 맞이하지요. 🐻

동양에서는 서구 문명에 가장 먼저 눈뜬 일본이 영국을 본받아 기차에 열광하면서 1872년 도쿄 - 요코하마 간 철도를 시작으로 전국을 촘촘히 기찻길로 연결합니다.

현재까지 철도 설치 길이로는 연장 2만 7,000킬로미터로 세계 15위권이나 수송량에서는 연간 88억 명으로 세계 1위의 철도 국가이

(1964년 신칸센 개통 기념 우표, 출처_구글이미지)

며, 1964년 세계 최초의 초고속 전기열차 신칸센을 만든 곳 역시 일본입니다. 🐨

놀라운 점은 일본은 1920년대에 이미 일본 4개 섬을 연결하고 대한해협을 지나 한반도를 관통해 연해주 – 사할린 섬에서 다시 홋카이도로 연결되는 환상(環狀)철도라는 거대한 철도 개발 프로젝트를 준비합니다.

음~, 환상철도라는 게 판타스틱한 철도란 의미가 아니에요. 🐨 둥그렇게 원형으로 철길을 만들어 출발점으로 되돌아오는 철도를 의미합니다. 서울 지하철 2호선을 생각하시면 되는데, 그 스케일이 ……, 도쿄에서 출발해 오사카, 후쿠오카를 지나 해저 터널로 부산을 지나 동해선을 따라 블라디보스토크까지 가서 다시 바다 건너 사할린을 지나 홋카이도를 거쳐 되돌아오는 어마어마한 규모를 이미 90여 년 전에 구상한 거죠. 🐨

일본은 이 계획의 실현 가능성을 테스트하기 위해 최적지를 찾다가 통영시와 미륵도를 잇는 구간에 주목하게 됩니다.

일본 철도청 : "에 또~, 이번에 대동아 공영을 위한 환상열차 건설 계획을 수립했다니뽄. 그런데 이게 가능한지 어디서 테스트하면 좋겠나 덴덴?"

일본 나으리 : "본토에서 공사하다 무너지면 욕만 한 바가지 먹게 생기지 않겠스모? 마침 조선 땅 미륵도에 우리 니혼진 어민들이 많이 사는데 건설하다 무너져도 조선 노동자만 죽으니 큰 문제 없고 성공하면 미륵도에 사는 니혼진에게 도움도 주니 여기가 딱이지덴뿌라~!"

일본 철도청 : "오라이! 우리의 신 건축을 조선 땅에다 만들어 성공하면 서양 넘들에게는 니뽄이 이만큼 식민지에도 신경 써서 인프라 구축해줬다고 생색내고 딱 좋구만가쓰오부시~."

이에 통영과 미륵도를 잇는 해저 터널 공사가 1931년 착공되어 1년 4개월 만에 완료됩니다. 그 덕에 통영 해저 터널은 아시아 최초란 명성을 얻었고, 현재에 이르러 대한민국 근대문화유산 201호로 기념되고 있지만, 씁쓸한 역사의 한 증거물이지요.(세계 최초의 해저 터널은 1910년 미국 뉴욕에 건설된 이스트 강 지하 터널입니다. 강이라 불리지만 지형상 해협이라네요.)

당시 이러한 철도 붐은 미야자와 겐지(宮沢賢治)가 1934년에 발표한 소설《은하철도의 밤》으로 이어집니다. 이 소설 속 안드로메다 은하로 가는 기차 이름이 '999호 열차', 왠지 익숙하죠? 🐻

1970년대 우리나라 어린이들까지도 열
광했던 '은하철도 999'라는 걸작 애니메이
션에서 우주를 여행하는 증기기관차의 모티
브는 이처럼 역사가 매우 깊습니다.

일본의 이 원대한 환상철도 목표는 제2차 세계대전 패전으로 물
거품이 되는 것처럼 보였지만, 결국 현재 일본 주요 4개 섬은 모두
철도로 연결했고, 러시아와는 사할린 섬과 홋카이도를 연결하는 거
대 교량 사업이 러시아 요청으로 추진되고 있으며, 우리나라에는 부
산 – 큐슈 간 해저 터널로 연결하자는 제안을 하면서 여전히 그 프
로젝트는 유효한 상태입니다.

일본이 임진왜란을 일으킬 당시, 도요토미 히데요시(豐臣秀吉)는
조선을 지나 명나라를 정복한 후 인도까지 진출한다는 계획을 세웠
다가 실패했지만, 결국 300여 년 뒤 20세기 제국주의시대를 맞아 그

들의 후손들은 해당 지역을 다 집어삼킨 경력이 있습니다.

이처럼 원대한 국가 프로젝트를 꿈꾸고 그것을 언젠가는 이루어 나가는 일본의 저력이 부러우면서도 두렵습니다.

반면, 우리나라는 1899년 서울 - 인천 간 경인선 철도가 처음 개통하게 됩니다.

애초 제임스 모스(James Morse)라는 미국인이 당시 주미대사관에서 근무 중이던 이완용과 이하영을 만나 설득하고, 제중원(濟衆院)을 개원한 의사이자 당시 주한 미국공사이던 알렌(Allen)의 도움을 받아 1896년에 대한제국으로부터 철도 부설권을 따내죠. 그래서 다음 해 3월 바로 기공식을 갖고 공사에 착수하지만 자금 부족으로 중단되기에 이르자, 일본이 제임스 모스로부터 권리를 사들여 1899년 9월 18일 제물포와 노량진 사이 33.2킬로미터의 경인선 철도를 완공합니다. 하지만 이 기차는 1등석 칸에 조선인 탑승을 금지하는 등 철저히 일본인과 서구인 우대 정책을 쓰죠.

이후 일본은 1900년 한강철교를 완공하며 경인선을 서울 시내까지 확장한 데 이어, 1905년 부산까지 잇는 경부선, 1906년 신의주까지 연결하는 경의선 철도, 1914년 원산까지 잇는 경원선과 목포까지 다다르는 호남선을 잇달아 개통합니다. 당시 경부선에서 호남선이 분리되는 지점으로 정한 충남 회덕면이 교통의 요충지로 발달하기 시작해, 이후 대전광역시로 성장하게 됩니다. 일본은 이 같이 한반도에 철도를 건설하여 대륙 진출을 위한 교두보로 삼아 군수물자를 나르게 됩니다.

또 한강을 따라 철도를 연장해 지금의 경의중앙선 선로를 만들어 벚꽃놀이를 권장하면서, 식민지 조선인들에게 일본의 우위를 자랑함과 동시에 그로 인한 삶의 편리성을 강조하며 식민 지배를 정당화하는 상징적 수단으로 활용합니다. 🐻

하지만 일본 본토와 달리 한반도에서는 철도가 크게 확장되지는 않았습니다. 그 이유는 철도는 대량 운송에는 절대적으로 유리하지만, 철도 인프라 공사에는 막대한 비용이 들어가고 최종 목적지까지는 다른 교통수단으로 갈아타야 하는 한계점이 있는 반면, 1920년대부터 새로이 유행하기 시작한 자동차는 어디든지 갈 수 있다는 장점이 있어 철도의 전성시대가 끝나가고 있었기 때문입니다.

이후 일제로부터 해방되던 때에는 자동차의 시대가 본격적으로 시작되었기에 우리나라는 기차에 대한 로망이 적었지요. 하지만 거미줄 같은 수도권 지하철 망 건설에 이어, 이제는 러시아와 중국을 통해 유럽까지 가는 대륙횡단철도의 꿈을 꾸게 되었으니, 100여 년 만에 철도가 다시금 화려하게 부활하게 되는 걸까요? 🐻

호모 사피엔스의 출현부터 기차의 시대까지 숨 가쁘게 이야기를 이어 왔습니다.

이제 기차로부터 육상 운송 주인공 자리를 넘겨받은 자동차 이야기로 넘어가볼게요.

02
달려라, 자동차!

기차의 발명으로 드디어 수천 년간 이어져온 동물 운송수단에 이어 기계에 의한 운송이 시작됩니다. 한편 이와 별개로 기존의 마차에서 말 대신 기계로 변환한 자동차 역시 기차 개발과 동시에 시작되지요.

자동차의 선구자는 프랑스의 군사기술자인 '퀴뇨(Nicolas-Joseph Cugnot)'라고 합니다. 무려 1770년에 이미 세 바퀴 증기마차를 개발했으니 기차보다 빨랐어요. 하지만 겨우 15분 정도밖에 가동이 안 되었고 1771년 새로 만든 2호 차는 조종 미숙으로 벽을 들이받고 부서져 세계 최초의 교통사고로 기록되었다네요. 🐨

이후에도 수많은 선구자들이 말이 없이도 굴러가는 마차를 만들고자 노력하는데, 당시 기술적 한계로 인해 기차에 비하면 발전 속도가 많이 늦었지요. 따라서 증기기관이나 기차와 달리 누가 최초의

(퀴뇨의 세 바퀴 증기마차)

자동차 발명가인지를 따지기는 상당히 애매합니다. 자동차가 제대로 모습을 갖추기까지 100여 년 이상 수많은 시행착오를 거쳐야 했기 때문이지요.

자동차를 처음 본 당시 사람들은 '말 없는 마차'라고 불렀다네요. 그래서 이후 자동차 엔진의 성능을 측정하는 기준을 말로 정해서 '마력(馬力, horse power)'이라고 표현하지요. 1마력(HP)은 짐마차를 부리는 말이 하는 일을 실측해 평균한 값으로, 75킬로그램의 짐을 1초 동안에 1미터 올리는 능력(75kg m/s)이라네요.

자동차 모양도 처음에는 뚜껑이 없었다가 뚜껑을 달고, 유리창과 사이드미러를 추가하는 등 지속적인 개선을 통해 19세기 말에는 여러 선각자들이 현재 박물관에서 볼 수 있는 클래식한 수제 자동차를 만들어 공급합니다. 그러나 사회 인식은 좀처럼 달라지지 않아 기존의 마차업자 보호를 위해 법(붉은 깃발법, Red Flag Act)을 만들어, 자동차 앞에서 한 사람이 마차를 타고 가면서 붉은 깃발을 흔들며 "차가 오니 비켜 달라."고 소리쳐야 했대요. 그러니 당시엔 차

량 속도가 걷는 것과 별반 차이가 없었겠지요? 🐻

하지만 19세기 말부터 프랑스, 영국, 독일, 이탈리아 등 유럽의 여러 회사에서 상류층을 위해 한 볼트 한 볼트 정성껏 제작한 고급 수제 차의 주문 생산에 이어 점차 일반인을 위한 보급용 자동차 제작으로도 눈을 돌립니다.

이에 독일에선 카를 벤츠(Karl Friedrich Benz)가 1885년 바퀴가 세 개 달린 가솔린 자동차 '파텐트 모터바겐(Patent Motorwagen)'을 만듭니다. 당시 시속 12킬로미터에 불과했지만, 역사상 최초로 제작 주문이 아닌 일반인 대상의 자동차였다고 하네요. 하지만 6년간 고작 25대 판매……, 망했어요. 🐻

같은 해 독일의 고트리프 다임러(Gottlieb Daimler)도 처음으로 가솔린엔진을 얹은 네 바퀴 자동차를 만들었지요. 결국 이 두 선구자의 회사는 1926년 합병해 '메르세데스 벤츠(Mercedes Benz)'가 됩니다.

그런데 왜 합병한 회사 이름이 '메르세데스 벤츠'가 되었을까요? 그게 재밌는 게, 메르세데스는 다임러 사의 판매 대리인이자 외교관이자 갑부이자 다임러의 처남인, 에밀 옐리네크(Emil Jelineck)의 딸 이름이에요. 🐻

고트리프 다임러는 첫 부인과 사별한 후 재혼을 했는데, 새 아내의 오빠인 에밀 옐리네크는 프랑스 니스 총영사로 있으면서 부업으로 다임러의 차를 판매하기까지 했다네요. 어이~, 이봐요! 🐻

당시 니스에선 자동차 경주가 유행이었는데, 프랑스 차들이 우승을 휩쓸고 있었기에 무겁고 차체가 높은 독일 차들이 안 팔렸답니

(메르세데스와 에밀 옐리네크, 출처_구글이미지)

다. 그래서 자동차 경주에서 우승을 해야 독일 차의 우수성을 인정받아 잘 팔릴 거라고 생각해 다임러에게 강력한 엔진을 달고 차체가 낮은 자동차를 만들어 달라고 요구합니다.

그리하여 다임러 사는 새로운 스타일의 차를 만들게 되는데, 새로운 엔진을 만든 거장의 이름이 바로……, 마이바흐. 🐨

옐리네크는 당시 15세이던 딸 메르세데스를 새 차에 태우고 사교 파티에 갔는데, 한 귀족 아들이 이 딸을 꼬십니다. 어이, 이봐~! 젊은이! 🐻

　귀족 아들 : "좋은 저녁, 봉수와 마드모아젤~. 아름다운 독일 아가씨~, 이름이 무엇이지니스?"
　메르세데스 : "좋은 저녁, 구텐 아벤트! 내 이름은 '메르세데스 옐리네크'도이치~."

256

귀족 아들 : "오~, 예쁜 이름이지부와~. 나는 백마 탄 왕자는 아니고 귀족 아들~. 넌 백차 타고 온 독일 외교관 따님~. 저 아름다운 흰 차도 당신처럼 예쁘니 저 차도 당신처럼 메르세데스라 부르고 싶수와~."

그 얘길 옆에서 듣던 에밀 옐리네크는 그 넘의 머리를 때리는 대신 자기 무릎을 딱 칩니다.

옐리네크 : "그렇도이치~! 딱딱하고 무겁다는 독일 차 이미지를 바꾸려면 아름다운 내 딸 이름을 쓰면 되겠칠란트~."

그래서 마이바흐가 만든 엔진으로 만든 이 새 자동차 이름을 '메르세데스 – 다임러'라 이름 붙였고, 이후 니스 자동차 경주대회에서 이 차가 우승을 휩쓸면서 판매에도 대성공을 거둡니다.

자동차 종주국임을 자랑하던 프랑스에서 드디어 독일 차가 팔리기 시작하면서 독일에서도 사람들은 제작사 다임러 대신 '메르세데스'라는 브랜드명이 더 각인되어버린 거예요. 그래서 합병 시 아예 이름을 '다임러 벤츠'가 아닌 '메르세데스 벤츠'라고 붙였다네요. 다만 모기업 이름은 전통을 살려 '다임러AG'이지요. 🐻

이처럼 한 프랑스 청년이 아가씨를 꼬시려고 한 사탕발림 멘트가 회사 이름까지 바뀌게 만들었으니 사랑의 힘은 대단하네요. 🐻

다시 이야기를 앞으로 돌리면, 1885년 독일에서 두 거장이 새로운 자동차 시대를 열던 당시, 1891년 프랑스에선 에두아르(Edouard Micherin)와 앙드레 미슐랭(Andre Micherin, 영어식으로는 미쉐린) 형제가 공기를 채운 고무 타이어를 개발해 프랑스 자동차회사에 납품하면서 프랑스가 다시 한발 앞서 나가게 되지요.

(미슐랭 형제, 출처_미쉐린 코리아 홈페이지), (미슐랭 가이드)

하지만 여전히 시내 도로는 반듯한 돌을 깔아 만들었고 속도 규제가 심해 자동차의 장점을 살리지 못하게 되자 시내를 벗어나 교외에서 스피드 경쟁을 벌이는 것이 유행이 되었다네요. 🐻

이에 미슐랭 사는 고객 서비스 차원에서 1900년부터 자기네 타이어를 산 고객에게 프랑스 곳곳의 여행지를 소개하는《미슐랭 가이드》책자를 배포했는데, 곳곳의 여행지와 함께 맛집을 소개하고 엄정한 심사를 통한 별점 제도를 부여하면서 이제는 글로벌 맛집 지침서로 더 유명해졌어요. 🐻

이처럼 프랑스에서 자동차가 큰 인기를 끌자 애초 자전거를 만들던 아르망 푸조(Armand Feugeot)는 1889년 회사를 설립하고, 처음엔 증기자동차를 만들다가 1891년 가솔린엔진 자동차를 만들기 시작해, 1912년 발표한 '베베(Bebe, 아기)'라는 2인승 소형차가 3,000대나 팔리는 대성공을 거둡니다.

이후 1984년에 프랑스에서 정식 자동차 경주대회가 세계 최초로 개최되면서 19세기 말부터 20세기 초까지 프랑스 파리 사교계는 온통 자동차 매니아들의 천국이었다고 하네요. 그래서 여성들도 카페에 모

(아르망 푸조), (푸조사의 베베, 출처_Avantgarde.egloos.com)

여서 커피를 마시며 "이번에 푸조에서 새로 나온 자동차는 엔진 마력이 얼마라 카더라랑스~."라며 자기 집안이 보유한 자동차 엔진의 파워를 자랑하게 되지요.

이는 마치 1990년대 초중반 대학가에서 퍼스널컴퓨터, 즉 PC 소유 열풍이 불면서 CPU 능력치인 286, 386, 펜티엄 수치를 언급하며 내가 가진 PC가 가장 최신이라고 자랑하던 것과 유사하다고 생각하시면 됩니다. 이제 와 생각해보면 "아이고~, 의미 없다~!"이지만요. 🐻

이 같은 다양한 수제 자동차 경쟁 속에서 20세기에 들어설 때까지도 증기자동차, 전기자동차, 가솔린자동차 등 3가지 형태의 자동차가 경쟁을 하고 있었어요. 1898년 자동차 경주대회에서 프랑스 전기자동차가 시속 63킬로미터를 달려 세계기록을 세우고, 1902년엔 프랑스 증기자동차가 시속 120킬로미터까지 속도를 냅니다. 하지만 그 뒤로는 가솔린엔진 자동차가 앞서기 시작하지요.

그때까지 유럽대륙에 밀리던 영국에선 찰스 롤스(Charles Rolls)와 헨리 로이스(Henry Royce)가 1906년 '롤스로

(찰스 롤스와 헨리 로이스, 출처_구글이미지), (롤스로이스의 야심작, 실버고스트, 출처_motograph.com)

이스(Rolls Royce)' 회사를 만들어, 1907년 세상에서 가장 비싸고 호화스러운 고급차 '실버 고스트(Silver Ghost)'를 선보이며 영국도 수제 자동차 최고 브랜드를 가진 나라임을 뽐냅니다. 🐻

하지만 아뿔싸……! 불과 1년 뒤인 1908년 미국의 헨리 포드(Henry Ford)가 개발한 세계 최초의 대중용 자동차 '모델 T'가 등장하면서 가솔린자동차의 압도적 우세와 함께 미국식 대량생산 모델이 주류가 됩니다. 🐻

전 세계 자동차박물관마다 반드시 전시되고 있는 포드 사의 '모델 T'는

모델 A, B, C, D 순으로 20번째 개발모델이었는데, 컨베이어벨트를 통한 분업 생산을 통해 90분이면 완성을 했다지요? 현 물가와는 다르지만, 당시 250달러

(모델T 앞에서 포즈 잡는 헨리 포드, 출처_구글이미지), (대량생산 중인 모델T, 출처_geekinc.ca)

면 이 차를 살 수 있었답니다. 다른 차의 절반 값이었다네요. 와우~! 😺 이처럼 생산 단가를 낮춤으로써 상류층이나 보유할 수 있었던 자동차를 일반 회사원들도 소유할 수 있게 만듭니다. 이에 따라

미국은 1920년대에 이미 국민자동차 시대를 열면서 공업 경쟁력에서 유럽을 앞지르기 시작했음을 널리 알리게 됩니다.

이에 자극을 받은 독일은 1938년 페르디난트 포르셰(Ferdinand Porsche)가 만든 '폴크스바겐 비틀(Folkswagen Beetle)'이란 국민차로 응수해 첫 모델 'type 1'이 무려 65년간 2,150만 대 이상 판매되었고, 세계에서 가장 사랑받은 모델로 기록되었습니다. '폴크스바겐(Folkswagen)'은 독일어로 '국민의 수레'란 의미였으니, 딱 어울리는 성과였지요. 🐻

하나 더 덧붙이자면……, 1960년대 초반 독일 함부르크에서 연주 활동을 하던 영쿡 청년들이 저 차 이름에서 스펠링 하나만 바꾼 그룹을 만들어 대박을 치니 그 그룹 이름이, 더 비틀스 (The Beatles)!

이후 이 비틀스가 자체 레이블을 만들어 레코드를 제작하니 그 회사 이름이 '애플 레코드(Apple Record)'. 다시 이 비틀스의 노래를 즐겨 듣던 스티브 잡스(Steve Jobs)는 자신의 회사명을 '애플(Apple)'이라 짓지요. 🐻

이후로도 오랫동안 가솔린엔진 자동차가 대세를 이루지만 석유 자원의 고갈, 환경 오염 등 이슈와 겹치면서 최근엔 전기자동차가 100여 년 만에 부활하고, 일부에선 사탕수수로 만든 알코올로 가는 자동차를 만드는 등 새로운 변화가 일어나고 있네요.

또한 자연환경을 파괴하지 않는 대체 운송수단으로 자전거도 각광 받고 있는데, 자전거는 언제 개발되었는지 아시나요? 무려 1839년에 최초의 자전거가 나옵니다. 비록 생김새는 지금과 달리 매우

우스꽝스러운 형태였지만요. 지금도 모 의류 브랜드 로고로 널리 알려진 페니파딩 (penny-farthing) 자전거는 1870년에 등장했는데 앞바퀴 높이가 무려 1.5미터나 되어 타고 내리기가 무척 힘들었다고 하죠.

페니파딩 자전거

하지만 초기엔 자동차 기술 개발의 한계와 각종 규세로 인해 자전거가 실제로 더 빨랐어요. 🐻 이후 사람들은 자전거를 더 쉽게 타기 위해 처음엔 증기기관을 붙였다가 드디어 1885년 가솔린엔진을 붙인 오토바이가 개발되기에 이릅니다. 실제로 자동차와 비행기 개발 초기 역사에 활약한 사람 중 다수가 자전거 전문 기술자들이었어요. 지금도 멋과 낭만의 상징인 할리 데이비슨(Harley Davidson) 오토바이 회사 역시, 오토바이 발명 초창기인 1903년에 윌리엄 할리(William Harley)와 아서 데이비슨(Arthur Davidson)이 공동 설립해 지금껏 미국의 자존심이 되고 있지요.

이처럼 자동차가 1920년대부터 본격 보급되기 시작하면서, 도로 역시 1932년 독일에서 세계 최초의 자동차 전용 고속도로 '아우토반(Autobahn)'이 개통한 데 이어 각국에서 시멘트나 아스팔트로 깔아

편안한 승차감과 빠른 속도가 가능하도록 같이 발전합니다.

우리나라는 1903년 고종 황제를 위한 어차(御車)가 미국에서 도입된 것이 최초의 자동차 기록입니다. 이에 1905년 대한제국 경무청령으로 미국식으로 자동차 우측통행을 규정하나, 일본이 강점하면서 일본과 동일하게 좌측통행으로 바꿉니다. 이후 1930년대가 되면 경성 시내에 500여 대의 차량이 운영되는데, 대부분 고위 대작들이나 탈 수 있었기에 운전사를 고용하고 본인은 뒷좌석에 편안히 앉아서 가는 게 일반적이었습니다.

그래서 당시엔 자동차 운전사가 지금의 비행기를 운전하는 파일럿 만큼이나 선망의 직업이었다죠?

좌측통행과 우측통행

그런데……, 해방 후 우리나라는 운행 방향에서 혼란에 빠집니다. 그동안 일본 지배하에 자동차건 사람이건 일본식으로 좌측통행을 했는데, 미군이 진주하면서 1946년에 자동차 운행 방향만 다시 미국처럼 우측통행으로 바꾸게 된 것이지요.

지금도 일본, 영국, 영국 식민지 독립국가인 인도, 호주, 뉴질랜드, 홍콩, 남아프리카공화국 등 44개국에서는 자동차 오른쪽에 핸들이 있고 미국, 대한민국 등 그 외 100여 개 국가는 왼쪽에 핸들이 있는데요.

　일본이 좌측통행을 하는 이유가 예전 사무라이가 왼쪽에 칼을 차고 다녔는데 우측통행을 하면 칼끼리 부딪쳐 불필요한 결투를 피하기 위해 좌측통행을 한 것이라고들 말하지만, 이것은 '가리지날'~!

　실은 일본이 처음 기차와 자동차를 들여온 영국의 영향이 컸어요. 대부분의 사람들은 오른손잡이여서 말이나 자전거 등을 탈 때 왼쪽에서 타서 오른쪽 다리를 넘기는 게 편하므로 말을 타고 그대로 출발하기에는 좌측통행이 유리했지요. 또한 영국에서는 마부들이 오른손에 채찍을 들고 왼손으로 고삐를 쥐었는데 마차 조종석 왼쪽에 앉으면 옆 사람이 채찍에 맞을 수 있어서 오른쪽 자리에 앉았고 우측통행 시 행인이 채찍에 맞을 수 있기 때문에 자연스럽게 좌측통행을 했다고 하네요.

　그래서 철도를 놓을 때도 좌측통행으로 만들었는데 프랑스 등 유럽대륙 국가들도 철도 도입기에 영국 시스템을 적용해 좌측통행으로 만들게 됩니다.

하지만 자동차 개발을 주도하던 프랑스와 독일은 오른손잡이가 기어를 변환하기 편하도록 왼쪽 좌석에 핸들을 놓으면서 우측통행이 된 반면, 영국은 마차와 기차 전통으로 자동차도 오른쪽 핸들을 고수한 것이죠.

이외에도 유럽대륙 국가들이 우측통행을 결정한 건 나폴레옹이 기병대 전술 시 적의 허점을 노려 적의 왼쪽을 노리는 전술을 사용한 전통 때문에 프랑스가 침공한 국가들이 대부분 우측통행을 한다는 설도 있지만, 당시 나폴레옹에 대해 이를 갈던 유럽인들이 프랑스 전통을 따를 이유가 없으니 설득력이 떨어집니다.

미국 역시 기차 전통이 짧았던 관계로 자동차는 왼쪽 핸들로 만들게 되는데, 영국처럼 오른쪽 핸들 차량을 쓰던 캐나다는 미국과의 교류에 불편이 많자 타 영연방국가들과 달리 미국식으로 바꾸게 됩니다. 🐻

뭐 그런 역사적 이유가 중요한 게 아니라, 이처럼 우리나라 해방 당시 전부 다 우측통행으로 바꿔야 하는데 자동차 방향만 바꾸면서, 지금 어린이는 잘 모르는 계몽 동요가 하나 탄생합니다.

"차들은 오른쪽 길, 사람들은 왼쪽 길, 맘 놓고 길을 가자 새 나라의 새 거리~.

땡땡 뛰뛰 빵빵 따릉 따릉 따르릉 사람 조심 차 조심 너도나도 길 조심 ~."

차량 운행 방향과 사람 보행 방향을 같이 해야 교통사고가 줄어드는데 ……. 🐻

이처럼 잘못된 정책은 2010년 7월에야 바로 잡혀 이제는 다 우측통행으로 통일했어요. 하지만 ……, 더이상 그러지 말라고 해도 에스컬레이터에선 오른쪽은 서고 왼쪽으로 걸어가고 있으니, 아놔~! 이처럼 습관은 처음에 잘 잡아야 합니다. 잠시 옆길로 샌 것 같지만 보행 방향은 아주 중요한 문제입니다.

그래서 다시 본론으로 돌아오면, 해방 후 1955년에 나온 첫 국산 자동차 이름은, 첫 출발을 의미하는 '시발(始發) 자동차'로 지었지요. 한자로야 뜻이 좋았지만, 발음이 거시기했으니……. 🐻 이런 오해도 있지 않았을까요? 🐻

(국산 첫 자동차인 시-발 자동차 🐻)

손님 : "나라 사랑하는 마음에서 국산 자동차를 사러 왔어애국. 소개 좀 해주시애국."

판매원 : "감사합니판매~. 드디어 나온 첫 국산차 '시-발'을 소개해드리자면……."

손님 : "잠깐만! 지금 나한테 욕한 거냐애국?"

판매원 : "아뇨……, 그게 아니라 차 이름이 '시-발'이라서판매……."

손님 : "지금 나한테 욕한 거잖소애국? 거 몹쓸 양반이네애국!"

설마 그랬을 리 없었겠지만, 브랜드명을 지을 때 제발 고민 좀 더 하시고~, 발음에도 유의합시다. 🐻

이처럼 우여곡절을 겪은 자동차산업은 현재 한국을 대표하는 주요 산업 중 하나로 성장했으니, 일상생활 중 하나의 교통수단일 뿐 아니라 제조국가의 총체적 기술력을 나타내는 주요한 상징이 되고 있지요.

머언 옛날 마차에서부터 유래한 자동차와 자전거, 오토바이가 앞으로 어떻게 변화될지 흥미 있게 지켜봐야겠지요? 🐻

03
버스와 지하철, 누가 선배일까요?

평범한 시민들이 가장 흔히 이용하는 대중 교통수단으로 버스와 지하철을 들 수 있는데요. 이들 중 누가 선배일까요? 버스가 당근 선배일 거 같지만 그건 '가리지날'~.

우리나라에서도 지하철 사촌인 전차가 1899년부터 먼저 도입되었고, 세계 역사에서 보면 대중 교통수단으로서 정식 운행을 시작한 건, 1863년 시작된 지하철이 1905년에 시작된 버스보다 무려 42년이나 더 빨랐다고 하네요. 🐨

지하철의 탄생

1920년대 자동차가 기차를 밀어내며 교통수단의 주역이 되지만, 불과 4~5명 이상은 탈 수 없는 자동차는 화물 운송이나 대중 교통수단으로서는 불리한 수단이었습니다. 이에 자동차를 대형화한 교통수단으로서 버스와 트럭이 자연스레 등장하게 되는데, 기차가 자동차보다 먼저 발전했듯이 대중 교통수단으로도, 우리의 생각과 달리, 지하철이 버스보다 더 먼저 등장하게 됩니다.

영국에서 지하철(underground)이 처음 등장한 것이 1863년. 2018년 현재 155여 년이나 지났네요. 1863년 1월 10일, 기차 선도국 영국이 6킬로미터 구간의 지하철을 건설해 런던 시내 교통을 개선하기 시작한 바로 열흘 전, 대서양 건너 미국에서는 링컨 대통령이 노예 해방을 선언하고 있었지요.

(세계 첫 지하철. 광산 철도 아님. 🐻, 출처_구글이미지)

막연히 생각할 땐 링컨의 노예해방 선언에 비해 지하철은 꽤 훗날에 등장한 것처럼 느껴지지만, 실제 두 사건은 열흘 밖에 차이가 나지 않아요. 🐻 그리고 자동차의 대중화를 선도한 헨리 포드가 그 해에 태어납니다. 당시 우리나라는 철종 13년 음력 12월.

이처럼 지하철은 자동차나 버스에 비해 엄청난 선배되시겠습니다.

그런데, 최초의 지하철은 지금처럼 땅속 터널이 아니라 위가 뻥 뚫려 하늘이 보이는 곳에서 운행했어요. 왜냐하면 아직 전기전동차가 나오기 전이라 증기기관차가 연기를 내뿜으며 달려야 했기 때문이래요. 터널이면 그 연기 다 어쩔~. 🐻 그래서 1890년에 드디어 전기철도로 바뀌었다죠. 🐻

그리고 초창기 기차와 마찬가지로 초기엔 사설회사들이 각자 알아서 만드는 통에, 지금도 아주 괴랄한 노선이 많다고 하지요. 1900년대 초 건설되기 시작한 미국 뉴욕의 지하철도 마찬가지.

이에 비하면 우리나라 지하철은 아주 쾌적하고 편해서 외국인들도 다들 칭찬 일색이죠. 🐻

그런데, 두 번째 지하철은 어디에 건설되었는지 아시는지요?

바로 터키의 이스탄불에 있는 튀넬(Tünel) 지하철입니다. 와우~, 언빌리버블~! 🐻

(이스탄불 튀넬 지하철,
출처_구글이미지)

이스탄불의 중심지역 갈라타 다리(Galata Köprüsü)에서 갈라타 탑(Galata Tower) 사이 아주 가파른 언덕길을 연결하는 불과 역 2개짜리, 운행구간 573미터, 2분이면 도착하는 세계에서 가장 짧은 노선인데, 1875년 개통을 기념해 매년 기관차 앞에 운행연도를 하나씩 늘려서 그려 넣지요. 🐻

그런데 이 지하철이 만들어질 당시엔 이곳이 오스만투르크제국 수도였어요. 그렇다고 당시 오스만투르크가 엄청한 과학 기술을 보유한 것이 아니라, 철도 덕후 영국이 자기네 거주민들이 몰려 살던 신 시가지의 교통 편의를 위해 만든 겁니다. 그리고 이 지하철은 증기기관이 아니라 전기의 힘으로 대형 도르래를 이용해 경사로에서 끌어올리고 내리는 방식으로 운영되고 있지요. 🐻

그래서 그런지 일부에선 1896년 헝가리 부다페스트 지하철이 두 번째 지하철이라고 주장하기도 하죠.

지하철은 아니지만 도심을 달리는 지상 전차는 이미 19세기 말 유럽 및 미국 뉴욕에 등장한 데 이어, 1899년 우리나라에도 한성과 평양, 부산에서 처음으로 미국 자본에 의해 들여온 전차 운행이 시작되었고, 당시엔 이 전차를 타려고 시골에서 땅을 팔아 한성 구경 나온 가족이 있을 정도로 선풍적인 인기를 끌었다네요. 이후 우리나라에서는 버스 등 타 운송수단이 발달하면서 1968년 전차 운행이 중단된 반면, 일본에서는 여전히 도쿄 북부, 나가사키, 구마모토 등에서 운행 중입니다.

다시 지하철로 돌아오면, 아시아에선 일본이 1927년 긴자선을 운

행하기 시작한 것이
최초이며, 우리나
라는 1974년 8월
15일 서울 지하철 1호선이 처음 개통

됩니다. 저도 1976년 첫 서울 구경 때 서울역에서 청량리역까지 지하철을 탔던 게 생각이 나네요.

하지만 북한에선 1973년 9월 6일에 1호선이 개통되었으니 지하철 역사에선 우리보다 조금 앞선 것 같지만, 실상을 보면 평양 지하철은 중국제 객차를 들여와 정차 시 문을 내부에서 수동으로 열고 닫아야 해서 역무원이 출발 가능 표지판을 들어야 하는 수준이었다지요. 지금도 여전히 2개 노선 16개 역밖에 없다고 하니 우리나라 지하철의 압승이네요. 🐻

그런데 우리나라 지하철에는 세계에서 거의 유일한 지하철도 입체교차 공법도 적용되어 있습니다. 일명 꽈배기 굴. 서울 지하철 4호선 남태령역과 선바위역 사이에 있는 이 구간은 전기가 공급되지 않아 지하철이 그냥 미끄러져 내려갑니다. 🐻

이렇게 된 사연은 앞서 자동차 편에서 얘기한 통행 방향 때문에 생긴 문제인데요. 해방 전에는 차, 사람은 물론 기차도 죄다 좌측통행이었는데, 해방 후 미 군정 시절에 차량 운행만 우측통행으로 바꾸면서 지금까지도 철도 운행은 좌측통행으로 하고 있어요. 차와 달리 철도는 통행 방향을 바꾸려면 전체 시스템을 죄다 바꿔야 해서 어쩔 수 없이 예전 방식을 고수할 수밖에 없었어요.(프랑스 역시 철도 도입 시기에 영국식으로 만들었다가 이후 지하철은 우측통행으로 만들어 우리나라와 동일한 형태이긴 해요.)

그래서 지하철 1호선 건설 당시에는 서울역과 청량리역 사이만 지하이고 그 외 구간은 기존 철도 구간이어서 좌측통행에 교류전기 공급 방식으로 만든 반면, 이후 건설된 지하철은 모두 우측통행으로 만들게 되고 전기 공급 방식도 직류방식으로 달리 만들게 됩니다.

그런데, 원래 지하철 4호선은 사당역까지만 건설되었는데, 건설 시에는 고려하지 않았던 정부종합청사가 과천에 생기고 안양에는 평촌 신도시가 생기면서 교통인구가 크게 늘어나 기존 철도 구간인 안산선(금정역 – 안산역)까지 노선을 확장하게 됩니다. 그런데 막상 지하철과 철도를 연결하려다 보니 커다란 난관에 부딪히게 되지요. 즉, 좌측통행, 교류방식의 철도와 우측통행, 직류방식의 지하철 구간을 동일한 전철로 다닐 방법을 찾아야 했던 겁니다!!! 🐼

이런 말도 안 되는 미션을 받은 기술자들이 머리를 싸맨 결과, 1993년 세계 지하철 역사상 유래가 없는 꽈배기 굴 공법이 탄생합니다. 오오~~.

즉, 우측통행, 직류방식의 지하철 구간을 기존의 사당역에서 남태령 고개로 올라가는 중턱에 위치한 남태령역까지 연장해 서울에

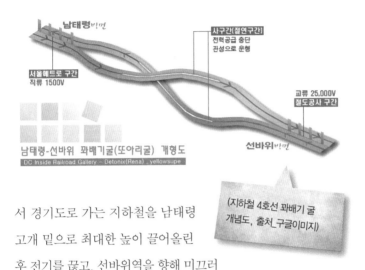

남태령반면

서울메트로 구간
직류 1500V

사구간(절연구간)
전력공급 중단
관성으로 운행

교류 25,000V
철도공사 구간

선바위반면

남태령-선바위 꽈배기굴(또아리굴) 개형도
DC Inside Railroad Gallery - Detonix(Rena) : yellowsupe

(지하철 4호선 꽈배기 굴 개념도, 출처_구글이미지)

서 경기도로 가는 지하철을 남태령 고개 밑으로 최대한 높이 끌어올린 후 전기를 끊고, 선바위역을 향해 미끄러져 내려가게 하는 것이죠. 반대편도 마찬가지로 선바위역까지 좌측통행, 교류방식으로 운행해 남태령 고개까지 끌어올린 후 전기를 끊고 남태령역을 향해 미끄러져 내려가게 합니다. 때마침 전기를 끊는 남태령 고개는 서울과 경기도의 경계선! 이렇게 절묘할 수가!!! 그러면서 양쪽 터널을 꽈배기로 꼬아 다음 역에 도착할 때는 운행 방향마저 반대로 바뀌는 것이죠. 🐻 과연 의지의 한국인입니다. 짝짝짝!!!

4호선 전철이 이 구간을 지날 때 안내방송에서 "전력 공급 방식 변경으로 일부 전등이 소등되고, 냉난방 장치가 잠시 정지됩니다." 라고 나오는 게 바로 이런 이유 때문이에요. 하지만 객차를 타고 있는 손님들은 아주 자연스러운 운행으로 인해 어떤 이상한 점도 느끼지 못하지요. 그러니, 다음부터 지하철 4호선을 타서 남태령역과 선바위역 사이를 지나며 저 방송이 나올 때 같이 타고 있는 친구에게 그 이유를 설명하는 순간, 당신의 매력 포인트가 급상승할 것은 100퍼센트 확실합니다!!! 🐻

버스의 탄생

한편 버스(bus)는 원래 라틴어 '옴니버스(omnibus)'에서 유래한 단어예요. '모두를 위한'이란 의미로 19세기 프랑스에서 대형 마차의 명칭으로 쓰인 것이 미국으로 건너오면서 간략히 '버스'라고 부르게 된 거죠.

말이 끄는 최초의 대형 관광마차는 이미 1662년 등장해 운행되지만 15년 만에 중단되었고, 1820년대에 파리, 마드리드 등지에서도 등장했으나 값비싼 관광용 운행수단이었지요.

최초의 엔진 버스는 1825년 영국의 골즈워스(Goldsworth)경이 만든 18인승 증기기관 버스로 실내에 6명, 지붕에 12명이 탈 수 있었고, 시속 20킬로미터까지 속도를 냈다고는 하지만 정기 운행되진 못합니다. 하지만 이 같은 전통이 이어져 영국은 다른 나라와 달리 빨간색 2층버스가 대중 교통수단이 되지요.

가솔린엔진 버스는 1895년 독일 벤츠가 제작한 5마력 엔진의 8인승 버스가 최초 기록을 가지고 있는데, 이를 바탕으로 1905년 독일에서 최초의 정기 버스노선이 개설됩니다.

하지만 오랜 기간 버스는 관광객을 위한 특별한 운송수단이었어요.

최초의 관광버스는 1873년 영국 '토머스 쿡' 상회가 프랑스 증기 자동차 회사 '아메데 볼레(Amédée-Ernest Bollée)'와 공동으로 파리에서 제네바까지 유럽대륙을 하루 6시간 6일간 달리며 관광한 것이 첫 기록이고, 정기 관광버스는 1910년 영국 북웨일즈 지역에서 운행되었다고 합니다.

우리나라의 경우 1912년 일본인 에가와(江川)에 의해 포드 8인승 버스가 부산 – 마산 – 진주를 왕복한 것이 최초의 도시 간 정기버스였고, 시내버스는 1928년 경성부청(지금의 서울시청)에 20인승 버스 10대를 일본에서 들여와 투입하지만, 당시엔 전차보다 비싸 외면받았다고 하네요.

관광버스로는 1931년에 조선은행(한국은행)에서 출발해 남대문 – 동대문운동장 – 경성제국대 – 대한의원 – 창덕궁 – 경복궁 앞으로 지나는 5시간 코스의 16인승 시티투어 버스가 하루 두 차례 다닌 게 최초라고 합니다.

이후 버스는 자동차의 보급과 함께 확산되어 1950년대 들어 전 세계적으로 현재 우리가 보는 크기의 대형버스가 시내 및 도시 간 대중 교통수단으로 각광을 받게 됩니다. 하지만 대중 교통수단이 열악했던 미국에서는 흑인 등 저소득층이 주로 버스를 애용했는데, 1950년대까지만 해도 백인과 유색인종 좌석이 구분되어 있었다네요. 🐻

Rosa Parks and the Montgomery Bus Boycott

　　결국 1955년 사건이 터지니……. 미국 앨러배마 주 몽고메리 시에서 로자 파크스(Rosa Parks)라는 흑인 여성이 백인 남성에게 자리를 비켜주지 않았다는 이유로 체포되자 분노한 흑인들이 흑백 분리주의 철폐를 주장하며 집단 파업에 들어갑니다. 이에 대책의장을 맡은 마틴 루터 킹(Martin Ruther King) 목사는 비폭력을 호소하며 "버스를 타지 말자."는 '몽고메리 버스 보이콧 운동'을 벌입니다.

　　이에 5만 명이 넘는 흑인들이 동참해 1년 이상 버스를 타지 않고 걸어다니거나 카풀을 하며 실력행사를 함으로써 여러 버스회사가 파산에 이르게 되고, 결국 흑인이 백인에게 자리를 양보하지 않아 체포되는 것은 위헌이라는 미 연방대법원의 판결을 이끌어냅니다.

　　이 상징적인 사건에서 성공적으로 인종 차별 정책을 개선하기 시작한 마틴 루터 킹 목사는, 1964년 노벨평화상을 받지만 1968년 암살당하고 맙니다. 이에 충격을 받은 미국 사회는 1월 셋째 주 월요일을 '마틴 루터 킹의 날'로 지정해 국경일로 쉬고 있지요.

이처럼 아직 미국에선 버스나 지하철은 저소득층이나 타는 교통수단으로 치부해 시설이나 서비스가 엉망인 반면, 우리나라나 일본, 유럽 선진국에선 양질의 서비스로 국민뿐 아니라 해외 관광객에게도 큰 혜택을 주고 있습니다.

버스와 함께한 우편

앞서 버스란 단어가 대형 마차에서 유래했다고 했는데, 이미 15~19세기에 유럽에선 대형 역마차(post wagon)가 요긴한 운송수단이었어요. 이러한 역마차의 출발점은 신성로마제국 시절, 제국의 주요 도로마다 설치된 역(post)마다 다니며 사람을 태우고, 우편물을 수거·배포하던 우체국 마차였어요. 포스트란 단어는 라틴어 동사 'ponere(놓는다)'의 과거분사 형태로 원래는 기둥을 의미했는데, 이후 도로의 여관이란 의미로 확대되었다지요. 이처럼 중세시절 여관은 마차가 쉬는 역이자 화물취급소, 식당, 호텔 역할까지 겸하고 있었습니다.

그런데 1516년 남부 독일 바이에른 지역 '폰 탁시스(von Taxis)' 가문이 신성로마제국 황제 막시밀리안1세에게서 제국 내 공용우편을 공짜로 전달하는 대신 민간우편물 독점권을 따냅니다. 와우~!

탁시스는 황실의 인정을 받은 공식 역마차란 의미에서 마차를 황

금색으로 칠하고 마부는 포스트 여관에 도착할 때 뿔피리를 불었지요. 이후 독일에서부터 북부 이탈리아와 중부 유럽의 불편한 오지까지 사람과 우편을 수송하는 역할을 18세기까지 독점합니다. 그러다가 제국이 와해된 후 각 국가별로 우편이 국영사업이 되면서 독점사업권이 무너지지요.

실제 보드게임 중에도 '트룬 운트 탁시스(Thrun und Taxis)'는 우편사업 경쟁을 하는 게임인데, 바로 이 가문의 우편제도에서 따온 거랍니다. 또한 'Thrun und Taxis' 맥주 역시 이 가문이 운영하던 양조장 브랜드라네요. 🐻

비록 운송 마차는 폐지되었지만 옛 전통이 남아 있는 스위스, 오스트리아, 리히텐슈타인에서는 이젠 황금 마차 대신 노란색 포스트

버스를 운영해 산악지대 곳곳까지 이어주게 됩니다. 저도 오스트리아 여행 때 이 버스 덕을 톡톡히 봤네요. 이 지역의 우체통이나 유서 깊은 호텔들은 뿔피리 마크를 달고 있는 경우가 많아요.

반면 영국은 1784년 유럽대륙처럼 우편 마차(coach)를 도입했다네요.

당시 영국 왕실의 상징색이 빨간색인지라 국영마차인 점을 강조하고자 빨간색으로 칠했다고 합니다. 그래서 지금도 미국이나 영국에선 장거리버스를 코치라 부르죠. 🐨

하지만 당시엔 받는 사람이 돈을 내는 방식이라 막상 받을 사람이 거부하면 심부름 대행업자가 손해를 보고 있었대요. 🐨 그래서 1840년에 국가 차원에서 우편제도를 개편하면서 롤랜드 힐(Rowland Hill)의 제안으로 발신인이 먼저 돈을 내고 그 증거로 우표를 붙이도

(영국 우편 마차 코치, 출처_500years.royalmailgroup.com)

록 고안하면서, 우체통 색깔도 영국 우편 마차의 전통을 살려 노란
색이 아닌 빨간색으로 칠합니다.

빅토리아 여왕 : "우리도 국가 차원에서 우편제도를 체계화하라브리
티시!"

영국 관리 : "알겠사옵니유케이~. 우리는 대륙 꺼에서 업그레이드해
서 우표라는 것도 만들기로 했글랜드~."

빅토리아 여왕 : "오오, 참으로 훌륭하노버~."

영국 관리 : "그럼 우리 우체통(Post Box)도 신성로마제국처럼 황금색
으로 칠하글랜드?"

빅토리아 여왕 : "어허, 우린 왕국인데 감히 황제만 쓰는 황금색을 쓰

면 욕먹지유케이. 안 그래도 우리 가문 조상님이 제국 제후국인 하노
버 공작이어서 신경쓰인다피시앤칩스. 그동안 쓰던 마차 색인 빨간색
으로 칠하라브리타니아~."

영국 관리 : "알겠유케이. 저 멀리 동쪽의 조선 왕도 청나라 눈치 보며
빨간 곤룡포만 입는다카더랜드." 🐻

그래서 일본이 19세기 말 영국에서 철도 등을 벤치마킹하면서 이
빨간색 우체통 역시 고스란히 전수 받았고, 다시금 한국으로 전파되
어 지금 우리도 빨간 우체통을 사용하고 있는 것이죠.

이렇게 살펴보니 우리가 무심결에 사용하는 버스와 지하철, 우편
에 이르기까지에도 참 수많은 사연이 녹아 있지요? 🐻

04
바다 이야기

앞에서 인류의 이동에 대해 길게 썼는데요.

초기 인류는 육지보다는 강을 따라 이동하는 것이 훨씬 효율적이었습니다. 별도의 도로가 있던 것도 아니고 험준한 산악지형과 밀림속 육식성 동물 등 위협적인 존재가 육지에 더 많았기 때문이지요.

이에 초기 인류는 나무를 잘라 이어붙인 뗏목 등으로 강을 내려가거나 거슬러 올라가면서 거주지를 확장했습니다. 구석기 유물 중조개무덤이나 고인돌 등이 강 주변이나 해안 지역에 발견되는 경우가 많은 것이 이를 증명하지요.

이후 인류는 부력을 이용해 띄울 수 있는 작은 배부터 만들기 시작해 인간이 노를 젓는 갤리선으로 발전시켜 나갑니다. 특히 지중해지역에선 바람이 적게 불고 잔잔한 바다 위로 페니키아, 그리스민족

등이 만든 배들이 노
를 저어 가서 지중해
각지에 식민도시를 만들

(갤리선), (이집트 돛단배)

고, 이집트인들은 나일 강을 따라 사람과
곡물을 운송했는데, 이들은 5,000여 년
전쯤 배에 긴 삼각돛을 달아 최초의 범선
(돛단배) 기록을 남깁니다.

동양에서도 중국에선 일찍부터 황하
유역은 평지가 넓어 마차가 활발히 이용된
반면, 강남 지역은 당시만 해도 숲이 울창
하고 강과 호수가 많아 배가 훨씬 더 유리한 이동수단이었습니다.

이에 중원을 통일한 수나라에서 화북과 강남을 잇는 대운하 건설
을 시작하게 되고, 이후 송나라 때에 이르면 양쯔 강 유역에서 배를
이용해 화북지역으로 물자를 보내게 됩니다. 이때 중국인들이 주로
쓰던, 바닥은 평평하고 돛을 단 배를 정크선이라고 부르죠.

실제로 수레 등 육로로 한 번에 이동 가능한 물량보다 배 한 척으
로 보낼 수 있는 물량이 월등히 많기 때문에 우리나라 역시 조선 말
까지 대량 수송은 조운선(漕運船)이라 불린 배를 이용해 바다와 강
을 통해 운송했습니다.

이처럼 오랜 기간 동안 동서양 모두
강이나 바다를 이용한 화
물 수송이 활발했는데, 애

(정크선)

초 사람의 힘만 이용하던 갤리선에 돛을 달아 바람을 이용하는 방식이 각각 발달하게 됩니다.

이에 그리스나 카르타고, 이후 로마의 군선들은 노를 젓는 갤리선에 삼각, 사각 돛을 달아 바람이 불 때는 돛을 올려서 바람의 힘으로 가고, 해상 전투를 치를 때는 돛을 내리고 노를 저어 접근전을 펼치거나 뾰족한 배 앞머리를 상대방 배 옆구리에 들이박아 가라앉히는 방법으로 전투를 벌이게 되지요.

이후 로마제국 멸망 당시 등장한 노르만(a.k.a 바이킹)은 더 길이를 늘여 가벼워진 롱십(long ship)을 타고 전 유럽을 휘저었는데, 바닷가뿐 아니라 강을 거슬러 올라와 내륙지역 도시를 노략질한 후, 그 배를 짊어지고 산을 넘어(헉! 🐗) 다른 강까지 가서 배를 다시 띄우기까지 하지요. 🐻

이후 중세시대가 되어서도 여전히 지중해가 중심이던 1300년경, 북유럽이 개발한 사각형 돛을 3개 단 대형 범선이 알려지게 됩니다. 지중해와 달리 대서양은 바람과 파도가 거세어 소형 갤리선으로는 바다를 건너는 것이 무척 위험했는데, 이에 배의 높이를 키우고 돛을 이용해 바람의 힘으로 나아가는 기법이 발달하게 된 것이죠. 그래서 지중해 바다를 양분해 지배하던 이탈리아의 라이벌 해

(바이킹 롱십, 출처_구글이미지)

양도시국가 중 제노바는 범선으로 바꾼 반면, 베네치아는 돛 하나만 달던 갤리선에 돛을 2~3개 달고 크기를 키우거나 노를 2단으로 하는 등 다양한 방식으로 각기 발전합니다.

하지만 이후 신대륙 발견 등으로 지중해 상권이 축소되고 함포 기술이 발달해 범선에 대포를 장착하게 되면서, 1571년 베네치아를 중심으로 한 기독교연합 해군과 오스만투르크제국 해군이 맞붙은 '레판토 해전(Battle of Lepanto)'을 마지막으로 갤리선의 시대는 막을 내립니다. 이후 스페인, 영국, 네덜란드 등 대서양 국가 간 범선을 이용한 해상 전투와 진출 경쟁이 치열해지죠.

당시 급속히 발전한 유럽 해군은 이후 발전된 무기를 바탕으로 전 세계를 식민지화하는 데 일등 공신이 되고, 군함은 해당 국가의 영토로 간주하게 됩니다. 그랬기에 제2차 세계대전 당시 일본이 무조건 항복을 했을 때, 일본 사절단이 미국 본토까지 가기엔 시간이 오래 걸려 태평양 전선 사령관이던 맥아더(MacArthur) 장군이 미주리 함을 끌고 도쿄 앞바

(미주리 전함에서의 일본 항복서명), (미주리호)

다로 가서 미국의 영토로 간주되는 미주리 군함 갑판에서 일본의 공식 항복문서를 받은 것이죠.

동양권 역시 돛을 단 갤리선이 오랫동안 활용되는데, 중국은 내륙 수로는 발달한 반면, 바다를 멀리 항해하는 범선 운영에는 적극적이지 않았어요. 우리나라는 삼국시대에 활발히 바다로 진출하지만 대부분 육지를 옆에 끼고 이동하는 방식이었어요. 우리는 흔히 고구려는 기마병을 중심으로 한 육군 중심 국가라고 생각하지만, 일찍이 압록강은 한반도에 있는 강 중에 가장 수량이 풍부했기에 압록강 지류를 따라 국내성으로 물자를 운송하는 선박 운영 노하우가 남달랐다고 하네요.

신라 역시 우산국을 정복하고 대마도로부터 상국 대접을 받을 정도로 만만찮은 수군을 보유하고 있었습니다. 반면, 흔히 백제가 가장 발달한 해상강국이었다고 생각하지만 고구려 수군에 걸려 중국으로 못 가는 경우도 허다하게 발생하는 등, 삼국 모두 수군 전력이 비등한 수준이어서 중국으로 가는 최단 코스를 확보하고자 한강 유역을 노리게 됩니다.

이후 통일신라시대에는 장보고가 동아시아 해상 무역을 장악한 적도 있고, 고려시대에도 꾸준히 해외 교류가 활발히 전개되면서 중국과는 다른 고유의 선박 기술이 축적됩니다. 이에 고려 말 최무선이 화약 자체 개발에 성공한 후, 왜구를 격파하기 위해 배에 화포를 달게 되면서 바닥이 평평한 평저선(平底船)이 대세가 됩니다.

왜 바닥이 평평한 배가 필요했느냐면 배 바닥이 뾰족한 경우엔 함포에서 포탄이 나갈 때 그 반동으로 배가 뒤집힐 수 있기 때문이에요. 그래서 이후 200여 년 뒤 임진왜란 당시에도 천(天), 지(地), 현(玄), 황(黃) 천자문 첫 네 글자로 이름 붙인 대포 중, 천자총통(天字銃筒)과 지자총통(地字銃筒) 등 대형 포는 들고 다니기엔 너무 무거워 주로 배에 실었는데, 판옥선(板屋船)과 거북선 모두 평저선에 노와 돛을 이용한 갤리선으로 운용합니다. 다만 노 젓는 방식이 서양과 달랐다는 건 잘 아실 거예요.

우리 수군은 소나무가 많은 우리나라의 지리적 특성 때문에 밀도가 높고 단단한 소나무로 함선을 만들어 속도는 느리지만 방어에 유리한 대포 해상 요새를 만든 반면, 일본 수군은 삼나무로 배를 기볍게 만들고 바닥을 좁게 제작해 빠른 속도를 이용해 접근하면서 조총과 칼로 공격하는 방식으로 특화되어 있었던 것이죠.

(바닥이 평평한 평저선에 노와 돛을 단 거북선)

따라서 임진왜란 당시 조선 수군은 대형 화포로 먼 거리에서 격파하는 대형선 위주로 운용했어요. 전투 초기에 함포 공격으로 제압하지 못하면 속력을 높여 접근전을 펼치는 일본군과의 백병전은 숫자상 불리했기에, 이순신 장군은 본진은 최대한 적과 멀리 떨어지게 하고, 적진 사이로 돌격하는 거북선은 적이 배위로 올라오지 못하도록 뚜껑에 창과 칼을 무수히 꽂아 최대한 적을 교란시킵니다.

그리하여 적에게 접근을 허락하지 않으면서 장거리 포격전 위주로 승전을 거듭하셨는데, 이 같은 전략의 차이를 제대로 이해하지 못한 원균이 칠천량 해전에서 그만 완패를 하고, 3척이던 거북선마저 모두 바다에 가라앉게 됩니다. 🐢

그런데 우리는 거북선이 세계 최초의 철갑선이라고 알고 있지만 그건 '가리지날'입니다. 🐻

《난중일기(亂中日記)》나 《이충무공전서(李忠武公傳書)》등 우리나라와 중국 사서엔 "배 위에 판목을 깔아 거북 등처럼 만들고 칼이나 송곳 같은 것을 줄지어 꽂았다."라고만 기술된 반면 일본 참전 군인 회고록인 《고려선전기(高麗船戰記)》에 유일하게 "전체를 철로 두른 배가 있어 도저히 이길 수 없었다."는 기록이 남아 있습니다.

그래서 19세기 중반 여러 외국인들이 일본 문헌을 바탕으로 거북선을 철갑선이라고 기술한 이후에야 유길준이 처음으로 1895년 《서유견문(西遊見聞)》에서 거북선을 세계 최초의 철갑병선(鐵甲兵船)이라고 주장했죠. 그래서 단채 신채호 선생도 처음엔 철갑선이라 믿었다가 이후 《조선상고사(朝鮮上古史)》를 통해 철갑선이란 근거가 없다고 수정하게 됩니다. 하지만 해방 후 일본에 대한 적개심을 고취하고 조상의 빛난 얼을 강조하기 위해 세계 최초의 철갑선을 만든 우리 민족의 우수성을 널리 알리려 한 것이지요.

이처럼 철갑선 논란이 100여 년째 이어 오면서 최근 방영되었던 KBS 팩츄얼 사극 〈임진왜란 1592〉에서도 거북선은 철갑이 아닌 나무판에 칼을 꽂은 것으로 나오게 된 겁니다.

거북선이 철갑선이 아니었다고 해서 이순신 장군의 업적이 축소되는 것은 아닙니다. 이순신 장군에 대해 서구 연구가들이 높이 평가하는 것은, 천하무적 거북선이 아니라 접근전 위주의 갤리선과 함포 공격 위주의 범선으로 구분되던 서양의 전함 발전과는 다르게, 갤리선이면서 접근전을 불가능하게 하고 함포 공격이 가능했던 조선 수군의 특이한 선박 설계와 전투 전략, 탁월한 리더십에 주목하는 것입니다. 따라서 우리 사회가 주변 국가의 역사 왜곡에 맞서 팩트를 검증하고 객관적으로 입증하는 자세를 유지하는 것이 더 중요하다고 생각합니다.

이처럼 동아시아 최대의 해전이 벌어지던 임진왜란을 지나면, 동양에선 오랜 기간 해상 무역도 지지부진하고 전쟁도 없다 보니 한국이나 중국의 선박 기술 발전은 더딘 반면, 일본은 서구식 범선 제작 기술을 배워 17세기 초 멀리 바티칸시티까지 배를 타고 가기에 이릅니다.

하지만 서양은 이보다 더 빨리 발전해 임진왜란과 거의 동 시기에 갤리선 전투 시대가 마감되고, 대양을 항해할 수 있는 대형 범선에 대포를 탑재하고 전 세계로 세력을 확장하지요. 그러다 보니 카리브해에 해적이 날뛰고, 우리나라에는 용인에 캐리비안 베이라는 워터파크가 생기게 됩니다. 🐻

(증기선 클레몬트 호)

이후 과학 기술이 발달하면서 서양 국가들은 증기기관을 기차와 자동차는 물론 배에도 응용하게 되는데, 1807년 미국에서 만들어진 최초의 증기선 클레몬트(Clermont) 호가 뉴욕 허드슨 강에서 출항하면서 기존 범선보다 훨씬 빠르다는 점을 입증하지요. 이후 커다란 물레를 저어 항해하는 증기선이 미시시피 강을 따라 사람과 물자를 운송합니다.

또 진정한 세계 최초의 철로 만든 군함, 장갑함은 남북전쟁을 하던 1862년에 비로소 등장해 미국 남북군 모두 활용하게 되고, 이후 기술은 더욱 급속히 발달해 20세기에 접어들 무렵에는 전함(戰艦), 순양함(巡洋艦), 구축함(驅逐艦) 등 다양한 철선이 등장하고 운송선 역시 대형화됩니다.

한편 물속에서 움직이는 배, 잠수정의 역사도 제법 긴대요. 최초의 잠수정은 무려 1690년에 등장합니다. 우리에겐 핼리혜성을 예언해 그 이름을 남긴 영국의 천문학자, 에드먼드 핼리(Edmond Halley)가 종 모양으로 만든 잠수정인 잠수종

(핼리의 잠수종)

Halley's Diving Bell

(Diving Bell)이 최초의 모델입니다. 세월호 때 주목받았던 다이빙벨이 바로 직계 후손 모델이죠. 🐻

이 잠수종을 제안한 핼리는 본인이 직접 이 잠수종을 타고 바닷속 탐험에 성공합니다. 아아~, 우주에서부터 깊은 바닷속까지 종횡무진 달리신 핼리님~! 천문학자들이 이렇게 위대합니다. 여러분~! 🐻

이후 철선의 개발과 맞물려 잠수함 역시 발전을 거듭해 이미 2차대전 당시에 독일의 U-보트가 상대방 군함을 격침시켜 연합국을 긴장하게 할 정도로 발전하게 되고, 이제는 원자력 핵잠수함을 통해 수년간 바닷속에서 머무를 수 있을 정도로 발전하시요.

그런 오랜 전통이 쌓여 서양에서 해군은 육군과는 다른 계급 체계와 명칭으로 불리다 보니, 이순신 장군 역시 해군 전통에 따라 이순신 제독이라 부르는 것이 맞다고들 주장하는 것이죠.

또한 앞서 설명 드린 것처럼 군함은 바다 위 영토로 간주되는데, 각 해군 전함마다 국기와 함께 별도의 해군기를 같이 달고 다닙니다. 그래서 흔히 해군기를 '제2의 국기'라 부르지요. 처음 들어보신다고요?

우리나라 해군도 별도의 해군기가 있어요. 바로 이거예요.

그런데, 일본 해상자위대가 사용하고 있는 해군기가 태평양전쟁을 일

(대한민국 해군기)

으킨 일제의 만행을 상징하는 욱일승천기 중 하나입니다. 육군 자위대의 욱일승천기는 빗살 개수가 적어요. 우리에겐 전범기인데 이들은 아직 이 깃발을 해군기로 사용하면서 국제적으로 승인받은 것이니 아무 문제가 없다고 생각하는 거지요. 🐻

각국마다 특색있는 해군기가 있는데, 제가 가장 멋있다고 느끼는 건 이탈리아 해군기입니다. 🐻

기존의 이탈리아 국기 안에 중세시대 지중해를 지배하던 4개 해양도시국가의 문장을 넣었어요. 왼쪽 위부터 시계방향으로 베네치아, 제노바, 피사, 아말피 국기예요. 이 중 아말피 국기를 보시면 2부에서 소개한 몰타기사단의 국기와 바탕 색깔만 다를 뿐 십자가가 똑같습니다.

(이탈리아 해군기)

그건 몰타기사단이 처음에 예루살렘에 병원을 세울 때 아말피가 후원을 해서 그렇게 상징 마크가 되었다고 하네요. 이미 1,000년 전에도 간접광고(PPL)가 있었던 거군요. 🐻

이처럼 바다는 국가 간 경계가 뚜렷한 육지와 달리 확장성이 넓었기에 일찍이 바다에 주목한 국가는 이후 세계의 패권을 쥐는 대국으로 성장할 수 있었습니다. 반도국가인 우리나라가 지리적 잇점을 살리지 못했던 아쉬운 과거를 교훈삼아 이제는 세계로 나아가길 소망해봅니다.

05

하늘로, 우주로~!

땅과 바다 이야기를 했으니 이제 자연스럽게 하늘 이야기를 해야겠네요.

인류는 오랫동안 하늘을 우러러보며 경외감을 느꼈고, 하늘을 자유자재로 나는 새를 신이 보낸 전령이라 여기면서 언젠가 우리도 저렇게 하늘에 닿을 수 있기를 기대했습니다.

그래서 바빌로니아에선 하늘에 닿으려는 욕심에 바벨탑을 쌓다가 실패했고, 그리스 신화에선 태양까지 날아가고자 했던 이카루스가 밀랍으로 붙인 날개가 녹아 떨어져 죽고 만다는 슬픈 이야기를 만들어냈지요.

하지만 과학 기술이 발달하기 전까지는 이 같은 소망은 그저 꿈에 불과했고, 15세기에 천재 레오나르도 다빈치(Leonardo da Vinci)가

비행기와 헬리콥터 모
양을 스케치하긴 했지만, 당시 기술로
는 어림도 없었어요. 🐻

그 후로도 수많은 선구자들이 하늘을 날기 위해 다양한 시도를
했고, 드디어 1903년 미국의 '라이트(Wright) 형제'가 최초로 하늘을
날았다고 생각하지만 그건 '가리지날'입니다.

스스로 날아오를 수 있는 비행기에 국한하면 그들이 인류 최초가
맞지만, 다른 기구를 이용해 하늘을 여행한 사람들
은 120여 년 전부터 존재했습니다.

공식 기록상 최초로 하늘을 여행한 사람
은, 1783년 프랑스의 '조제프와 자크 몽골
피에(Joseph-Michel Montgolfier, Jacque-Etienne
Montgolfier) 형제'예요. 처음에는 안전을 이
유로 열기구에 닭, 오리, 양을 태워 하늘로
올리는 데 성공하자 그해 파리
에서 프랑스 화학자, 군 장교 등

(몽골피에
형제의 열기구)

이 이들 형제와 함께 90미터 높이까지 올라가는 데 성공해 세계에서 최초로 하늘을 난 사람들이 되고, 이들을 가리켜 '파일럿(pilot)'이라 부르게 됩니다.

이처럼 열기구의 안전성이 알려지고 이용하는 사례가 증가하지만, 바람에 의존해야 해서 원하는 곳으로 가기가 어렵다는 단점을 해소하고자 1852년 프랑스 앙리 지파르(Henri Jacques Giffard)가 열기구를 응용한 비행선을 처음으로 만듭니다.

수소 또는 헬륨가스를 가득 넣은 기다란 원뿔형 기구 아래에 조종석을 단 비행선은 20세기 초반 비행기와 하늘의 왕좌 자리를 다투는 라이벌 관계가 되는데, 초기에는 비행선이 더 각광을 받습니다. 왜냐하면 초기 비행기는 프로펠러 소리가 너무 시끄럽고 비좁아 장시간 앉아 있기에 매우 불편했기 때문이지요.

(힌덴부르크 호의 폭발)

이 분야에서는 독일이 최고의 기술력을 선보였지만 1937년 5월 6일, 보잉747 비행기보다 3배나 길어 세계에서 가장 긴 245미터 길이의 비행선이던 독일 힌덴부르크 (Hindenburg) 호가 대서양을 건너 미국에 도착하다가 수소를 가득 채운 공기주머니가 폭발하면서 36명이 즉사하는 비극이 벌어져 비행선의 시대는 마감을 하게 됩니다. 당시 그 폭발은 마침 비행선의 도착을 촬영하던 다큐영화 팀이 생생히 촬영해 전 세계인에게 그 위험성이 더 크게 각인됩니다.

이 폭발 장면이 어찌나 강렬했던지 1960년대 말 영국에서 결성된 록그룹이 독일의 유명 비행선 이름을 그대로 따 '레드 제플린(Led Zepplin)'이라 그룹명을 짓고, 폭발 장면을 데뷔 앨범 재킷으로 쓰면서 등장해 세계 음악사에 거대한 흔적을 남기게 되지요.

또한 일본의 미야자키 하야오(宮崎 駿) 감독도 비행선 전성시대를 그리워하며 '천공의 성, 라퓨타'에서 주요 소품으로 비행선 군단을 그려냅니다.

그 외에도 영국의 조지 케일리(George Cayley)가 만든, 프로펠러 없이 사람의 힘으로 나는 글라이더도 이미 존재하고 있었습니다. 당시 프랑스 몽골피에 형제의 열기구 비행이 큰 화제가 되었지만, 이는 사람의 의지와 상관없이 바람에 의존해야 했기에 많은 이들이 새의 움직임을 흉내 내어 움직이는 날개를 가진 비행기로 원하는 방향으로 날아갈 수 있는 기술 개발에 몰두합니다.

하지만 조지 케일리는 이 같은 시도는 실패가 뻔하다며 1810년에 떠오르는 힘, 양력은 물론 항력, 중량, 추진력 등 4가지 힘을 골고루 이해해야 비행이 가능하다고 주장합니다. 하지만 가솔린엔진이나 전기 모터가 개발되기 전이라 1849년 3겹 날개 글라이더로 최초의 활강에 성공해 자신의 이론이 맞음을 몸소 증명했고, 오늘날에 이르러 '비행기의 아버지'로 뒤늦게 인정받고 있다지요.

이에 자극받은 독일 오토 릴리엔탈(Otto Lilienthal)은 글라이더의 안전성을 널리 알리고자 2,000번이나 비행하면서 주목을 끌지만 ……, 1896년 돌풍에 휩쓸려 추락해 사망하고 맙니다. 🐻

이처럼 비행기가 탄생하기 전까지 이미 하늘을 난 선구자는 무수히 많았고, 이들의 노하우가 누적된 바탕 위에 지금의 비행기가 탄생한 것이죠.

다시 비행기 얘기로 돌아오면 라이트 형제가 첫 비행에 성공한 후 많은 이들이 비행기 개발에 뛰어듭니다. 프랑스의 푸조가 당시 자전거 제작자였다가 증기기관, 가솔린엔진을 자동차 바퀴에 연결한 것처럼, 라이트 형제 역시 자전거를 만들다가 가솔린엔진을 프로펠러에 연결함으로써 비행기를 만들어낸 것입니다. 그러니 어느 한두 천재의 번뜩이는 아이디어라기보다는 서유럽에서 비약적으로 폭발한 과학 기술의 발전에 힘입어, 꼭 라이트 형제가 아니었더라도 그 누군가는 성공할 수 있는 토대가 이미 만들어져 있었고 그 속에서 잇따른 발명이 이어진 거죠.

그나저나 기차와 자동차 등을 발명해 과학대국임을 자랑하며 라이벌 관계이던 영국과 프랑스 등 유럽 선진국들은 '바다 건너 근본 없는 상것들의 나라'라 여기던 미국에 비행기 개발에서 밀리자 이에 자존심을 회복하려고 열심히 비행기 개발에 나서게 됩니다. 초창기에는 안전성이 매우 중요했기에 스피드보다는 출발 시 공중에 뜰 수 있는 양력을 얻기 위해 날개를 2겹으로 단 복엽기, 3겹으로 단 삼엽기 등 다양한 형태를 개발하게 됩니다.

(1907년 폴 코르뉴가 만든 최초의 헬리콥터)

그리고 일부 프랑스 선구자들은 '프로펠러를 꼭 앞에 달 필요가 있나? 위로 달아도 되지 않나?'라는 생각을 하게 되면서, 비행기 탄생 4년 후인 1907년에 폴 코르뉴(Paul Cornu)가 헬리콥터를 만들어 세계 최초로 사람을 태우고 비행에 성공하지요. 🐻

또한 1909년엔 프랑스의 루이 블레리오(Louis C. J. Blériot)는 오토바이 엔진으로 프로펠러를 돌리는 '블레리오11호'라는 비행기를 만들어 프랑스에서 영국까지 날아가는 데 성공함으로써 다른 나라로 날아간 최초의 사람이 됩니다. 그가 타고 간 이 '블레리오11호'는 프랑스와 영국의 상류층에 크게 어필해 비행기 덕후들에게 100대 이상 팔았다고 하네요. 🐻 이처럼 프랑스는 자동차 매니아 시대를 넘어 비행기의 시대로 넘어갑니다. 🐻

그리고 보니 이 당시 프랑스는 자동차 경주 개발, 비행기 덕후, 올림픽 경기 개최까지 굉장히 열일을 했군요. 🐻

워낙 패션, 화장품, 와인 등 일상생활 명품에 가려져서 그렇지, 지금도 프랑스는 항공기, 고속열차, 항공모함 등 교통 관련 분야에서 세계 최고 수준의 과학 기술을 보유하고 있지요.

　비행기가 급속도로 발전한 또 하나의 계기는 바로 제1차 세계대전이었어요. 하늘을 제압하는 군대가 우위를 점할 수 있다는 사실을 깨달은 유럽 국가들은 전투기 개발에 몰두하는데, 1차대전 초기만 해도 비행기에 총을 달아 쏘다가 프로펠러가 부서지는 경우가 많아 상대편 파일럿을 맞추려고 벽돌을 던졌다고 하네요. 🐻

　이처럼 비행기 기술이 폭발적으로 발전하면서, 비행선처럼 장거리 비행이 가능할지 관심을 모으게 됩니다. 당시엔 아직 비행선과 비행기가 경쟁하던 시기여서 1차대전이 끝난 후 평화를 맞으면서 비행기의 장거리 비행 경주가 인기를 끌기 시작합니다.

　그리하여 수많은 파일럿이 대서양을 건너는 대장정에 나서게 되면서, 1927년 미쿡의 찰스 린드버그(Charles Augustus Lindbergh)가 대서양을 최초로 횡단했다고 알려져 있지만 이는 '가리지날'!

　실은 린드버그는 대서양을 횡단한 67번째 조종사예요. 하지만 그가 유명해진 건 당시 뉴욕시티호텔 소유주가 미쿡 뉴욕에서 유

(찰스 린드버그와 그의 비행기 '세인트루이스의 정신')

럽의 심장부 파리까지 대도시 간 비행에 성공할 시 2만 5,000달러의 상금을 주겠다고 공표한 이벤트 비행이었는지라 매스컴을 통해 널리 알려진 덕분에 첫 성공자라고 인식된 것이죠. 이렇게 홍보가 중

요한 겁니다. 여러분~, 전 위대한 천문학을 배워서 현재 홍보 업무를 해요. 🐻

실제 최초로 대서양을 건넌 건 1919년 영국의 두 비행사, 존 알콕(John W. Alcock)과 아서 브라운(Arthur W. Brown)이라고 하는데, 이들은 캐나다 뉴펀들랜드에서 출발해 아일랜드 클리프덴까지 3000킬로미터를 날아 도착했어요. 하지만 린드버그보다 앞서 성공한 사람들은 일단 두 명 이상이 조종하거나, 중간에 급유를 받아가며 도착한 것이라 혼자서 중간 급유 없이 33시간 동안 꼼짝없이 비행한 린드버그 역시 생고생한 건 사실이에요. 🐻

텍사스 육군비행학교를 졸업한 25세 청년 린드버그는 이 이벤트 상금을 타기 위해 비행기를 준비하게 되는데, 그를 후원해준 사람들이 세인트루이스의 기업가들이었기에 비행기 이름을 'Spirit of St. Louis(세인트루이스의 정신)'이라고 크게 써서 날아갑니다. 우리나라 같으면 '00향우회' 이런 식으로 이름 붙였을 텐데요. 🐻 역시나 앞서 설명한 몰타기사단처럼 간접광고의 역사는 유구하네요.

어쨌거나 린드버그가 대서양 단독 비행에 성공해 미국인의 자존심을 세우자, 〈타임〉지는 1927년 새로 제정한 최초의 '올해의 인물'에 린드버그를 선정하는 등 미국의 우상으로 떠받듭니다. 하지만……, 린드버그의 뒷이야기는 매우 슬퍼요. 너무 유명해진 바람에 1932년 그의 두 살배기 아들이 유괴된 겁니다. 🐻

아들을 구하고자 그가 받은 상금의 2배인 거금 5만 달러를 범인에게 건네지만 결국 아들은 죽은 채로 발견되는데……. 린드버그가 이미 세계적 유명인사이다 보니 이 사건에 대한 언론 취재가 너무 과열되고 부인과 둘째 아들의 프라이버시까지 침해받자, 결국 미국의 영웅, 린드버그 가족은 프랑스로 가버립니다. 🐻

이 같은 비극을 접한 추리의 여왕, '애거서 크리스티(Agatha Christie)'는 비록 소설에서나마 린드버그의 한을 풀어주고자 한 작품을 쓰게 되니…… 아아~! 그 작품이 바로 《오리엔트 특급 살인(Murder on the Orient Express)》이죠. 린드버그 집에서 일하던 사람들이 심판받지 않은 범인을 대신 처단해 원수를 갚아준다는 이 이야기는 이후 영화로도 수차례 제작되는 등 최고의 추리소설로 인정받지요. 그리고, 이 모티브는 다시 태평양을 건너 한국으로 와 영화 '친절한 금자씨'의 배경으로 재활용되지요.

이 같은 평화 모드와 달리 전쟁 무기로서의 전투기 역시, 기관총을 쏘면 프로펠러 사이로 나갈 수 있도록 개선되면서 스피드를 강조한 단엽기에 강력한 프로펠러를 붙인 기종이 주류가 된 상황에서 제2차 세계대전이 일어납니다.

프로펠러 전투기가 대세이던 당시, '기계 덕후' 독일군은 1942년 세계 최초의 제트엔진 실전 전투기 '매서슈미트 Me-262(Messerschmitt Me-262)'를 만들어 시속 880킬로미터의 속도로 하늘을 날아 전쟁의 주류이던 프로펠러 비행기를 완전히 압도하는 위력을 보입니다. 하지만 1944년 4월 실전에 투입될 당시엔 이미 연합군이 우위를 점한 상태인지라 제대로 실적을 내지도 못하고 1년 뒤 독일 패망과 함께 그 기술은 전승국으로 넘어갑니다.

(매서슈미트 Me-262 전투기)

이후 제트엔진의 우수성이 입증되면서, 1952년 드디어 첫 제트 여객기 '드 하빌랜드 코멧(de Havilland DH. 106 Comet)' 비행기가 등장하게 되고, 1970년에는 지금도 사용 중인 보잉747 점보 비행기가 탄생합니다.

또 독일은 2차대전 중 영국까지 날아가는 어마무시한 'V2 로켓'을 쏘게 되는데, 이 기술 역시 기술 개발자들이 소련과 미국으로 끌려가 노하우를 전수하면서 우주비행 시대가 개막되지요.

프랑스의 SF소설가 쥘 베른(Jules Verne)은 이보다 80년 전인 1879년 《인도 왕비의 유산(Les Cinq cents millions de la Bégum)》이란 작품에서 캘리포니아로 이주한 프랑스인들과 독일인들 간의 대결에서 독일 측에서 쏜 대형 대포알이 궤도 계산 실수로 하늘 높이 날아가 인공위성이 되어버리는 에피소드를 소개합니다. 이 작품은 1907년 우리나라에 《철세계》란 제목으로 최초로 번역된 SF소설이기도 하죠. 이후 이 소설은 처음으로 인공위성이란 개념이 등장한 작품으로 인

정받게 되는데, 그는 어떻게 실제로 독일인들이 대형 대포로 로켓을 쏘아 올릴 걸 예상했을까요? 🐻

2차대전 이후 동서 냉전이 극심하던 1950년대, 소련이 독일 과학자들의 노하우를 전수 받아 1957년 '스푸트니크1호(Спутник-1)'를 발사해 세계 최초의 우주비행 기록을 세우며 체제의 우위를 자랑하지만, 미국에게는 독일 로켓 기술의 핵심인 베르너 폰 브라운(Wernher von Braun) 박사가 있었지요. 폰 브라운 박사는 2차대전 말기 전세가 기운 상황에서 베를린이 소련군에 점령될 것을 예견하고는 서쪽으로 내달려 미국 품에 안깁니다. 그래서 독일 과학자 중 대다수는 소련

("후훗! 기둘려~. 곧 본때를 보여주마." 베르너 폰 브라운 박사 ©NASA)

으로 끌려갔지만, 최고 핵심자가 미국으로 갔기에 독일의 앞선 기술력을 바탕으로 미국 정부의 집중 지원을 받아 유인 우주선 '아폴로 11호(Apollo 11)'가 먼저 달에 도착해 역전승을 하게 되고, 이후 미국이 우주비행의 주도권을 쥐고 있습니다.

이 '아폴로11호'를 타고 달에 첫발을 내딛은 닐 암스트롱(Neil Armstrong)에게는 재미난 에피소드가 있습니다. 1969년 달에 가기 직전 닐 암스트롱과 버즈 올드린(Buzz Aldrin) 두 비행사는 척박한 미국 서부 사막에서 달 표면 탐사 모의 훈련을 하던 중, 어느 인디언 할아버지를 만났다고 합니다.

(아폴로11호 달 착륙, ©NASA), (달착륙 기념 대한민국 우표, 출처_행정안전부 국가기록)

인디언 할배 : "괴상한 옷 입고 뭣들 하나파치?"

닐 암스트롱 : "네, 저희는 달에 가려고 미리 훈련 중인 미쿡 우주비행사들입니유에스."

인디언 할배 : "리얼리? 🐻 달에 간단말이오클라호마?"

닐 암스트롱 : "네, 안 믿기시겠지만 과학 기술이 발달해 이제 달나라에 갈 예정입니유나이티드~."

인디언 할배 : "그런가네브레스카~. 달에 가거든 달의 신성한 정령에게 내 메시지를 꼭 전달해주게알라바마."

닐 암스트롱 : "네. 말씀주세텍사스."

인디언 할배 : "애리조나 아칸소 아이다호 일리노이 아이오와 캔자스 켄터키 매사추세츠 미시시피 유타 와이오밍~."

닐 암스트롱 : "네, 외우기 힘들지만……, 다 적었네요. 근데 이게 무슨 뜻이휴스턴?"

인디언 할배 : "쯧, 알면 다친타코다. 우리 부족과 달의 정령에게만 허락된 비밀이니 걍 외워서 알려줘테네시."

그래서 닐 암스트롱이 본부에 돌아와 해당 인디언어 통역관에게 물었더니 통역관이 배꼽을 잡고 웃으며 이렇게 답을 했답니다.

"이 사람들이 하는 말은 한마디도 믿지 마세요. 이들은 당신네 땅을 훔치러 왔어요."

그러게 왜 군이 잘 살던 원주민을 쫓아내고 백인들이 주인 행세를 하는 거얏!!! 🐻

이상으로 길고도 어려운 교통의 역사를 쭈욱~ 풀어봤네요.

아이쿠, 힘들다! 나에게도 셀프 토닥토닥~.

하늘과 땅에 대한 정보를 익히며 시간과 공간 개념을 정립한 인류는 여러 교통편을 이용해 사람과 물자를 이동했습니다. 이 과정에서 자연스럽게 유통과 화폐 등 우리 사회의 근간을 이루는 경제활동이 시작되고 지금까지 이어져 왔습니다.

그중 잘 알려지지 않았던 이야기 위주로 간략히 풀어보고자 합니다.

01

유통 – 도로와 함께한 물자 이동의 역사

유통의 탄생

7만 년 전 아프리카에서 출발한 호모 사피엔스가 걸어서 온 지구를 다 밟아보던 당시는 빙하기 끝 무렵이었어요. 당시 중위도 지방은 초원지대였기에 수렵과 채집활동을 하면서 같은 위도 내에서는 동서 방향으로 이동하기 편했고, 지금보다 바다 높이가 120여 미터 낮아 한반도를 지나 일본으로, 또 시베리아를 거쳐 아메리카대륙으로 걸어서 이동도 가능했지요. 하지만 1만 1600여 년 전 갑작스럽게 빙하기가 끝나고 바닷물이 급속히 차오르는 대홍수를 겪은 후, 농사를 짓기 시작하면서 땅에 정착하게 됩니다. 그렇게 여러 세대를 지나다 보니 각 지역 간 문화와 각종 문물에서 차이가 나기 시작합니다.

이후 인구가 늘고 식량 생산량도 늘자 사람들은 자기들에게 남는 물건을 이웃과 교환하기 시작하고, 농사를 짓지 않는 북쪽 유목민들에 의해 먼 지역까지 교류가 이어집니다. 그 범위가 어찌나 넓었는지 지중해 지역에서 만든 유리 공예품이 신라 무덤에서 발견될 정도였지요.

초기엔 개인 간 거래에 불과하던 유통은 청동기 시절이 되면 각 부락마다 부족장이 등장하게 되고, 이들 부족장은 본인의 권력과 부를 이용해 다른 이들보다 상징물이나 사치품을 더 많이 보유하게 됩니다. 그후 세력이 커지면서 고대 국가로 발전하게 되면서 자연스레 왕실 및 귀족 집단이 주요 소비자가 되는 유통망이 형성되지요.

그런데 덩치가 큰 물건들은 물물교환하기가 번거롭다 보니 자연스레 화폐가 생겨나고 상호 교환하는 과정에서 중간 전달자에게 이익이 발생하게 되면서 각 지역 간 차이에 의한 유통경제가 일어납니다.

서양의 유통

실제로 고대 이집트 무덤 부장품이나 벽화를 보면 당시 중동 지역에서만 발굴되던 천연 광물로 색깔을 입히거나 미라에 부장품으로 활용한 경우가 종종 발견될 정도로 장거리 교역이 존재했음을 알 수 있습니다.

서구권에서는 지금의 터키 중앙부에 있던 리디아에서 2500여 년 전 최초로 동전 화폐가 등장하는데, 이후 로마시대가 되면 제국이 확장하면서 도로망이 확대되고 이에 따라 활발하게 사람과 재화가 오가면서 금화, 은화 등 금속 화폐가 만들어져 제국 전역에서 활발하게 사용됩니다.

시오노 나나미의 《로마인 이야기》 후반부에서 지겨울 정도로 금화 속 순금 함유량 변화가 언급되는 것은 해당 금화, 은화의 가치가 실제 함유량에 따라 정해졌기 때문입니다. 로마 말기에 금화 속 금 함유량이 줄어들면서 이미 패망의 그림자가 짙어졌고, 로마제국의 유통망 역시 로마 말기부터 완전히 무너지면서 오랜 침체기에 빠져들게 됩니다. 이후 중세시대에는 영주에게 묶인 농노들의 자유로운 이동이 허용되지 않아 해당 지역 내에서 자급자족하는 방식으로 경제를 운영하다 보니 다양한 식재료를 구할 수 없고 새로운 문물을 접하기도 어려워지면서 삶의 수준이 퇴보해버립니다.

반면, 7세기 아라비아반도에서 일어난 이슬람제국은 짧은 시기에 동쪽으로는 이란, 인도 북쪽, 동남아시아까지, 서쪽으로는 북아프리카를 넘어 이베리아반도에까지, 남쪽으로는 아프리카 중부 말리, 탄자니아, 마다가스카르까지 진출합니다. 이를 통해 새로운 유통망이 수립되어 드넓은 이슬람 문명권 속에서 아랍인, 인도인, 중국인들이 교역에 나서며 각 문화의 교류를 주도하게 되고 주요 도시마다 대형 시장이 자연스레 형성됩니다.

하지만, 이슬람 종교지도자들은 종교 교리에 근거해 상품이나 화

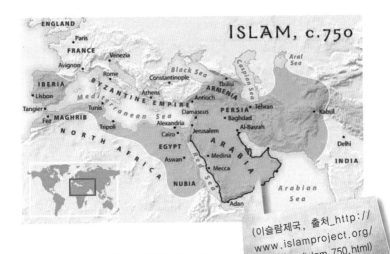

폐 유통에 따른 부가 이익은 나쁘다고 생각을 했어요. 즉, 이 세상의 부는 일정하게 정해져 있는데 실제 생산을 하지 않는 이들이 중간에서 이익을 챙기면 그만큼 다른 이들의 이익을 뺏는 것이라는 생각을 했지요. 사실 지금 우리 사회도 여전히 그렇게 여기는 경향이 있지요. 🐻

기독교 문명에서도 오랫동안 유통과정에서 이익을 챙기는 것은 나쁘다고 여겼기에 사회에서 차별받던 유대인들이 죄를 짓는 직업이라 여겨진 고리대금업을 하게 됩니다. 셰익스피어의 희극《베니스의 상인》에서 악역을 맡은 샤일록이 유대인이란 설정은 당시의 현실을 그대로 반영한 것이에요. 🐻

하지만 유럽 내에서도 베네치아 등 해양도시국가들은 생존 차원에서 아랍 지역과 무역을 계속했는데, 인도로부터 후추를 수입한 게 대박을 쳐 같은 무게의 금과 교환할 정도로 큰 성공을 거두면서 동

313

방 무역이 유럽 경제 활성화에 기여하게 됩니다.

그런데……, 급속도로 발전하던 이슬람 문명 내에서 혼란이 이어지기 시작합니다. 초기 칼리프 시대를 지나 우마미야왕조가 분열해 여러 토후국 왕조로 갈라지던 상황에서 중국 등쌀에 밀려 쫓겨난 투르크(돌궐)가 등장합니다. 이들은 1037년 셀주크투르크제국을 세워 이슬람 왕조들을 압박함과 동시에 1071년 '만지케르트 전투(Battle of Manzikert)'에서 동로마제국도 격파하여 지금의 터키부터 이란까지 장악해 아라비아인들로부터 세속 권력을 빼앗습니다.

뒤이어 1095년엔 느닷없이 유럽에서 건너온 십자군이 예루살렘과 그 주변 지역을 점령해서 200여 년간 골칫덩이가 되지만, 그 주변 이슬람 토후국들이나 전쟁을 치렀을 뿐 당시 이슬람 세계는

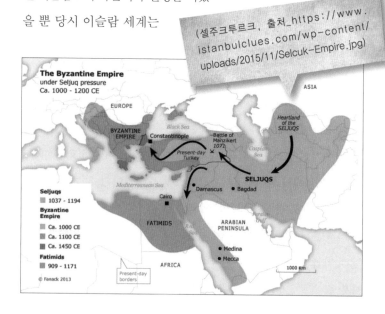

(셀주크투르크, 출처_https://www.istanbulclues.com/wp-content/uploads/2015/11/Selcuk-Empire.jpg)

동방에서 온 셀주크투르크 세력에 더 신경을 쓸 수밖에 없었어요. 그래서 유럽 시각에선 십자군이 엄청난 사건이었지만 이슬람권에서는 잠시 지나가는 소동 정도로 여겼습니다.

왜냐하면 이슬람교를 창시한 아라비아인들은 유대교, 기독교 문명권과 유사한 문화를 유지해왔고 수천 년간 유럽과의 교류가 많아 서구 기독교 문명에 대한 이해도가 높았던 반면, 중앙아시아 유목민 출신인 투르크족은 종교적으로는 비록 이슬람교에 융화되었다지만 동양 문화권에 속해 아랍인에 대한 이해가 부족했고, 아랍인들을 견제하기 위해 페르시아인(이란인)들을 더 우대했기에 서양에서 온 몇 안 되는 오랑캐보다 동양에서 온 더 거대한 오랑캐를 어떻게 몰아낼지 온통 신경을 쓴 것이죠.

그런 혼란이 이어지다가 1190년 셀주크투르크제국의 속국이던 호라즘왕국이 셀주크 세력을 몰아내고 중앙아시아부터 이란, 이라크 지역까지 통일하면서 실크로드를 장악해 유통망이 안정을 되찾는 등 갈등이 해소되는 듯 보였습니다.

벗뜨 그러나, 불과 28년 뒤인 1218년에 몽골제국을 일으킨 칭기즈칸과 아주 잘못된 만남을 갖게 됩니다. 🐻

몽골 사신 : "우리 위대한 몽골제국 칭기즈칸 폐하의 편지를 갖고 왔케라코룸."

호라즘 왕 : "이건 또 어디서 온 황인종 떨거지냐호라즘. 우리가 얼마 전 돌궐족 박살낸 얘기 못 들었냐라힘?"

몽골 사신 : "아, 싸우자고 온 거 아니다몽골. 지금 금나라랑 전쟁 중이니 우리끼린 서로 잘 교류하자고 온 거울란바토르."

호라즘 왕 : "아 됐고! 눈 좌우로 찢어진 노란 넘들 꺼지라즘~. 아, 참! 보내기 전에 저 괴상한 수염부터 밀어버려라즘!"

이에 수염이 깎인 몽골 사신이 돌아와 보고하니…….

몽골 사신 : "호라즘 왕이 황제의 친서를 개무시했타타르. 남성의 상징인 내 수염도 깎은 저넘들에게 복수해주세몽골!"

칭기즈칸 : "뭣이? 듣보잡 호라즘 왕이 감히 대몽골 황제 신하의 수염을 건드려게르? 어이~. 금나라 공격 지금부터 중지, 전군 호라즘왕국으로 진격하라테무진!"

빡친 칭기즈칸, 한창 전쟁 중이던 금나라와 서하를 놔둔 채 지금의 우즈베키스탄, 이란 지역에 있던 호라즘으로 진격을 명령합니다. 이에 20만 몽골군이 중동 최강 40만 호라즘군과 전면전을 벌이지만 이건 뭐……, 일방적 학살 수준으로 완승합니다. 몽골군이 수도 사마르칸트에 입성하면서 칭기즈칸에게 받은 지령은 "두 발로 걷는 것은 모두 죽여라."였다지요. 그래서 호라즘 왕조는 완벽히, 클리어하게 멸망하고 말지요. 쯧쯧, 상대를 제대로 알고 덤벼야지. 🐻

한마디 덧붙이자면 몽골과 호라즘이 잘못된 만남을 가진 바로 그해, 고려 역시 처음으로 몽골군과 만나게 됩니다. 몽골에 쫓긴 거란

부대가 고려로 들어와 강동성을 점령하고 버티자, 고려군은 형세상 몽골군에 적극 협조하는 것이 유리하다고 판단해 조충, 김취려 장군이 몽골 카치운 사령관과 '형제의 맹약'을 맺고 소탕 작전을 마무리 짓습니다.

하지만 이후 30년간은 대몽항쟁을 하면서 버티던 고려는 첫 만남 시 맹약을 근거로 화친을 요청해 몽골제국이 침략한 나라 중 유일하게 몽골 황제의 사위가 되는 부마국으로서 나라와 백성 모두 살아남을 수 있었던 것이죠. 고려의 외교력에 박수를 짝짝짝!!!

급 결론 하나, 첫 만남 시 아무리 싫어도 내색하지 않고 좋은 표정과 말투로 상대방을 존중해줍시다. 🐻

이후 몽골제국의 일 한국이 실크로드 지역을 장악하지만 1299년

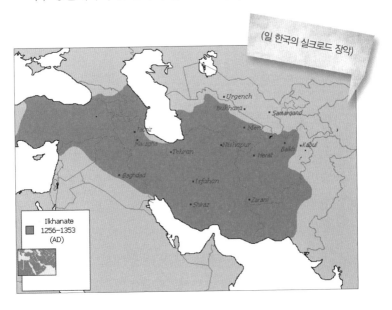

(일 한국의 실크로드 장악)

다시 재정비한 투르크족이 오스만투르크제국으로 부흥하면서, 일한국을 몰아내고 이슬람 세계를 재패한 뒤 발칸반도로 진출해 1453년 동로마제국을 멸망시키면서 군사적으로는 최강의 이슬람제국으로 거듭나게 되나 기존의 이슬람 유통망은 큰 타격을 입고 학문 발전도 지체되기 시작합니다.

반면, 유럽은 오스만제국에 동로마제국이 멸망한 충격으로 인해 르네상스운동이 일어나면서 인문학과 과학 기술이 발전하고, 오스만제국으로 인해 동양과의 교역이 막히자 인도와 직접 교류하려고 범선을 띄웠다가 아메리카대륙을 발견하는 대항해 시대를 맞아 신대륙으로부터 막대한 금은보화를 확보하면서 문화와 경제력 면에서 완전히 역전하기에 이릅니다.

동양의 유통

로마제국에 의해 단일화되었던 서양 유통망이 중세시대에 유럽과 아랍으로 갈라지면서 교역과 충돌이 연이어 일어난 반면, 동양은 중국을 중심으로 주변 국가들의 교역이 이뤄졌는데 중국 왕조 상황에 따라 활황과 부진이 바뀌는 구조로 이어져 옵니다.

중국은 지리적 특성상 동서남북 이민족 교류가 많아 은, 주 시대에 이미 활발한 유통이 이루어졌지요.

그런데 우리가 중국 초기 역사 왕조를 하 - 은 - 주라 부르지만 사실 이 중 은나라라는 국명은 '가리지날'!

원래 그 나라 이름은 상(商)나라였어요. 갑골문에도 상이라고 적혀 있는데, 상나라를 멸망시킨 주나라 사람들이 상나라의 마지막 수도 이름인 은(殷)을 나라이름으로 낮춰 부른 게 정식 명칭처럼 굳어진 것이죠. 마치 '수메르' 민족처럼요.

그래서 멸망한 상나라 사람들이 땅을 빼앗기고 뿔뿔이 흩어지면서 중세 유대인처럼 가장 천한 직업으로 여겨진 장사를 할 수밖에 없었대요. 그래서 주나라 사람들이 이들 상나라 사람, 상인(商人)들이 하던 경제활동을 '상업(商業)'이라고 부른게 일반명사가 된 것이죠.

이후 주나라가 야만족에 밀려나 춘추전국시대가 되면서 각 국가마다 화폐를 만들었는데, 이 중 만주 및 한반도와 가장 가까운 연(燕)나라가 고조선과 교역을 하면서 주고받은 화폐가 역사 교과서에도 나오는 '명도전(明刀錢)'이에요.

이후 진시황이 중원을 통일한 후 화폐도 단일화했고, 한(漢)나라 시대에는 오수전(五銖錢)이라는 동전이 크게 활용됩니다. 또 이후에도 여러 화폐가 등장하는데, 특히 5호16국 혼란기를 종결시킨 수, 당나라 시절에는 이민족 출신이 황

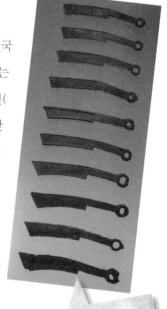

(명도전, 커 보이지만 실제는 손바닥 안에 들어갈 정도로 작아요.)

제가 되면서 대외 교류를 활발히 전개하지요. 그래서 실크로드가 번성하게 되어 중동, 인도를 비롯해 통일신라와도 활발한 교역이 일어났을 뿐 아니라 많은 이들이 중국으로 유학을 가서 과거시험을 거쳐 중국 관리가 되기도 했고, 불교 등 다양한 종교가 소개되면서 유학(儒學) 또한 자극을 받아 문화적으로 큰 역동성을 띠게 됩니다.

이후 송나라 시대에도 이 같은 경향이 이어져 상업활동이 크게 번창했고, 세계 최초의 종이돈, 교자(交子) 사용도 활발해집니다. 또한 이 시기에 아라비아 상인들이 고려까지 찾아오게 됩니다. 그후 몽골이 송나라를 무너뜨리고 원제국을 세우면서 유럽과 동남아시아, 아프리카 동부 지역까지 지배 영역이 확장되고, 도로 곳곳마다 말을 교환할 수 있는 지점을 만들어 마패 소유자가 말을 갈아타고 이동할 수 있도록 운송 체계도 정비되면서 활발한 교역과 문물 교환이 일어나게 되지요.

하지만, 몽골에 차별받던 한족이 일으킨 반란이 확산되면서 원제국을 북쪽으로 몰아낸 명나라는 한족 중심의 폐쇄적 정책을 펼치면서 인적 교류마저 막히게 됩니다. 이에 통일신라, 고려 시절처럼 중국 유학 후 관리가 되는 것은 상상도 못 하는 일이 되고, 서구가 활발히 세계로 나가는 시점에 동양권은 침체와 고립 상황으로 바뀝니다. 이후 명을 멸망시킨 청나라는 안정된 정치력으로 인구가 급증하는 등 최고의 전성기를 구가하나, 후대에 이르러 무기와 자본으로 무장한 유럽 세력에게 아편전쟁, 의화단 사건 등을 통해 무력하게 당하고 맙니다.

우리나라의 유통

우리나라의 유통 역시 중국 상황과 긴밀하게 연결됩니다. 우리나라 첫 국가 고조선은 앞서 설명한 연나라 화폐가 유물로 나오고 있듯이 오랜 기간 중국과 한반도 남쪽 진국을 연결하는 중개무역으로 큰 이익을 남겼답니다. 그런데 오랜 혼란기를 통일한 한나라가 고조선의 중개무역 차단을 트집 잡은 것이 고조선 멸망의 단초가 됩니다.

단군의 후손, 준왕을 몰아내고 왕위를 찬탈한 위만의 손자인 우거왕 시절이 하필이면 한나라는 한무제(漢武帝)가 다스리던 최전성기였지요. 애초 한나라는 북쪽 흉노족과 대치하느라 고조선의 성장을 지켜만 보다가 흉노를 제압하게 되자 이 시기에 이르러 주변 국가를 부추겨 고조선을 계속 공격해 약화시켰어요. 이에 우거왕이 분노해 한나라와의 외교 관계를 끊고 주변 국가가 한나라에 가는 것을 막다가 BC109년 결국 '패수(浿水)전쟁'이 발발하게 됩니다. 고조선은 5만 7,000여 명의 한나라 군사를 잘 막으며 1년간 버텼지만, 결국 신하들의 배신으로 우거왕과 성기 장군이 살해되면서 왕검성이 무너져 고조선이 멸망하고 그 지역은 한사군(漢四郡)의 지배를 받게 되지요.

이후 등장한 고구려, 백제, 신라는 모두 중국과의 교류에 힘을 쏟게 됩니다. 단순히 무역을 통한 이익뿐 아니라 당시엔 중국을 통하지 않고서는 선진 문물을 습득하기 어려웠기 때문이지요. 삼국 모두 한강 유역을 차지하려고 애쓴 것도 중국으로 가는 최단 항로이기 때문입니다.

예를 들면 신라에서 중국으로 가려면 배를 타고 먼 바다로 나가 항해하면 되지 않나 생각하지만, 당시엔 아직 배가 작아 한쪽으론 계속 육지를 보면서 얕은 바다만 갈 수 있는 수준이었어요. 그래서 신라가 오랫동안 중국에 직접 닿을 수 없어 고구려에 부탁을 해야 했지요. 또 당시엔 각 수도에 정기적으로 시장이 형성되는 등 삼국에서도 상업활동이 제법 이루어졌음을 알 수 있으나 화폐는 만들어지지 않았습니다.

이후 통일신라 시기에는 당나라로 유학을 가거나 교역을 위해 가는 신라인이 많아 신라방 등 자치 구역이 생겼고, 장보고는 일본과 중국을 잇는 중개무역으로 거부가 되었지요. 이후 고려시대에도 송나라와 활발히 교류하고 996년 고려 성종 시절에는 '건원중보(乾元重寶)'라는 주화를 처음 만들게 되지요. 특히 원나라 시절에는 왕부터 몽골 황제의 사위가 되면서 많은 고려 귀족이 몽골 수도에서 타국가 귀족들과 교류를 가질 정도로 글로벌한 시대를 맞습니다. 2층집이 즐비했다는 벽란도 등 여러 시장에서 민간인들도 회회인(아라비아 사람)과 장사를 하는 등 다양한 경제활동을 영위하지요.

하지만 중국이 명나라로 바뀌며 공식 사절단 이외의 교역을 금하고, 조선 역시 민간 교역을 금지하고 이를 어길 경우 사형에 처할 정도로 엄격히 교역을 금지하면서 이후 500여 년간 유통은 한반도 내에 고립되기에 이릅니다. 또한 이 시기에 왜구가 창궐하자 아예 섬과 해안을 비우는 공도(空島) 정책을 시행하며 바닷길 자체를 포기하고 맙니다. 국내 시장 또한 왕실에 납품하는 종로 육의전 상인에게만 금난전권(禁亂廛權) 혜택을 주고 지방 역시 보부상 조합만 공식 허가하는 등 상업활동을 최소화시킴으로써, 국가 경쟁력을 스스로 감소시키는 결과를 초래합니다.

쓰다 보니 내용이 좀 복잡하네요. 근대 이후의 경제 이야기는 잠시 뒤에 이어 갈게요. 🐨

02

금 이야기 - 은행의 탄생

앞서 동서양과 한반도에서의 교역 역사를 짧게 소개했는데요, 서로 공통된 가치로 평가할 수 있는 화폐의 발명은 경제 활성화에 큰 역할을 했습니다.

그렇다면 최초의 화폐는 어떻게 만들어졌을까요? 먼 옛날부터 금, 은 등 귀금속은 화폐처럼 사용되기는 했지만, 금을 계속 들고 다니기도 어렵고 무게와 순도를 정확히 보장하기 어려웠기에 거래에 지장이 많았습니다. 그래서 최초로 리디아에서 정량과 순도를 공인한 금과 은 합금 동전을 찍어서 공급하게 되었고, 이후 각국에서 금화, 은화, 동전, 철전까지 만들게 됩니다.

그런데 지금에야 각 나라에서 은행이 해당 화폐에 대한 교환을 보장하기에 안심하고 썼지만, 과거에는 어떻게 그 화폐의 가치를 인정할 수 있었을까요? 그건 바로 그 주화에 포함된 금속의 가치가 바로 그 돈의 가치였기에 가능했습니다. 쉽게 얘기하면 순금 금화를 녹여서 금덩어리로 바꾸어도 동일한 가치가 있도록 만들었다는 것이죠. 그래서 동서양 모두 최초의 화폐는 단단한 금속으로 만들었는데 당연히 녹여서 팔아도 가치가 높은 금화, 은화가 인기도 있었고 만들기도 편했습니다.

앞서 중세시대까지 유럽이건 중동이건 동양권이건 거의 모든 지역에서 교역이나 대출에 의한 이윤 추구를 죄악시하는 분위기였지만, 시대가 변해 교역이 활발해지면서 경제활동에 대한 인식이 달라지기 시작합니다. 그래서 드디어 은행이 만들어지게 되는데요. 금융업의 흔적은 멀리 4000여 년 전 메소포타미아 점토판에도 외상 거래 기록이 수시로 등장할 만큼 역사적 유래는 깊다는군요.

당시 이 점토판이 어음 역할을 했기에 채권자가 아닌 점토판을 소지한 자가 약속한 날에 나타나면 채무자는 점토판 소지자에게 20퍼센트 내외의 이자를 얹어서 줬다고 합니다. 당시 이 같은 이자 개념은 양 등 가축이 새끼를 낳아 자연 증가하는 데서 출발했을 거라고 하네요. 🐻

동양권에서도 10세기 송나라에서 일종의 약속어음 형태로서 종이돈이 등장하고, 고려 상인들이 자체적으로 복식 부기를 만드는 등 상인 간 대출과 이자 지급이 이어지지만, 화폐 거래만 전문으로 하는 경우는 드물었다지요.

그래서 은행의 탄생에는 여러 학설이 존재하지만 14세기 이탈리아에서 정식으로 은행이라는 형태가 등장했다는 학설이 유력합니다. 앞서 유대인들이 종교적 이유로 금융업에 내몰렸다고 설명했는데, 이들이 돈을 빌려주고 이자를 받는 업무를 전문적으로 하면서 각 국가별 화폐 환전업무까지 진행하게 됩니다.

유럽 중개무역의 본산이던 베네치아에선 많은 유대인들이 항구에 나가 상인들이 가져온 각 나라 화폐를 바꿔주었고, 급전이 필요한 상인에게 돈을 빌려주고 이자를 챙기는 업무를 했다네요. 별도의 사무실을 차린 이들은 '방코(Banko, 탁자)'에 앉아 금과 은의 무게를 재는 저울을 놓고 환전과 대부업무를 했는데, 이 단어가 이탈리아에서 은행이란 용어로 확장된 후 영국으로 넘어와 '뱅크(bank)'가 된 거지요. 그리고 이 환전상들도 파산하는 경우가 있어서 돈을 맡긴 사람이 너무 화가 나 그 환전상이 일하던 탁자를 부숴버렸는데, 이 '부서진 탁자(banko rotto)'란 표현 역시 영국으로 넘어와 '은행파산(bankrupt)'이란 단어로 정착한 거라네요. 🐻

이 같은 상황에서 금융업에 눈을 뜬 메디치(Medici) 가문은 1397년 피렌체에서 메디치 은행을 열어 환전과 고

(메디치 가문, 출처_구글이미지)

Cossimo de`medici
1389-1464

Lorenzo de`medici
1449-1492

Leo X
Giovanni de`medici
1475-1521

Clemense VII
Giulio de`medici
1478-1534

Cossimo 1 de`medici
1519-1574

리대금 업무를 시작하고, 지속적으로 로마, 베네치아, 아비뇽, 바르셀로나, 런던, 리옹, 나폴리 등 유럽 곳곳으로 지점을 확장해 크게 번창함에 따라, 교황 2명, 프랑스 왕비 2명 등을 배출하고 갈릴레오 갈릴레이, 미켈란젤로 등 르네상스 예술가와 과학자를 후원함으로써 르네상스의 확산에 크게 기여하게 되지요.

승승장구하던 메디치 가문은 1494년 피렌체공화국에서 추방되는 위기를 맞지만, 교황을 배출하면서 정치 권력을 등에 업게 됩니다. 그래서 1533년 메디치 가문 출신 교황 클레멘스7세는 조카 '카트린 드 메디치'를 프랑스 앙리2세에게 시집보내면서 400여 명의 전문 요리사, 주방 제작자 등을 딸려 보내 현재 우리가 아는 서양 정식 코스 요리를 본의 아니게 전 유럽에 전파하게 됩니다.(이 이야기는 '일상생활 편' 2부 식생활 편에 자세히 소개했지요. 🐨) 뒤이어 1569년에는 메디치 가문의 코시모1세가 피렌체공화국이 붕괴된 혼란기에 대공으로 임명되면서, 토스카나대공국을 창시해 1737년까지 피렌체 일대를 지배하기에 이릅니다.

이 같은 이탈리아 금융업의 발달은 뒤이어 공공은행 설립으로 확장되어 1401년 바르셀로나에서 '타울라 데 칸비(Taula de Canvi) 은행'이 설립된 데 이어, 1407년 이탈리아 해양도시국가 제노바가 '카사 디 산 조르조(Casa di San Giorgio) 은행'을 개설하는 것으로 이어지는데, 이 은행이 국고 겸 은행 역할을 시행함에 따라 중앙은행의 시초가 됩니다. 이후 제네바 식민지에 별도의 관리자를 파견해 영토의 자치와 방어, 정치까지 좌지우지함으로써 영국의 동인도회사, 일본

('카사 디 산 조르조 은행)

(1619년에 설립된 '지로' 은행)

의 동양척식회사 등 식민지 관리의 모델이 되지요. 🐻

이에 베네치아 역시 공공 은행 설립을 위해 1569년 개인은행 신설 금지, 기존은 행 3년 내 청산을 명령하고, 1587년 '피아자 디 리알토 (Banco della Piazza di Rialto) 은행'을 개설합니다. 이후 두 번째 국영은행인 '지로 은행 (Banco Giro)'이 문을 열었는데, 곡물과 은 거래로 큰 성공을 거두면서 오히려 첫 은행을 합병해 유일한 국영은행이 됩니다.

이처럼 이탈리아의 은행 제도가 큰 성공을 거두자 네덜란드와 영국 등 유럽 각지로 전파되기에 이릅니다. 네덜란드의 암스테르담 외환은행은 수표와 자동이체 시스템을 처음 만들었으며, 영국은 지급준비율 제도를 만들게 됩니다. 당시 영국은 금 등 귀금속을 가진 사람들이 금 세공업자에게 금화나 골드바 제작을 의뢰하고 순도 보증서를 받는 방식이 유행했다지요. 그러다 보니 직접 금화를 들고 다니기보다는 금은 세공업자의 금고에 맡기고 그 예치증서(goldsmith note)로 상거래를 하고 마지막 거래자가 보관된 금을 찾는 게 더 편하다는 것을 알게 됩니다.

그 후 예치증서 거래가 늘어나다 보니 금 세공업자들은 보관한 금을 찾으러 오는 경우가 10퍼센트에 불과하다는 사실을 깨닫게 되면서 보관 중이던 금 중에서 90퍼센트를 다른 사람에게 대출해주고 이자를 받기 시작합니다. 이 10퍼센트가 오늘날 지급준비율의 근거가 된 거지요. 🐻 하지만 꼬리가 길면 잡히는 법, 금을 맡긴 주인들이 이 사실을 알고 따지러 오게 됩니다.

> 금 주인 : "어이. 나 좀 보자브리티시. 내가 맡긴 금을 딴 넘에게 빌려주고 이자 챙긴다면서피카딜리? 이 써글랜드."
> 세공업자 : "헉, 암 쏘 쏘리. 옆집 세공업자들도 다들 그렇게 하고 있을유케이. 관행이지피시앤칩스."
> 금 주인 : "뭐 관행? 확 세무서에 신고해버린다글랜드!"
> 세공업자 : "자, 잠깐! 내 말 좀 들어보라시티. 내가 이자를 10퍼센트 받고 있는데 5퍼센트를 드리면 어떨까캠브리지?"
> 금 주인 : "거러췌~! 오케이옥스포드. 그럼 눈 감아주겠다호그와트. 하지만 허튼짓하면 확 SNS에 신상 털거니 제때 입금하런던브릿지!"

그래서 금 세공업자가 대출을 통해 얻은 이자 중 일부를 금 주인에게 나눠주자 다들 묵인하게 됩니다. 🐻 즉 지금 우리가 은행에 돈을 맡기고 받는 예금 이자가 이렇게 시작된 거예요.

이에 금세공업자는 더욱 대담해집니다. 금 보유량은 자기만 알고 있기에 가지고 있지 않은 금을 근거로 대출을 해 더 큰 이익을 얻기

시작하면서 이제는 금 세공보다는 보관한 금으로 돈을 버는 은행사업가로 변신합니다.

하지만 갑자기 모두가 금을 찾으러 오게 되면 파산하게 될 우려가 있었고 실제로 그런 사례가 발생해 곤경에 빠지지만, 뜻밖에도 16세기 당시 전쟁을 치르기 위해 돈이 필요했던 영국 왕실이 투자를 제안하며 일정 수익을 나눠 갖자고 한 거죠. 그래서 영국 왕실로부터 보유한 금의 3배에 해당하는 가상의 금액을 합법적으로 대출해줄 수 있는 면허를 발급받게 됩니다. 그래서 왕실로부터 면허받은 곳이라 하여 '차타드 뱅크(Chartered bank)'란 단어를 붙여 공인된 은행이라고 표기하고 있다는군요. 우리나라에 진출해 있는 '스탠다드

차타드 은행(Standard Chartered Bank)'
이 바로 이런 케이스라네요. 🐻

(영란은행이라 불리는 영국 중앙은행)

하지만 민간에 은행 업무를 맡기던 영국 왕실은 인구 30만 명의 작은 도시국가인 베네치아 국영은행 수익이 영국 왕실이 공인 은행에서 얻는 수익보다 2배나 많다는 사실을 알게 되자, 결국 1694년 국립중앙은행인 '영란은행(英蘭銀行, Bank of England)'을 설립하게 되지요. 🐻 이후 이 영란은행은 영국의 산업혁명 발전에 크게 기여하게 됩니다.

그런데 영란은행이란 이름은 참 웃겨요. 🐻 잘 모르는 분은 영국과 네덜란드(화란) 연합 은행인 줄 아시던데, 정확하게는 그냥 영국은행이죠. 사실 이 이름은 19세기 말 중국인들이 잉글랜드를 줄여 '잉란(英蘭)국'이라고 부를 때 붙인 이름이니, 영국은행이라고 하면 되는데 유독 은행만은 영란은행이라고 부르네요.

그런데 왜 영어 뱅크(Bank)가 동양에 번역될 때 '은행(銀行)'이 되었을까요? 글자 그대로 풀면, '은이 오가는 곳'이란 의미인데, 애초 은행은 금 거래에서 시작되었으니 '금행(金行)'이라 번역하는 게 맞는데 말이지요. 🐻

그건, 중국이 1857년 은행업을 처음 도입할 당시, 중국 내 거래의 기준이 금이 아니라 은이었기 때문이에요. 이를 '은이 기본인 체제'

즉, '은본위제(銀本位制)'라고 하는데, 서양이 금이 많아 '금본위제(金本位制)'인 반면, 동양은 은이 흔했기에 명, 청나라 시기에 '은본위제'가 오랫동안 이어져 왔습니다. 일본도 마찬가지로 은이 풍부했지요.

그리고 이 은행이란 단어에 쓰인 행(行)은 사실 '항'이라고 읽어야 해요. '行' 글자는 '행', '항' 두 가지 발음이 있는데, 행은 '가다, 여행하다'는 의미일 때 발음이고, 항은 '줄, 열'이란 뜻일 때 사용하는 발음이에요. 집안 내 세대 관계를 항렬이라고 하는데, 이 항렬을 한자로 '行列'이라고 쓰죠.

중국에선 도시를 정비할 때 유사한 물품을 파는 상점끼리 같은 구역에 위치하게 해 종이 거리, 비단 거리 등이 만들어지고 이에 따라 자연스럽게 '항(行)'이 물품별 상인조합이란 의미로 확대되었다네요. 그러니 은을 기본으로 돈을 맡기고 빌려주고 환전해주는 점포들도 나란히 한 블록에 위치했기에 '銀行'이라 부른 거지요. 그러니 '은항'이 맞는 발음인데, 개항 후 일본이 1878년에 부산 일본인 거류지에 일본 제일국립은행 지점을 설립하면서 간판을 달자 그런 배경을 모르던 우리 조상님들이 '은행'이라고 읽은 거예요.

마찬가지로 서양 물건을 팔던 가게들이 있던 거리를 중국인들이 '洋行(양항)'이라 불렀는데, 이 역시 해외 물건을 수입하는 회사란 의미로 '洋行'이라 이름 붙였는데 우리나라에선 '양행'이라고 잘못 부르는 거예요.

다시 본 이야기로 돌아갑시다. 유럽이 오랫동안 금본위제를 시행하게 된 데에는 여러 이유가 있습니다. 원래 유럽에는 금광이 거의 없다네요. 금이라는 금속은 생명체로부터 유래한 석유, 석탄과 달리 50억 년보다 더 먼 옛날, 지금의 태양계 근처에서 폭발한 초신성 내부에서 튀어나온 중금속이에요. 이 금들이 우주를 떠돌다가 50억 년 전 지구가 탄생할 당시에 포획되어 지구 내부에 묻혔는데, 원체 무거운 원소여서 지진이나 물 등에 의해 퇴적될 때 균열된 틈으로 몰려서 땅속으로 깊숙이 내려갔지요. 그래서 우연히 찾은 금덩어리를 파 내려가면 마치 기다란 뿌리처럼 땅속에 깊숙이 박힌 경우가 많다네요.

그리고 특정 구역에 많이 몰려 있기에 오랜 기간 유럽에선 금을 보기가 쉽지 않았지만, 로마가 중동 지역과 북아프리카 지역으로 영토를 확장해 금광이 있는 터키와 서아프리카 일대를 장악하면서 금화와 은화를 다 만들게 됩니다.

하지만 금이 은보다 비싼 금속이므로 당연히 은화나 동전보다 거래가 적었겠지요. 그런데 근세로 접어들어 유럽에 금 유입이 늘어나면서 금 거래가 활성화되었고 그러면서 금이 기준이 된 겁니다. 이처럼 유럽에 금이 늘어난 데에는 네 번의 큰 이슈가 있었습니다.

그 중 하나는 아메리카 신대륙이 발견되면서 잉카, 아즈텍제국을 점령한 스페인과 포르투갈로 엄청난 금이 쏟아져 들어온 것이고, 또 하나는 '포티나이너(49er)'라 불리는 1849년 미국 캘리포니아 금광 발굴이었어요. 또 1886년 남아프리카공화국 골드러시(Gold Rush)가 있는데, 지금도 남아프리카공화국에서 전 세계 금의 40퍼센트가 발굴되고 있지요. 이건 다 아신다고요? 암요. 이 책을 여기까지 읽으신 내공이면 당연히 아실 내용이지요. 🐻 (내용이 길어질 것 같으니 은근슬쩍 넘어가려고 한다고 느끼시나요? 그 느낌 맞습니다. 🐻)

그런데 이 세 가지 이벤트보다 먼저 일어난 금 폭증 사건이 하나 있습니다. 세계사 책에 거의 안 나오는 근세 최초의 금 폭증 사태는, 세계사의 변방 아프리카 서부내륙 말리제국에서 시작됩니다. 🐻

말리제국은 서아프리카에 1235년부터 1670년까지 존재했던 나라인데, 수도 팀북투에서는 개도 금목걸이를 하고 다닌다는 이야기가 나올 정도로 금광이 많았답니다. 당시 전 세계 금의 70퍼센트, 소금의 50퍼센트를 생산했다고 하니 최고의 부자나라였던 겁니다.(아니, 이런 중요한 나라를 왜 세계사 책에선 다들 소개 안 하지? 아프리카 나라라고 무시하셈? 🐻)

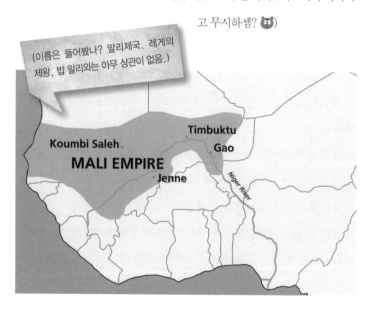

(이름은 들어봤나? 말리제국. 레게의 제왕, 밥 말리와는 아무 상관이 없음.)

말리제국은 성립 당시부터 이슬람교를 국교로 정했는데 9대 황제 만사 무사(Mansa Musa, 재위기간 1312~1335)가 12년간 무탈하게 나라를 다스리던 1324년에 메카로 성지순례 여행을 떠납니다.

> 만사 무사 : "나라를 다스린 지 어언 12년, 만사가 무사하구나말리~."
> 신하들 : "이게 다 대왕님의 은혜 덕분이지골드."
> 만사 무사 : "그래서 무슬림의 신성한 의무인 성지 메카 순례를 갈까 하니 나들이 준비하라팀북투~."
> 신하들 : "얼마나 준비할까레게~?"
> 만사 무사 : "신도의 자격으로 가는 것이니 소박하게 준비하라스타~."
> 신하들 : "그럼 평소 여름 바캉스 기준으로 준비하겠프리카~."

그래서 그가 대동하고 온 여행단의 규모는 아내 800명, 노예 1만 2,000명 등 6만 명에, 수행원들마저 모두 금으로 장식한 옷을 입고 낙타 500마리에는 황금 궤짝을 실었답니다. 🐻 그가 메카 등 성지를 순례하면서 거리로 구경 나온 사람들에게 뿌린 금이 11톤. 그래서 이 황제의 별명은 '이 시대에 가장 부유한 남자'가 되었다지요. 아마 실제로도 당시 세계 최고의 부자였을 듯합니다.

하지만 워낙 금이 흔해 빠진 곳이어서 금이 얼마나 가치가 큰지 잘 몰랐다나요. 그가 가난한 무슬림을 돕겠다며 호탕하게 길에 뿌린 금 11톤이 얼마나 큰 가치냐면, 현재 체코의 국가 금 보유량이 9.4톤

에 불과하다는 사실에 비춰보면 엄청난 겁니다. 당시 이 황제에게 얼마나 금이 많았는지 짐작이 가시죠? 만사 무사 황제의 재산은 현재가치로 약 4000억 달러(455조 원)에 이르렀을 거라고 합니다. 현존하는 최고의 부자 빌 게이츠의 재산이 1360억 달러 정도라고 하니 3배나 더 부자였네요. 🐻

이처럼 말리 황제의 느닷없는 금 투척 이벤트로 컬처쇼크를 당한 이슬람 상인들은 부랴부랴 사하라 사막을 건너 말리제국과 교역을 늘리면서 헐값에 금을 마구 사들입니다. 그 결과, 말리제국은 만사 무사 사망 이후 쇠퇴하게 되었다나요.🐱 그래서 한동안 이슬람 세계에서 넘쳐나는 금 때문에 금값이 대폭락하게 되자 유럽에서 유일하게 이슬람과 교역을 하던 능구렁이 100단 베네치아 상인들이 구매대금으로 금만 고집해 결국 대량의 금이 유럽으로 쭉쭉 빨려 옵니다. 게다가 유럽에서도 후추 팔면서 금만 받았지요. 오 맘마미아 ~, 베네치아 최고리아~. 🐻 그래서 신대륙 발견 이전엔 베네치아 및 피렌체 등 이탈리아 도시국가들이 다른 유럽 국가보다 더 부유했어요.

실제로 1776년 미국 독립전쟁 당시 70세 내외인 미국 재무장관 일행이 돈을 빌리러 대서양을 건너와 베네치아공화국의 새파란 20대 재무대신에게 머리를 조아리며 훈수를 들었을 정도였으니까요. 지금도 이탈리아는 미국, 독일, 그리고 국제통화기금(IMF) 다음으로 세계에서 네 번째로 금이 많은 나라이지요.

이처럼 14세기 초 아프리카에서 넘어온 금들이 유럽 각국의 주요 자산이 되면서 환전상과 금 세공업자가 은행업을 시작하게 되니, 결국 근대 은행의 탄생은 우리가 잘 알지 못했던 아프리카 한 임금님의 성지순례 여행이 그 출발점이 되었던 것이죠. 🐻

또한 이때 타 문명의 부유함에 눈을 뜬 유럽인들이 이후에 자원 쟁탈을 위해 아프리카와 아메리카 전역을 식민지로 삼는 제국주의로 나아가는 불행한 시대를 맞이하게 됩니다. 🐻

반면, 동양에선 오랫동안 은이 교환 기준점이 되어 중국과 일본이 은본위제로 운영하지요. 일부에선 도요토미 히데요시가 명나라를 치겠다며 임진왜란을 일으킨 주 요인이 결국 중국 은을 확보하기 위한 경제전쟁이었다고도 얘기합니다. 그럼……, 우리나라는 뭐가

기준이었냐고요? 금이고 은이고 뭐 유통할 정도가 있었어야 말이죠. 🐻

그런데 석유도 안 나는 자원 빈국, 동아시아에서도 20세기에 드디어 골드러시가 터집니다. 처음 듣는다고요? 그게 어디냐고요? 바로 여기 한반도였습니다!!! 거의 미국 캘리포니아 골드러시에 버금갈 정도로 많은 금이 나왔다고 합니다.

노다지란 말이 원래 '노터치(No Touch)'에서 나온 거 아시죠? 당시 대한제국 정부로부터 금광 채굴권을 따낸 미국, 유럽 채굴권자들이 금맥이 발견되어 인부들이 잡으려 하자 손대지 말라고 "No Touch!"라고 외치자, 당시 우리 조상들은 "아~. 양놈들은 금을 노다지라고 하는구나!"라고 이해해서 생긴 단어 '노다지'.

이 같은 골드러시는 1930년부터 10년간 유행이 되어 전국에 무려 5500여 개의 갱도가 파헤쳐지면서 조선인 중에도 갑부가 여럿 탄생하지만, 대부분의 금은 일본으로 들어갑니다. 그래서 1929년 세계 대공황에다가 경제정책까지 실패해 피폐해 있던 일본이 세계 6위의 금 보유국으로 벌떡 일어섭니다. 🐻 지금도 금 보유량 세계 9위인 일본이 보유한 금의 상당수는 우리나라에서 가져간 것이지요. 일본은 제2차 세계대전 패망 후에도 6.25전쟁 덕분에 경제를 재건한 바 있으니, 20세기에 두 번이나 우리나라 덕에 경제를 되살렸네요. 참 슬픈 역사입니다. 🐻

이처럼 금은 각 나라의 경제 발전에 대단한 영향력을 발휘하는데

요. 현재 세계에서 가장 금을 많이 보유한 나라는 어디일까요? 당연
……, 미국입니다. 국가 보유 금 기준으로 8133.5톤을 보유해 지금
도 전 세계 국가들이 소유한 금 중 30퍼센트 가까이를 미국이 갖고
있다고 합니다. 오오~. 🐻

그런데 일반적인 상식과 달리 우리나라로 치면 한국은행에 해당
하는 미국 연방준비제도이사회(FRB)는 국가기관이 아닌 개인은행
연합이어서, 세계 최고 파워를 자랑하는 미국 대통령도 좌지우지하
지 못한답니다. 🐻

유럽 각국은 이미 근대가 될 무렵 국영은행을 운영한 반면, 앞
서 설명한 영국의 국가중앙은행인 영란은행도 실은 1946년에야 국
유화가 되었고, 미국은 아예 국유화하지 못했습니다. 대신 여러분
도 이름이 익숙한 로스차일드(Rothschild) 은행, 골드만 삭스(Goldman
Sachs) 은행, JP모건(JP Morgan) 은행 등 11개 은행가들이 주주로 모
여, 1913년 미국 의회를 통과한 연방준비제도법에 의해 설립한 연방
준비제도이사회가 글로벌 화폐인 미국 달러를 발행하고 있는 거지
요. 그리고 국제통화기금(IMF), 세계은행(BIS)도 사실상 이들이 주
축이 되어 있답니다.

이들은 14년 단임 임기인 7명의 이사로 구성되는데, 이들의 수장
이 이사회 의장이고, 준 입법 및 사법 기능을 법적으로 보장받아 정
부의 간섭 없이 독자적으로 미국 내 금융기관을 규제하는 기관이 되
었어요. 이처럼 막강한 FRB가 전 세계 국가 소유 금의 30퍼센트 가
까이 보유하고 있기에, 미국이 빚이 많아도 이를 갚을 현물은 빵빵

하다는 거고, 달러가
세계 화폐로서의 위
상을 점유하는 이유
이기도 한 거죠.

화폐라고 하는 것
은 은행이 지불을 약속한 은행채권(영수증)일 뿐입니다. 따라서 그
지폐의 가치에 해당하는 현물이 있어야 하는데, 1890년대 유럽이 금
본위제를 확립하고 일본도 1897년에 금본위제로 갈아타면서 은행
이 보유한 금만큼만 화폐를 찍을 수 있었고, 금을 얼마나 보유하고
있는지가 국력의 상징이 됩니다. 따라서 각국은 금 확보에 목을 매
었지요.

하지만 제1차 세계대전에 이어 대공황이 터지면서 결국 각국이
금본위제를 폐지하게 되고 독일에서는 엄청난 인플레이션이 발생
하는 등 피해가 커지자, 제2차 세계대전이 종반으로 치닫던 1944년
1월에 금 1온스를 35달러로 달러 가치를 고정시키고, 이를 바탕으로
파운드, 프랑 등 타 화폐를 고정시킨 미국 중심 고정환율제(브레튼
우즈 체제, Bretton Woods system, BWS)를 운영하기로 결정하면서 미국
달러는 세계 경제를 유지하는 기축통화로 우뚝 서게 됩니다.

뒤이어 2차대전이 종결된 후, 경제 재건이 절실하던 유럽 각국은 남아 있는 자산이 없다 보니 보유한 금을 미국에 팔아 경제적 지원을 받음으로써 한때 전 세계 금의 70퍼센트를 미국이 차지하게 되고, 미국은 서유럽 국가 지폐의 보증인이 됩니다. 🐻

하지만 미국 역시 베트남전쟁으로 막대한 비용이 지출되고 닉슨 대통령이 복지정책을 확대하다가 무역수지 적자로 돌아섭니다. 그래서 금은 줄어들고 달러의 유출도 증가하자 결국 1971년 8월 15일 닉슨 대통령이 달러와 금 교환 정책을 포기하면서 브레튼우즈 체제가 종결되고, 이제는 화폐별 변동 환율제도로 운영되다 보니 매일매일 환율이 요동치지요.

결국 미국이 금본위제를 포기한 것은 이제는 글로벌 화폐 규모가 너무 증대해 더 이상 금으로 맞바꿀 수 없기 때문입니다. 원래 금은 자연상태에서 찾아내기가 매우 어려운 금속이어서 과거부터 가장 귀하게 여긴 귀금속이에요. 오죽하면 올림픽에서 1위 하면 금메달을 주겠습니까?

현재 전 세계 금을 다 합쳐도 16만 톤 정도인데요. 매년 추가로 채굴하는 금이 2700톤에 불과하다네요. 우리나라의 1997년 IMF 위기 당시 전 국민이 기증해 한국은행에 추가한 금도 3톤밖에 안 돼요.

그럼 전 세계 금을 한곳에 모으면 얼마나 될까요? 꽤 많을 거 같지만 컨테이너 한 대당 평균 40톤을 담을 수 있으니, 고작 컨테이너 4,000개 분량밖에 안 됩니다. 항구 도크 하나면 충분히 보관할 정도에 불과해요.

이제는 더 이상 금이 경제를 떠받치는 기준이 되지는 못하게 되었지만, 우리나라의 금 보유량은 적은 편이에요. 글로벌 비상사태 시 버틸 수 있는 마지막 자산이기도 한데 말이죠. 다행히 2011년부터 3년간 90톤을 추가 매입해 2011년 초 14.4톤(56위)에서 현재 104.4톤으로 국가별 보유량 33위로 올라섰다고 하죠. 🐻

하지만 아시아 국가 중 중국(6위, 1842.6톤), 일본(9위, 765.2톤), 인도(11위, 557.8톤), 대만(14위, 423.6.톤), 필리핀(23위, 196.4.톤), 태국(26위, 152.톤), 싱가포르(27위, 127.4톤)보다 금 보유량이 적습니다. 7년 전까진 스리랑카(22.2톤)보다도 더 없었죠. 아, 이런!! 🐻

중국, 인도, 러시아가 2008년 글로벌 경제 위기 당시 금을 엄청 사들였던 것에 비하면 아쉬울 뿐입니다.

반면 경제 위기 국면인 영국은 1999년부터 2002년까지 400톤을 팔아치워 현재 310.3톤(17위)만 남았어요. 기존 보유량의 56퍼센트나 팔아버린 것이지요. 그럼 지금 가장 많은 금이 모여 있는 장소는 어디일까요? 스위스 은행 금고가 아니라 바로 미국 뉴욕의 FRB 본사 건물 금고에요. 🐻 하지만 여기서는 대부분 타 국가들 소유의 금을 대신 보관하고 있어요.

실제 미국 소유의 금 대부분은 켄터키치킨……, 아 아니구나. 🐻 켄터키 주의 요새 도시, 포트녹스(Fort Knox) 지하 금고에 들어 있어요.

(여기가 세계 최고의 요새 창고, 포트녹스 입구. 내부는 한 번도 공개된 적 없음. 출처_구글이미지)

그런데 그 금고 내부는 아직 어느 미국 대통령도 구경해본 적이 없대요. 즉, FRB 의장이 세계 경제의 실세라능. 🐻 영화상으로는 과거 '007 골드핑거' 마지막에 등장하지만, 이 역시 상상으로 만든 세트장이었다고 하네요.

그럼 우리나라 국가 보유 금은 한국은행 지하 금고에 있을까요? 아뇨. 전부 영국 런던 영란은행 금고에 있답니다. 처음에는 국내에서 보관하다가 영국으로 보낸 후 IMF 위기 때 국민들이 낸 3톤 역시 영란은행 금고에 가 있습니다. 최근 구매한 90톤은 모두 영란은행 금 계좌를 통해 구매했다고 하지요. 80여 년 전 골드러시의 주 무대였던 한국이 정작 우리나라에서 나온 금은 외세에 뺏기고 이제 외국산 금을 사고 있는 이 현실이 참 아쉽고 씁쓸합니다. 🐻

참고 : 국가별 금 보유량 (2018년 1월 기준, 출처_Wolrd Gold Council)

1위 - 미국, 8133.5톤
2위 - 독일, 3373.6톤
3위 - IMF, 2814.0톤
4위 - 이탈리아, 2451.8톤
5위 - 프랑스, 2435.9톤
6위 - 중국, 1842.6톤
7위 - 러시아, 1828.6톤
8위 - 스위스, 1040.0톤
9위 - 일본, 765.2톤
10위 - 네덜란드, 612.5톤
11위 - 인도, 557.8톤
12위 - 터키, 525.8톤
…
14위 - 대만, 423.6톤

...

23위 - 필리핀, 196.4톤

...

26위 - 태국, 152.4톤

27위 - 싱가포르, 127.4톤

...

33위 - 한국, 104.4톤

이상으로 은행 설립의 기폭제가 되고 세계 경제를 울고 웃긴 금 이야기를 마칠까 합니다.

03
백화점의 탄생 – 1930년대 경성의 풍경

인간의 호기심과 도로망 발달은 필연적으로 유통의 발달을 가져왔고, 경제활동을 위한 수단이었던 금이 어떻게 각 국가의 흥망성쇠에 영향을 주었는지 살펴보았는데요. 우리나라의 유통은 어떻게 발전해왔을까요?

앞서 4부 1장에서 조선시대는 왕실에 납품하는 종로 육의전과 지방민을 위한 보부상을 제외하고는 민간 유통을 억제했다고 설명했는데, 임진왜란과 병자호란을 겪은 조선 후기에 오면 1791년 정조가 민간 경제활동을 허용하면서 각 지방마다 5일장이 들어서서 생활필수품을 사고파는 장소가 늘어납니다. 또 청나라와 일본과 직접 거래하는 경우가 증가하면서 임상옥 등 여러 거상들이 등장하지만, 여전히 중국이나 일본에 비해서는 그 규모가 초라했고, 공업 역시 가내

수공업 위주로 조악한 상황이었어요.

이렇게 오랜 기간 침체하던 조선 경제에 1876년 체결된 강화도 조약은 실로 엄청난 문화적, 경제적 충격으로 다가옵니다. 즉, 제물 포, 부산, 원산 등 일본의 요구에 따라 개항한 항구마다 일본과 청, 미국, 영국, 독일 상인들이 본격적으로 진출한 겁니다. 과거에도 삼 포 개항을 통해 일부 일본인들이 체류하고 대마도주가 수수료를 챙 기긴 했지만, 당시엔 조선과 일본 간의 격차가 크지 않았고 서로 원 하는 품목이 달랐기에 일반 백성들의 삶에는 별 영향을 미치지 않았 어요. 그런데 1883년 제물포항이 개항한 후, 양질의 해외 공산품이 싼값에 들어오자 각 지방에서 조선 상인들이 몰려와 사 가게 되고, 백성들도 신기한 해외 물품을 선호하게 되니 500여 년간 이어지던 종로 육의전의 위세는 한순간에 붕괴되고 맙니다.

그러자 일본 상인들이 본격적으로 한양에 진출하는데, 당시만 해 도 진창길에 가난한 서생들만 모여 살던 남산 기슭 진고개(지금의 충 무로)에 일본인 거류지 '혼마치'가 형성되고, 일본 자본에 의해 신작 로가 생겨나면서 일본 상점들이 들어서 '리틀 도쿄'라 불리게 되니 3,000칸을 자랑하던 종로 육의전은 20년이 못 되어 완전 파산하는 지경에 이릅니다.

겨우 살아남은 종로 상권의 마지막 거상은 대창무역의 '백윤수 (비디오 아티스트 백남준의 할아버지)' 씨였고, 다른 이들도 종로1가부 터 종로3가 거리에 모여 500여 조선인 점포가 문을 여니, 혼마치(충 무로)를 중심으로 명치정(지금의 명동)까지 진출하게 된 일본 상권과

청계천을 사이에 두고 남북으로 팽팽한 경쟁이
벌어지죠.

우리가 익히 잘 알고 있는 '장군의 아들' 김
두한과 혼마치의 하야시는, 각각 두 상권이
스스로를 지키기 위해 고용한 어깨들이었지
요.(그런데 일본인으로 흔히 알고 있는 하야시
는 사실 조선인이었다는 게 함정. 🐻)

(우리나라
전통 고무신)

그렇다고 마냥 조선 상권이 밀리기만 하지는 않
은 게, 당시에 일본인들이 고무신을 들여오긴 했으
나 바닥만 고무일 뿐 윗부분은 가죽이나 천으로 된
서양 구두 스타일이었다네요. 그러자 평양 출신 이병두 씨가 현재
우리가 알고 있는 형태의 조선 스타일 고무신을 개발해 폭발적 인기
를 끌면서 일본 고무단화의 씨를 말리기도 합니다. 🐻

이렇게 서로 옥신각신하던 중, 1916년 일본 미쓰코시 백화점이
경성에 진출하면서 새로운 바람을 일으킵니다. 각 개별 물품마다 있
던 점포를 한 건물에 모은다는 발상으로 1852년 프랑스 파리에서
문을 연 '봉 마르셰(Le Bon Marche) 백화점'이 세계 최초의 백화점이
었다지요. 그 백화점을 설계한 사람은 바로 구스타프 에펠(Gustave
Eiffel). '자유의 여신상'과 '에펠탑'을 설계한 그의 초기 작품이었습
니다. 봉 마르셰 백화점을 세운 아리스티드 부시코(Aristide Boucicaut)
는 원래 포목상인으로 재래시장에서 고객과 상점주인 간 가격을 흥
정해야 하고, 반품이 어렵다는 고객의 불만을 해소하고자 정찰제와

환불제를 도입해 큰 인기를 끌었고, 에펠이 설계한 화려한 실내 장식과 조명은 고객이 대접받는 기분을 느끼게 해주었다지요.

또한 백화점 안에 도서실, 휴게실, 미술관을 설치하고 폐점 후 이 공간들을 이용해 무도회, 음악회, 미술 전시회 등 문화교실을 열어 이미 현재의 백화점 마케팅의 기초를 닦았다는 평가를 받고 있습니다.

이후 영국, 미국 등 서구에서 백화점이 잇달아 문을 열어 각광을 받자 일본에서도 1904년 미

(미쓰코시 백화점 경성점(왼쪽))

쓰코시에서, 도쿄 니혼바시에 미쓰코시 백화점 본점을 시작으로 12개 지점으로 늘린 후, 12년 뒤 드디어 조선 경성까지 진출한 겁니다. 놀라운 건 당시 미쓰코시 백화점이 진출하자마자 3층 건물을 신축해서 현장 판매를 한 것은 물론, 고객들에게 카탈로그를 우편으로 보내는 통신판매를 시작하면서 일본 본사에서 물건을 보내줬다는군요. 고객 반응이 뜨겁자 사세를 확장해 1930년 지금의 신세계백화점 본점 자리에 지하 1층 지상 4층으로 건물을 신축하고, 영화관과 곡마단까지 유치해 단숨에 핫플레이스로 떠오릅니다. 🐻 이외에도 1921년 조지야 백화점(지금의 롯데백화점 본점 영플라자 자리), 충무로1가에는 1922년 미나카이 백화점, 1926년 히라다 백화점이 잇달아 들어오면서 조선 상권이 위태로워집니다.

당시 일본 백화점은 서구의 백화점들과 다른 점이 있었는데, 유럽 백화점은 여러 상점을 한곳에 모은 형태라 나란히 입점해 있는 상점마다 들어가서 보고 나오는 형태인 반면, 일본은 기존 재래식 시장처럼 상품을 직접 만져볼 수 있게 통로에 매대를 노출한 형태로 배치해 직접 만져보고 사야 직성이 풀리는 우리 소비자의 심리에 더 적합하게 운영했어요. 그래서 그때 들어온 방식이 이어져 현재 우리나라 백화점이나 할인매장 역시 매대에 물건을 올려 만져보고 살 수 있도록 하고 시식코너를 운영하는 식품매장이 강세를 띠고 있지요.

이 같은 매대 진열방식의 판매 우위 현상에 대해 재야 경영학자 조연환 씨는 '문턱 이론'이라 지칭한 바 있습니다. 즉, 가게 문을 열고 들어가거나 쇼윈도 등 보이지 않는 문턱을 넘어가야 하는 소비자의 심리적 부담을 줄이는 것이 매출 확대에 도움이 된다는 거지요. 그래서 지금도 많은 가게들이 여름이면 에어컨 빵빵하게 튼 채 문을 열고 고객들을 불러 모으죠.

아~, 그런데 재야 경영학자 조연환 씨가 누구냐고요? 제 아버지이십니다. 🐻

이들 일본 백화점은 당시 유통 대기업 그룹의 일원이었는데, 1920~30년대 전철 건설 붐이 일어나면서 유통과 철도망을 동시에 확보하고자 세이부, 한큐 등 여러 유통 그룹들이 도심 백화점에서부터 근교 인구 밀집 지역까지 직접 전철노선을 만들어 운행합니다. 그래서 그 노선을 따라 주부들이 전철을 타고 와 해당 백화점에서 쇼핑과 문화생활을 즐기고 다시 집으로 돌아가기 편하게 했던 거지

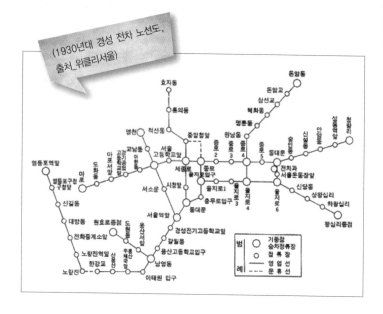

(1930년대 경성 전차 노선도, 출처_위클리서울)

요. 한동안 유행했던 백화점 셔틀버스의 선배님 되시겠습니다.

당시 도쿄에서는 정부도 철도사업을 전개하면서 JR노선이 주요 노선을 차지해 사철(私鐵)이 적은 편이지만, 정부 투자가 적었던 간사이 지역은 민간이 건설한 노선이 많아 지금도 오사카 – 교토 – 나라 – 고베 – 히메지 지역은 사철이 대세를 이루고 있지요. 그래서 오사카 도심지에서 주요 목적지까지의 노선에 여러 사철이 중복되는 경우가 많고, 이 지역 여행 시 JR패스보다 각종 사철 패스권을 사는 게 유리한 이유가 다 이러한 배경이 있는 겁니다.

이처럼 세를 확장하던 일본 상권이 조선에 진출하게 된 것은, 조선시대엔 인구 20만 명이던 서울이 1920년 30만 명, 1936년 67만 7,000명, 1942년 111만 4,000명에 이르게 되고, 그중 일본인이 20퍼센트에 달할 정도로 인구가 급증하면서 조선 거주 일본인과 부유한 조선인을 대상으로 본토 물건을 팔고자 진출한 것이죠.

(1930년대 명동 거리, 출처_서울역사박물관)

또한 일본 정부가 본토에서는 유흥산업을 억제한 반면, 조선과 만주로 진출한 일본군과 식민지 이주 일본 민간인을 위해 현지 유흥사업을 부추겨 식민지 조선 경성에는 야간 조명을 허용하고 주요 역 앞마다 환락가를 조성해 환락의 도시로 만들어 갑니다. 이에 모던 걸과 모던 뽀이가 거리를 활보하고 '경성명소유람버스'라는 시티투어 버스까지 다니는 경성의 발전상을 담은 엽서를 일본 내에 팔면서 일본인들에게 황금 개발 열풍에

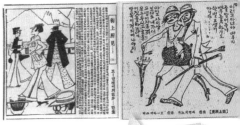

(모던 걸, 모던 뽀이 만평, 출처_http://fashionn.com)

빠진 조선으로 건너가서 한탕 크게 벌라고 부추기는 이미지 메이킹을 한 것도 원인이 되었습니다.

일본은 이처럼 보여주기식 이미지 공연장으로서 경성의 발전을 도모하는 한편, 전국 단위로는 1905년 경부선, 1906년 경의선 완성에 이어 1914년 원산까지 잇는 경원선과 목포까지 닿는 호남선을 개통하면서 조선 물류 통로를 장악합니다. 또한 1924년에는 금강산 관광이 주 목적인 금강산 전철까지 노선을 확장하지요.

당시 이 철도 건설 작업에는 러일전쟁 당시 붙잡힌 러시아 포로들도 강제노동에 동원되었고, 경부선에서 호남선이 분리되는 지역은 대전으로 성장하게 됩니다. 또한 서울에서 원산으로 가는 경원선의 중간 지점이자 금강산선 분기점인 강원도 철원은 강원 제일의 쌀 생산지였기에 신도시를 크게 만들어 강원도 내 두 번째로 인구가 많은 도시로 성장합니다.

일제는 이 같은 토목공사와 신도시 건설을 병행해 도쿄에서 큐슈까지 기차를 타고 와 배를 타고 부산으로 건너온 뒤 경성을 거쳐 금강산까지 기차로 여행하는 패키지 관광상품까지 만들 정도로 식민지의 발전상을 널리 알립니다. 물론 경성과 일부 도시를 벗어난 그 외 한반도 전체는 여전히 소가 논밭을 가는 열악한 농촌이었지만요. 그러던 차에 1930년부터 한반도에서 금이 쏟아져 나오자 일확천금을 노린 일본 하층민들이 한반도와 만주로 이주해오기 시작합니다.

일본 정부 : "요코소~, 조센~ 기차와 배를 타고 천하절경 금강산까지 유람하는 패키지 관광상품 나왔다쓰시마. 부모님 효도관광으로 이찌방이지니뽄~."

일본 국민 : "오, 우리 정부가 미개한 조센진들에게 우수한 문물을 전해주니 뿌듯하다다미~."

일본 정부 : "아예 조센 땅에 살러 오면 특전 뽀나스도 있을 수 있다사시미~."

일본 국민 : "에? 그게 무엇이지다꾸앙?"

일본 정부 : "요새 조선에서 땅을 잘만 파면 금이 나와 벼락부자가 될 수 있지킨가쿠지."

일본 국민 : "혼또니? 조선 집값 얼마면 돼~. 얼마면 되냐가쓰오부시?"

일본 정부 : "쫌 싸게 살려면 만주로 가면 된다만쥬~. 원래 니뽄과 조센, 만주는 다 옛 조상님 땅이지흑룡회~."

이처럼 일제가 문화통치를 통해 식민지 경제를 활성화시키자, 1919년 3.1운동으로 격앙되었던 민심이 가라앉으면서 다수가 서서

히 지배 체제에 동화되기에 이르고, 1926년엔 나라를 팔아먹고 호위호식한 이완용의 장례식에 조문 행렬이 10여 리에 이르렀다는 기록이 남을 만큼 일제의 지배는 공고해져갑니다. 🐻

하지만 이 같은 일본의 유통망 장악으로 위기에 몰린 조선 상권에 혜성처럼 등장한 이가 있었으니, 화신백화점을 만든 박흥식 씨였지요. 원래 평안도 용강에서 제일가는 부잣집 둘째아들이었지만, 평양으로 유학 간 큰형이 독립운동에 연루되어 일본 경찰의 고문으로 사망하고, 아버지마저 울화병으로 세상을 등지자 학문을 포기하고 경성으로 진출해 종이 장사를 합니다.

놀라운 장사수완으로 점유율을 높이자 일본 도매상들이 종이를 주지 않아 위기에 빠지지만, 스웨덴으로부터 직수입하면서 오히려 더 싸게 팔 수 있게 되었고 〈조선일보〉, 〈동아일보〉 사주들이 박흥식 씨의 '선일지물' 종이를 구매하면서 승승장구하게 되자 이를 바탕으로 불과 서른 살이던 1932년에 드디어 백화점 사업에 진출하게 됩니다. 🐼

그런데 그가 종로1가 사거리에 세운 화신백화점이 우리나라 사람이 세운 첫 백화점이라고 알려져 있지만 이는 '가리지날'!

실은 사업자등록증상으로는 최남 씨가 화신백화점 바로 옆에 세운 동아백화점이 한국인이 세운 1호 백화점입니다.(대구의 동아백화점이랑 다른 기업이에요.) 물론 화신백화점이 먼저 오픈했지만, 조선총독부가 박흥식을 못마땅하게 생각해 기존의 대형잡화점 인가를 백화점으로 바꿔주지 않았기 때문이었대요. 🐻 그래서 초창기에는 백화점이란 상호를 못써 '화신상회'라고 간판을 걸었고, 미쓰코시 백화점 측에서 백화점도 아닌데 백화점인 것처럼 속인다고 계속 민원을 제기하던 차에 다른 이가 백화점을 연다고 하니 '그래 조

(1949년의 화신백화점)

선인들끼리 싸우다 같이 망해라~.'라는 심뽀로 바로 옆 건물을 동아백화점이라고 승인해준 것이죠.

최남 씨가 세운 동아백화점은 처음엔 가게 점원 절반인 100여 명을 예쁜 아가씨로 채우는 미인계로 화제를 몰고 왔지만, 돈 못 버는 한량들이 눈 구경만 하고 가 매출이 지지부진했다네요. 게다가 인사부장이 성추행을 하다가 언론에 소개되어 망신이 뺀칩니다. 🐻

반면 화신상회는 아예 일본 오사카에 물류창고를 세워 현지에서 상품을 들여와 싼값에 할인행사를 펼치고, '상품권'이란 히든카드를 꺼내 들면서 6개월 만에 항복을 받아내고 맙니다. 이렇게 동아백화점을 인수하고서야 백화점 인가를 받은 박흥식은 드디어 화신백화점 간판을 달게 되지요. 하지만 1937년 화재 사건으로 건물이 전소했음에도 다시 지하 1층 지상 6층으로 경성 최대 규모로 새로 만들면서 엘리베이터와 에스컬레이터까지 설치해 종로 상권의 상징이 되었고, 해방 때까지 일본계 4대 백화점과의 경쟁에서 미쓰코시에

이어 2위를 유지하는 성과를 올립니다.

당시 신문이나 잡지 기록을 보면 이들 경성 5대 백화점의 마케팅 활동은 지금보다 더 과열되었습니다. 철마다 사은대잔치 바겐세일을 하고, 일정 금액 이상 구매 시 사은품을 제공하고, 카탈로그 통신 판매로 조선 전역에 일본 직구 상품을 배달하고, 브이아이피(VIP) 고객을 위한 사외보를 발송하고, 커피숍은 물론 야외 공연장을 마련해 때때로 서커스 공연 및 권투, 레슬링 시합까지 개최합니다.

또한 일반 상가에서도 많은 다방이 생겨나 야간에 댄스홀로 변신하거나 크리스마스 이브에는 데이트족에게 비싼 메뉴만 강요해 순사가 단속에 나서는 등, 사회 고발 기사가 넘쳐납니다. 또 조선인 중에서도 명치정(명동) 주식거래소와 인천 미두거래소 곡식 선물거래를 통해 벼락부자도 탄생하고, 함경북도 나진항이 개발되면서 땅 투기로 수천 배 차익을 남긴 럭키가이가 연일 화제의 인물로 인터뷰되는가 하면, 대지주들이 쌀을 일본에 수출해 차익을 얻는 등 우리가 생각하는 우울한 식민지라고는 여기기 힘들 정도로 활발한 경제활동 장면들이 나타나지요.

하지만 태평양전쟁이 발발하면서 모든 경제활동이 위축되기에 이르고, 조선총독부의 심한 압력이 들어오자 1944년 조선 상권의 유력가들과 공동으로 '조선비행기공업주식회사'를 설립하고 군용기 8대를 기증한 것이 박흥식의 운명을 바꾸게 됩니다. 즉, 해방과 동시에 반민특위로부터 1호 친일파로 체포된 겁니다. 그보다 더 친일행각을 벌인 인물이 훨씬 많았는데 말이죠. 사업가로서 당시 시대적 상황에서 다른 선택이 있었을까요?

이와 함께 나머지 4대 일본 백화점 건물 역시 다른 일본 자산과 함께 몰수되어 새로운 주인에게 넘겨집니다.

해방 후 한국 유통은 고속도로의 확장, 할인마트, 아울렛 등 새로운 유통방식 출현, 온라인 쇼핑에 이르기까지 숨 가쁘게 발전하고 있지만, 유통 관련 서적 등을 보면 개항 이후 해방 전까지의 기간은 크게 다루어지지 않고, 해방 후 경제활동 위주로 서술되는 경우가 많더라고요. 그래서 일제강점기 시대에도 지금과 별반 차이 나지 않는 마케팅 활동이 넘치던 우리나라 유통 역사도 간략히 소개해드렸네요.

이처럼 유통경제는 과거 한때 생산활동 없이 이익만 챙겨간다고 도덕적으로 비난받았지만, 실제로는 인류의 풍족한 삶 증진에 크게 기여해왔습니다. 또한 경제, 경영학 발전뿐 아니라 과학 기술의 발전, 정치 체계의 변화 등 시대 상황에 따라 끊임없이 변화해가면서 새로운 발전을 도모해온 사회과학이지요.

미국 '아마존', 중국 '알리바바' 등 글로벌 유통 공룡과 맞서 하루하루 총성 없는 전쟁터를 누비는 모든 경제인들에게 "파이팅~!"하고 외쳐 드릴게요.

04
콜라 전쟁 - 탄산음료 100년 전쟁사

앞서 경제 내용들이 좀 딱딱하고 어려운 주제들이었네요.

그래서 좀 라이트하고 말랑말랑한 경제 이야기도 하나 하겠습니다. 경영학 마케팅 과목에서 자주 거론되는 100년 콜라 전쟁입니다.

다들 잘 아시다시피 세계 콜라 시장은 코카콜라와 펩시콜라가 양

(너랑 나랑은……, 100년째
웬수지간, 출처_구글이미지)

(추억의 8.15콜라, 이런 게 있었던가? 해태 콤비콜라, 남미의 자존심, 노란 잉카 콜라, 출처_구글이미지)

분하고 있지요.(다만 한국에서 탄산음료 매출 1위는 칠성사이다라능. 🐻)

　우리나라에선 국산 콜라로 '8.15콜라', '해태 콤비콜라'가 등장한 바 있고, 프랑스는 '파리콜라', 남미의 자존심, '잉카콜라'가 있다지만 점유율은 미미합니다.

　콜라의 원조는 다들 잘 아시다시피 '코카콜라'인데요. 1886년 미국 애틀란타의 약사 존. S. 팸버튼(John S. Pemberton)이 개발할 당시의 목적은 자양강장제였다지요? 🐻 박카스의 형님 되시겠습니다.

　원래 이 음료는 물에 코카인과 콜라나무 열매를 넣어서 만들었는데, 어느 날 탄산수를 실수로 넣었는데 '어랏?' 더 맛있어졌다고 합니다. 🐻 그래서 그는 이 음료수 이름을 무려 '코카인＋콜라(콜라나무 열매)'로 지었는데, 당시만 해도 코카인이 마약으로 분류되지 않아 약제로 사용했다는군요.

　그러나 약국에서 1잔당 5센트를 받고 즉석에서 제조해 판매했지만, 인기가 시원치 않자 약제상 에이서 캔들러(Asa Candler)에게 헐값에 모든 권리를 넘겨버렸고, 1892년 코카콜라 주식회사가 만들어지면서 본격적으로 발전하게 되지요.

이후 1915년 캔들러는 100만 달러의 현상금을 건 병 모양 아이디어 공모전을 통해 얼 딘(Earl Dean)이 제안한 컨투어 병(Contour Bottle)을 채택합니다.

(코카콜라 병 디자인 변천사, 출처 구글이미지)

그런데 그 병 모양이 스커트를 입은 아름다운 여성을 형상화했다는 설명은 '가리지날'!

코카콜라의 공식 설명으로는 코코아 열매 모양에서 모티브를 딴 것이라고 하네요. 당시 디자이너가 코코아가 콜라열매인 줄 잘못 알아서 그랬다나요. 🐻

어쨌거나 지금도 타 음료수 병에 비해 유독 차별화된 특유의 병 모양으로 인해 코카콜라의 브랜드 이미지가 상승하는데, 1931년 드디어 그 유명한 뚱뚱이 콜라 산타 광고가 시작되었고 다음 해엔 루돌프 사슴코까지 등장하면서 마케팅 전쟁에서 확고한 우위를 차지합니다.(앞서 제1권 '일상생활 편'에서 소개한 바 있어요.) 또 비밀리에 전수되기에 이 세상에 그 배합비율을 아는 소수의 핵심인물들은 절대 같은 비행기를 타지 않는다는 신비로운 기업 전설 스토리까지 만들어내면서 입소문을 타게 되지요.

그런데 최근에는 캔과 페트병에 밀려서 보기 힘들지만, 20여 년 전까지 흔했던 코카콜라 병은 두 컵이 나오는 355밀리리터 용량이라는 것은 '가리지날'! 원래 오리지날 병 콜라는 6온스(170밀리리터)

로 딱 유리컵 한 잔 분량이었어요. 이는 처음에 코카콜라가 출시될 때 약국에서 한 잔씩만 판매한 거라 전통으로 굳은 것이었거든요. 그런데 지금처럼 355밀리리터로 두 배 늘어나게 된 건 다 펩시콜라의 반격 때문이었습니다.

영원한 라이벌 펩시콜라는, 코카콜라 탄생 7년 뒤인 1893년에 미국의 약사 칼렙 브래드햄(Caleb Bradham)이 소화제로 개발합니다. 활명수의 형님 되시겠습니다. 🐻

이후 1902년 회사를 창업한 브래드햄은 1903년 음료수 이름을 소화가 잘 되게 돕는다는 의미로 '펩신(단백질 분해효소) + 콜라(콜라나무 열매)'로 정했다지요. 그러나 이미 코카콜라가 탄산음료 시장의 선도자가 된 상황에서 짝퉁 이미지가 강해 판매가 부진했답니다.

그래서 1923년 파산하면서 타 기업으로 매각되는데, 이후 1931년 산타까지 콜라 전도사로 내세운 코카콜라의 마케팅 공세에 인수한 업체마저 부도 직전에 이르자 라이벌 회사인 코카콜라에 매각을 제의하기에 이릅니다. 하지만 답답할 게 없는 코카콜라가 거절하자 경영진이 대담한 결정을 내리게 됩니다.

그건 바로~, 12온스(340밀리리터) 맥주병에 펩시콜라를 담아 팔기 시작한 겁니다. 🐻 원래 펩시 병 자체가 별 특징이 없었으니 맥주병에 펩시 로고를 붙이고 같

(펩시콜라 광고, "우리는 양으로 승부건다펩시~", 출처_구글이미지)

은 가격에 코카콜라 6온스 병의 2배 용량으로 팔면서 기사회생한 거죠. 🐻 지금이라면 원 플러스 원(1+1) 행사를 했을 텐데……. 그러자 코카콜라 역시 눈물을 머금고 병 크기를 펩시보다 쬐금 더 키워서 355밀리리터로 판매하는 맞불 작전을 편 것이 지금의 대형 캔 용량에까지 쭈욱~ 이어진 것입니다.

이후 코카콜라는 유럽 등 해외 판매망을 강화해 독일에서도 국민 음료가 되는 등 날로 성장하다가 제2차 세계대전을 맞게 됩니다. 전쟁의 여파로 해외 판매가 크게 위축되는 위기가 오지만, 코카콜라는 한 병당 5센트라는 파격적인 할인가격으로 미군 독점 공급권을 따내어 박리다매 전략에 승부를 걸었지요.

게다가 미군과 함께 하는 빨간 코카콜라 박스가 '미국의 상징'으로 각인되면서, 2차대전 이후 전 세계로 다시금 확산되기에 이릅니다. 우리나라 역시 6.25전쟁 당시 미군에 의해 널리 알려진 뒤, 1968년부터 전국 4개 회사에 라이선스 생산 방식으로 진출한 뒤, 1997년 직영으로 전환했어요. 하지만 공산권에서는 '자본주의 미국의 상징'이라는 부정적 이미지로 인해 판매가 금지되는 부메랑을 맞게 됩니다.

그러자, 펩시의 도널드 켄달(Donald M. Kendall) 사장이 흐루시초프(Ники́та Серге́евич Фрущёв)를 만나는 공을 들이며, 결국 1959년 소련에서 단독 판매를 시작합니다. 뒤이어 1963년엔 미국에서 'Pepsi Generation(펩시 세대)'이라는 캠페인을 통해 "코카콜라는 노땅이나 먹는 음료, 펩시콜라는 쌈박한 젊은이들의 음료"라고 어필하나 그다지 호응이 없어서 여전히 시장점유율 80 대 20으로 코카콜라가 압승을 거듭니다.

그러자, 뒤늦게 펩시 측에서는 병 디자인이 코카콜라보다 구려서 뒤진다는 괴랄한 결론을 내고 디자인 따라잡기 연구에 돌입하나 결국 모든 시도가 실패로 끝나지요. 이봐요들~, 헛다리 짚은 겨~~. 핵심은 맛이지!!! 🐻 그리하여 이도 저도 안 되던 펩시는 사업 다각화를 추진해 1965년 프리토레이, 1977년 피자헛, 1978년 타코벨, 세븐업(7-UP), KFC, 1998년 트로피카나(과일음료), 2001년 퀘이커오츠를 인수하면서 타 식품사업으로 이익을 내기 시작합니다. (이후 일부 식품사업들은 다시 매각을 하고 있지만요.)

그렇게 절치부심의 시간을 보내던 펩시콜라에 존 스컬리(John Scully)라는 걸출한 마케팅 인재가 등장하지요. 1939년생인 그는 1967년 입사한 후 1970년 최연소 마케팅 담당 부회장으로 승진합니다. 그는 대규모 소비자조사를 한 결과, 결국 맛이 핵심이라는 결론을 내고, 1973년부터 블라인드 테스트(blind test)를 시작합니다. 즉, 눈가리개를 하게 하고 두 콜라를 맛보게 한 후 어느 콜라가 맛있는지 선택하게 했는데 놀랍게도 펩

(블라인드 테스트 캠페인으로 전세 역전에 성공한 펩시콜라 광고, 출처_구글이미지)

시를 선택한 비율이 더 높게 나옵니다. 만쉐이~!

이에 대대적인 전국 거리 캠페인을 수년간 진행하고 'Pepsi Generation' 광고를 부활시켜, "알고 보니 펩시가 더 맛있다능~. 그 간 코카콜라의 마케팅에 속은 거라능~!"이라고 어필하고, 다양한 사이즈의 패키지 상품을 선보이면서 드디어 1977년 리테일 시장에 서 첫 역전을 이루게 되고, 그 공로로 존 스컬리는 1977년 38세 나이 로 최연소 사장에 취임하게 됩니다. 🐻

그러자, 이를 눈여겨본 야심 찬 젊은이 스티브 잡스가 열여섯 살 많은 존 스컬리에게 삼고초려를 하게 됩니다.

> 스티브 잡스 : "안녕하세요? 스컬리 사장님. 나는 컴퓨터 계의 샛별, 스티브 잡스이지애플."
>
> 존 스컬리 : "안녕하세요? 왜 자꾸 나를 만나려고 하시나펩시?"
>
> 스티브 잡스 : "저희 회사로 오십사과. 이제 IT가 대세가 될 거라홍옥."
>
> 존 스컬리 : "난 글로벌 식품회사 펩시 CEO인데 벤처기업 CEO로 오 라피자핫? 당신 성(Jobs)을 보니 일만 열라 시키는 DNA가 있을 거 같 은 느낌적인 느낌이지타코벨."
>
> 스티브 잡스 : "설탕물이나 팔면서 남은 인생을 보내고 싶습매킨토 시? 아니면 세상을 바꿀 기회를 붙잡고 싶습아이팟?"

이에 깊은 인상을 받은 존 스컬리가 1983년 애플 CEO로 자리를 옮기게 되지요. 지금 상황에서 보면 현명한 선택인 거 같지만 당시엔 "존 스컬리가 미친 거 아니냐."는 평가를 받았다지요. 당시 펩시는 이미 유명한 세계적 대기업인 반면, 아직 애플은 이제 막 이름이 알려지기 시작한 신생 중소기업 수준이었으니까요.

하지만 이처럼 공들여 영입한 존 스컬리와 스티브 잡스 사이가 나빠지면서 서로 상대방을 쫓아낼 궁리를 하기 시작합니다. 이에 분란이 커지던 1985년 창립자인 스티브 잡스는 야심만만하게 이사회에서 누가 나가야 할지 익명투표를 제안하고, 투표 결과 놀랍게도 스티브 잡스가 쫓겨나게 되지요. 워낙 성격이 GRal 같았으니 스스로 자폭한 셈이었는데, 이 일을 계기로 조금씩 착해져 12년 뒤 되돌아올 수 있게 되었지요. 🐨

잡스가 없는 애플은 1986년 드디어 IBM에 이어 2위 기업으로까지 올라서지만, 이후 신제품 실패와 경영 악화로 인해 존 스컬리가 1993년 쫓겨나면서 지금까지 두고두고 잡스를 쫓아낸 악당으로 씹히고 있습니다. 제가 봐선 이 아저씨야말로 스티브 잡스의 말빨에 낚이지만 않았다면 '음료 산업계의 스티브 잡스'가 될 수 있었을 거 같은데 말이에요. 🐨

다시 본 이야기로 돌아오면 마케팅 성공으로 펩시가 약진해오자 크게 놀란 코카콜라는 '맛이 문제인가?'라며 수년간의 연구와 블라인드 테스트 끝에 1985년 '뉴 코크(New Coke)'를 선보이죠. 그러나 야심 차게 준비한 신제품이 폭망해 코카콜라 역사상 길이길이 남을 흑역사로 기록되면서 다시금 오리지날 '코카콜라 클래식(Coca Cola

Classic)'으로 회귀하게 되고, 사업 다각화 차원에서 시작한 와인과 영화 사업에서도 철수하고 오로지 음료 사업에 올인합니다.

그 결과 원료 확보부터 제조, 판매에 이르기까지 모든 과정을 체계화하고 브랜드화하여 세계적 브랜드 가치를 자랑하고 있고, 올림픽과 피파(FIFA) 월드컵을 동시에 후원하는 유일한 회사가 되었습니다. 또한 독일 지부가 제2차 세계대전 당시 원액 공급이 중단되는 바람에 대안으로 만든 탄산음료 '환타(Fanta)'를 인수하는 등 탄산음료 시장에서 글로벌 1위이며 파워에이드, 미닛메이드, 생수 등 비(非)탄산음료 시장에서도 강자의 면모를 보이고 있습니다.

펩시는 비록 탄산음료 시장에선 코카콜라에 밀리지만 사업 다각화를 통해 위험을 분산시키며, 매출 총액에선 코카콜라보다 앞서는 등 지속적인 성장세를 이어가고 있습니다.

이처럼 두 음료 라이벌은 100여 년째 경쟁을 벌이고 있지만, 둘 다 승자임은 틀림없습니다. 라이벌 구도 속에서 지속적인 노력을 통해 1980년대 이후 커피, 맥주, 우유 등 타 음료산업을 제치고 가장 소비가 많고 수익성이 높은 산업으로 성장시킨 것이죠.

두 약사가 우연히 만들어낸 약제가 100여 년 이상 전 세계 사람들에게 사랑받는 이 성공 스토리는 앞으로도 계속 흥미진진할 것 같네요. 🐻

05
희토류 이야기 – 우리는 후손들에게 어떻게 평가받을 것인가?

최근 해외 뉴스를 보면 희토류에 대한 이야기가 종종 나옵니다. 중국이 전 세계 희토류의 95퍼센트를 생산하고 있는데 중국이 이를 경제 무기화하면 대책이 없다며 대안을 모색해야 한다는 뉴스 말이죠.

그러다 보니 희토류는 중국에서만 나오는 천연자원으로 알고 계신 경우가 많은데 이는 '가리지날'!

첨단 IT 산업에 꼭 필요한 희토류가 중국에서만 나온다면 과거 냉전시대에 서방 세계에서 트랜지스터나 IC칩 개발은 대체 뭘로 했겠습니까? 🐻

일단 희토류가

(희토류, 출처 구글이미지)

뭔지부터 알아봅시다. 희토류(稀土類)란 말 그대로 '아주 희귀한, 땅에서 나오는 광물 따위'인데요. 화학기호로 보면 원자번호 57~71번인 란탄 계열의 15개 원소에 이트륨(Y), 스칸듐(Sc), 란타넘(La), 류테튬(Lu) 등 총 17종의 희귀한 원소로서, 화학적 성질이 유사하고 광물 속에 존재한다는 공통점이 있지요. 이들 원소는 빛에 민감한 성질과 자성을 지니고 있어서 소량만 첨가해도 소재의 성질을 바꿀 수 있어 휴대폰 부품, 반도체, 영구자석, 하이브리드 자동차, 디스플레이 등 첨단산업에 필수적인 요소라고 합니다. 설명한다고 해놓고 괜히 더 어렵게 만들었네요. 🐻

그런데 이 희토류는 이름과 달리 지구상에 생각보다 꽤 흔하고 많습니다. 🐻

전 세계에 1억 1,000만 톤 정도 매장된 것으로 추산된다는데, 중국 3500만 톤, 러시아 1900만 톤, 미국 1300만 톤, 호주 500만 톤 정도 있다고 합니다. 현재 1년에 12만 톤만 활용되고 있어서 앞으로도 수백 년간은 사용 가능하다고 하네요. 석유보다 훨씬 더 풍부한 셈이죠.

실제로 지난 1990년대 초까지는 미국 캘리포니아 주 마운트패스 광산이 전 세계 사용량의 50퍼센트를 채굴하는 등, 미국과 호주, 인도, 브라질, 남아프리카공화국에서 주로 채굴해 전자산업 발전에 큰 기여를 했습니다. 그런데……, 중국이 희토류를 개발하기 시작하면서 나머지 국가들이 다 채굴을 중단해버립니다. 그 이유는 중국이 싸게 공급하게 된 것도 원인이지만, 환경단체의 압박에 미국과 호주 모두 두 손 들어서 그렇습니다.

왜냐하면, 희토류 생산 과정에는 환경 오염이라는 부작용이 따라오기 때문이지요. 암석을 채굴해 희토류 1톤을 정제하기 위해서는 6000만 리터의 황산을 사용해야 하고, 20만 리터의 산성폐수가 발생하다 보니 눈앞의 이익보다는 환경오염 문제가 더 중요해지면서 더 이상 사업을 진행할 수 없었겠지요.

이에 상대적으로 환경 기준이 느슨한 중국이 95퍼센트의 생산을 독점하게 되면서 자원 무기로 변질되기에 이릅니다. 실제로 2010년 일본과 중국 간 영토 분쟁이 있던 센가쿠(또는 댜오위다오) 열도에서 일본 순시선과 중국 어선이 충돌하는 사건이 터지고 양국 간에 영유권 분쟁으로 비화되자, 중국이 희토류 수출을 중단하겠다고 협박합니다. 그 결과 결국 전자산업 대국 일본이 나포한 중국 배를 석방하면서 두 손 든 바 있어요. 🐨

중국 희토류의 대다수는 내몽골자치 구 바오터우 시에 있는 백운산 희토류 광산인데, 과거 중국의 최고지도자 덩샤오핑(鄧小平)은 88세 나이에 이 광산을 순시하면서 "中東有石油, 中國有稀土(중동에 석유가 있다면, 중국엔 희토류가 있다.)"며 크게 기뻐했다는데 그 꿈이 실현된 것이지요.

그런데, 이제는 중국에서도 희토류 생산에 의한 환경 오염에 이의를 제기하는 목소리가 커지면서 희토류 생산 자체에 대한 부담이 커집니다. 그러다 보니 중국이 자국 내 녹색성장용으로 희토류를 투입하겠다며 연간 풍력발전기용으로 2만 톤을 사용키로 하는 등, 서서히 희토류 생산을 줄여나갈 계획이라고 밝히며 수출 쿼터 역시 축소해 거래 가격을 상승시키고 있지요. 싸게 만들면서 라이벌들을 고꾸라지게 한 뒤, 비싼 값을 매기는 전략을 선보인 겁니다.

이처럼 첨단산업에 반드시 필요한 요소이지만 그 누구도 발굴을 원하지 않던 희토류가 점점 '뜨거운 감자'가 되어가는 것이 지금의 현실인데, 만약 중국이 어느 날 갑자기 희토류 수출을 중단하게 된다면 전 세계 전자산업은 치명적인 상황으로 치달을 수 있습니다. 희토류가 들어가지 않는 신물질을 당장 개발하지 않는 한 이 문제는 해결하기가 쉽지 않을 거 같네요.

만약 이 같은 상황이 도래하면 최후의 보루로 각 나라마다 희토류를 채굴해야 하는 상황이 될 수도 있는데, 예전에 희토류를 생산했던 국가들은 이에 대해 발 빠르게 대처하고 있습니다. 이미 미국에서는 중국의 변심을 우려해 마운트패스 광산의 재가동을 준비 중입니다.

또한 발등에 불이 떨어진 일본은 해양과학자들이 중심이 되어 바닷속 해저 진흙층을 조사한 바, 본토에서 동쪽으로 1950킬로미터 떨어진 미나미토리 섬 주변 해저에서만 1600만 톤을 발견해 전 세계가 700여 년간 사용 가능한 희토류가 매장되어 있음을 2018년 4월 12일에 발표함에 따라 조만간 중국의 독점체제는 무너질 것입니다.

그러나……, 우리의 사정은 여전히 심각합니다. 우리나라는 생산 가능한 희토류가 거의 없습니다.

2011년 우리나라에서도 충주, 홍천 등지에 14만 7500톤이 있으며

현재 우리나라 사용량 기준으로 50
년간 사용 가능하다는 한국지질자
원연구원 발표가 있었어요. 하지만
타 전문가들은 광물 내 포함 비율이
0.6~0.65퍼센트에 불과해 2퍼센트 이
상 포함되어야만 개발 가치가 있다고
지적한 바 있어서 현 상황에서는 발굴
이 어려운 실정입니다.

(국내 희토류 광맥 현
황, 출처_한국지질자
원연구원)

　지금 우리가 누리는 과학 문명의 혜택
이 이 같은 모습으로 영원히 지속되지는 못합니
다. 그래도 희토류는 그나마 앞으로도 사용 가능
한 양이 많이 남아 있어 다행인 편입니다. 귀금속은
물론 석유 등 지구가 보유한 많은 자원들이 인류에 의해 채굴되면서
수십 년 내 고갈될 것으로 예측되고 있습니다.

　오늘 우리가 누리는 행복은 어쩌면 우리 후손들의 행복을 미리
빼앗는 것인지도 모릅니다. 앞으로 여러 자원이 고갈되어 갈 것인
데, 가장 먼저 닥칠 위협은 석유가 없는 세상일 것입니다. 우리가 미
리 대책을 세우지 않는다면 우리 후손들에게 어떤 원망을 듣게 될
까요?

　이상으로 《알아두면 쓸데 있는 유쾌한 상식사전》 두 번째 이야기
를 마치고자 합니다. 인문교양 도서로 분류되는 이 시리즈가 이번

책에서는 과학, 기술과 경제를 이야기하고 있네요. 🐻

이처럼 이 세상 모든 학문은 서로 연결되어 있답니다. 부디 이 책이 독자분들께 그저 흥밋거리 이야기책이 아니라 새로운 아이디어가 떠오르게 하는 가치 있는 책으로 간직되기를 기원합니다.

참고문헌

1부. 천문 · 시간

《시간의 지도, 달력》, E.G. 리처즈 지음, 까치 (2003)

《시간의 문화사》, 앤서니 애브니 지음, 북로드 (2007)

《서양과학의 기원들》, 데이비드 린드버그 지음, 나남 (2009)

《일요일의 역사가》, 주경철 지음, 현대문학 (2017)

《오리온 미스터리》, 로버트 바우벌 지음, 열림원 (1999)

다큐멘터리 영화 '시대정신(Zeitgeist : The Movie)', 피터 조셉 감독 (2007)

《생명을 관장하는 북두칠성》, 최운식 지음, 한울 (1992)

《학교에서 가르쳐주지 않는 조선왕조실록》, 이성주 지음, 추수밭 (2011)

〈서울경제신문〉 2017년 2월 2일자 기사, '6가지 지구 멸망 시나리오, 인류를

구하라', 문병도 기자, (http://www.sedaily.com/NewsView/1OBXTU9MZ1)

《코스모스》, 칼 세이건 지음, 학원사 (1981)

《우주의 역사》, 콜린 윌슨 지음, 범우사 (1994)

《별 헤는 밤 천문우주 실험실》, 김지현 · 김동훈 지음, 어바웃어북 (2011)

《명왕성을 통해 본 행성 이야기》, 일레인 스콧 지음, 내인생의책 (2011)

2부. 지리 · 공간

《아웃라이어》, 말콤 글래드웰 지음, 김영사 (2009)

《서양과학의 기원들》, 데이비드 린드버그 지음, 나남 (2009)

《프리메이슨 비밀의 역사》, 진형준 지음, 살림 (2009)

《색채용어사전》, 박연선 지음, 도서출판예림 (2007)

《나의 문화유산 답사기 9》, 유홍준 지음, 창비 (2017)

《삼국사기》, 김부식 지음 (1145)

《페르시아의 종교》, 유흥태 지음, 살림 (2010)

《세계사라는 참을 수 없는 농담》, 알렉산더 폰 쇤부르크 지음, 추수밭 (2017)

《타타그룹의 신뢰경영》, 김종식 지음, 랜덤하우스코리아 (2011)

《슬픈 궁예》, 이재범 지음, 역사인 (2011)

《지명이 품은 한국사》, 이은식 지음, 타오름 (2010)

극지연구소 홈페이지 (www.kopri.re.kr)

《날씨와 역사》, 랜디 체르베니 지음, 반디출판사 (2011)

《독일사 산책》, 닐 맥그리거 지음, 옥당 (2016)

《로마 멸망 이후의 지중해 세계(하)》, 시오노 나나미 지음, 한길사 (2009)

《조선왕조실록》 - 세종편

《나의 문화유산 답사기 7》, 유홍준 지음, 창비 (2012)

《말하지 않는 한국사》, 최성락 지음, 페이퍼로드 (2015)

윤용원의 '군사세계' 블로그, 2018년 4월 15일자 (http://bemil.chosun.com/nbrd/bbs/view.html?b_bbs_id=10044&num=213514)

3부. 교통

《은하철도의 밤》, 미야자와 겐지 지음, 소와다리 (1934)

《나를 배반한 역사》, 박노자 지음, 인물과사상사 (2003)

《사람이 알아야 할 모든 것, 과학》, 존 그리빈 지음, 들녘 (2014)

《인류의 위대한 여행》, 앨리스 로버츠 지음, 책과함께 (2011)

《사피엔스》, 유발 하라리 지음, 김영사 (2015)

《자동차, 시대의 풍경이 되다》, 이문석 지음, 책세상 (2016)

《유럽에 빠지는 즐거운 유혹》, 베니야마 지음, 스타북스 (2007)

《바다의 도시 이야기》, 시오노 나나미 지음, 한길사 (2002)

《NASA, 우주개발의 비밀》, 토머스 존스, 마이클 벤슨 지음, 아라크네 (2003)

4부. 경제

《경성상계》, 박상하 지음, 생각의나무 (2008)

《황금광시대》, 전봉관 지음, 살림 (2005)

《돈의 발명》, 알렉산드로 마르초 마뇨 지음, 책세상 (2015)

《영란은행 탄생비화와 뉴턴》, 홍익희 지음, 퍼플 (2012)

《백화점의 탄생》, 가시마 시게루 지음, 뿌리와이파리 (2006)

《럭키경성》, 전봉관 지음, 살림 (2007)

《예나 지금이나》, 박성호 · 박성표 지음, 그린비 (2016)

《프레임》, 최인철 지음, 21세기북스 (2016)

《경쟁 우위 마케팅 전략》, 한상만 · 하영원 · 장대련 지음, 박영사 (2004)

《희토류 자원 전쟁》, 김동환 지음, 미래의창 (2011)

《희토류 전쟁》, 데이비드 S. 에이브러햄 지음, 동아M&B (2017)